凤凰文库
PHOENIX LIBRARY

凤凰出版传媒集团
PHOENIX PUBLISHING & MEDIA GROUP

凤凰文库·历史研究系列

主　　编　　钱乘旦

项目执行　　王保顶

凤凰文库·历史研究系列

宗教与东亚近代化

王新生 主编

江苏人民出版社

图书在版编目(CIP)数据

宗教与东亚近代化/王新生主编.--南京:江苏
人民出版社,2017.12

(凤凰文库.历史研究系列)
ISBN 978-7-214-21824-7

Ⅰ.①宗… Ⅱ.①王… Ⅲ.①宗教-影响-近代化-
研究-东亚 Ⅳ.①B928.31②K310.7

中国版本图书馆 CIP 数据核字(2017)第 329871 号

书　　　名	宗教与东亚近代化
主　　　编	王新生
责 任 编 辑	史雪莲
责 任 监 制	王列丹
装 帧 设 计	姜　嵩
出 版 发 行	江苏人民出版社
出版社地址	南京市湖南路 1 号 A 楼,邮编:210009
出版社网址	http://www.jspph.com
照　　　排	江苏凤凰制版有限公司
印　　　刷	江苏凤凰扬州鑫华印刷有限公司
开　　　本	652 毫米×960 毫米　1/16
印　　　张	18.75　插页 4
字　　　数	239 千字
版　　　次	2018 年 3 月第 1 版　2018 年 3 月第 1 次印刷
标 准 书 号	ISBN 978-7-214-21824-7
定　　　价	50.00 元

(江苏人民出版社图书凡印装错误可向承印厂调换)

主编的话

本论文集是 2013 年度国家社科基金重大项目"宗教与东亚近代化研究"阶段性研究成果。项目启动后首先在 2014 年 3 月 15 日举行开题论证会,首席专家向与会的各位领导和专家介绍了"宗教与东亚近代化"课题的选题设计、申报过程和研究思路等,各子课题负责人介绍了各自的研究思路和步骤。各位专家在听取了课题组成员的汇报后,对课题的宗旨、研究思路和总体框架给予了充分的肯定和高度评价,认为选题具有非常重要的学术意义和现实意义。在研究范围上,各位专家认为在以东北亚中、日、韩三国为中心的同时,应关注东南亚国家的状况。在研究的内容上,在考察宗教与政治、社会关系的同时,应适当关注宗教本身,尤其是宗教教义的变化,充分理解宗教在东亚各国文化中的地位,以及宗教对东亚各国民族性的影响。在研究方法上,应加强田野调查和问卷调查,加强与国内外宗教界人士的联系。通过对宗教与传统文化、宗教与近代化关系的研究,在宗教本土化问题上有所突破,完成具有现实借鉴意义的学术成果。

在接下来的一年多时间内,课题组成员在进行了收集文献资料、参加学术会议、出国考察、邀请国外学者来华交流、发表相关论文等活动后,在 2015 年 11 月 28 日召开了以项目组成员为中心的学术讨论会,与会人员发表了各自的研究成果并进行了讨论,其主要议题有基督教教会与中国教会的联系、宗教对现代教育的影响、中国的道教、日本神道中的本地垂迹说、日本的新宗教、韩国的基督教等问题。在讨论的基础上,与会人员形成共识,即关注点应集中在"近代化过程中宗教与社会关系"问题意识上,同时决定与会人员尽快修改本次学术讨论会提交的论文,以论文集的形式出版、发行,该书即为其成果。

在该项目的实施过程中,一直得到江苏人民出版社的大力支持,在此对出版社、课题组成员及参与者表示诚挚的谢意。

目 录

试论九一八事变后中国天主教知识分子的战争与和平观

彭福英①

九一八事变之后,民族危机空前严重。国民党政府当局主要采取了"攘外必先安内"的绥靖政策以及"一面交战,一面交涉"的妥协方针,并对共产党实行围剿政策。面对国民党的围剿,共产党也坚持认为打倒国民党政府是实行民族革命战争的先决条件。后随着日本侵略的加紧,国内外主要矛盾的变化,西安事变的和平解决,第二次统一战线的形成具备了条件。卢沟桥事变之后,共产党发表了抗战宣言,提出只有全民族实行抗战,才是中国的出路。1937 年 7 月 17 日,蒋介石在庐山发表了《对卢沟桥事件之严正声明》,正式确定了坚决抗战的方针,并最终走向了全民抗战的道路。

面对国难,全国人民自发地组织了各种救亡运动。知识分子纷纷创办刊物,关注时局。如以胡适为主编的《独立评论》②,在九一八事变之后,刊发多篇文章,这些文章多主张在"最少损失"的前提下能和则和,以

① 北京大学历史系在读博士,国家图书馆古籍馆工作。
② 《独立评论》,1932 年 5 月 22 日创刊于北平,周刊。主要编辑人为胡适、丁文江、傅斯年、翁文灏等人。前两年经费由独立评论社社员自行集资。在其发刊词中提倡:不倚傍任何党派,不迷信任何所见,用负责的言论发表各人思考的结果。内以刊登政治时事评论为主,具有自由主义倾向,提倡西方民主政治,反对独裁专制和文化复古主义。1936 年底因著论反对日本策划"华北政权特殊化",一度被迫停刊,1937 年 4 月复刊,同年 7 月 18 日终刊,共出 244 期。

达到最小限度地做出妥协的基础上,最大限度地维护国家的利益。但是随着局势的发展,日本侵华进程的加快,这些知识分子开始转变态度,主张当战则战。[1] 七七事变之后,此刊则赞同武力抗日,争取民族独立,反映了当时中国的自由主义知识分子,本着"经世致用"的精神,在深切的爱国热情和学术理智下的救国主张。

基督新教知识分子以《真理与生命》[2]等杂志为讨论平台,也纷纷发表了对国难问题的看法与思考。九一八事变之后,在战争与和平问题上,新教教徒产生了分歧和矛盾,大体来说,其立场可以分为三类:武力抵抗派主张坚决抵抗,武力抵抗;中间调和派一方面不能断定基督徒是否能加入抗敌队伍,另一方面从民族情感上认为应该抗敌;唯爱主义派不管当局大势,反对战争,不赞成抗敌。[3] 但随着民族危机的加深,唯爱主义变为少数派,遭到了其他各派的质疑与挑战。抗日战争全面爆发之后,武力抵抗派与中间派呈现了某种程度的趋同,一致赞同以武力抵抗侵略,争取民族独立。应当说,七七事变之后,全国各阶级、阶层,都拧成

---

[1] 有关《独立评论》关于抗日战争问题的思考和讨论,参看张太原:《建立一个民族的国家:自由主义者眼中的民族主义——以〈独立评论〉为中心的探讨》,郑大华、邹小站主编《中国近代史上的民族主义》,社会科学文献出版社,2007年,第250—266页;罗福惠、汤黎:《学术与抗战——〈独立评论〉对于抵抗日本侵略的理性主张》,《华中师范大学学报》(人文社会科学版)2006年第5期,第76—82页;武菁:《〈独立评论〉的抗日主张》,《安徽史学》2001年第2期,第57—63页;田海林、马树华:《〈独立评论〉与抗日救亡》,《民国档案》2000年第4期,第85—90页;喻春梅、郑大华:《"九一八"之后知识界对"战"与"和"的不同抉择——以〈东方杂志〉和〈独立评论〉学人为中心的考察》,《史学月刊》2013年第1期,第71—78页等。

[2] 《真理与生命》,创办于1919年,初名为《生命季刊》,为北京证道团刊物,仅出一期,第二年改为月刊,由刘廷芳担任主干。1922年,证道团改名为生命社,月刊编辑改为委员制,由吴雷川担任主席。1926年《生命季刊》与《真理周刊》合并,改为《真理与生命》,半月刊。编辑开始采用委员制,后采用总编辑制度,由赵紫宸担任。1930年改为月刊。每年一卷,每卷八期,二七八月停刊。宗旨为:与国内教会先进及学运领袖,在急转的时局中及纷乱的思潮里,谋基督教运动之前进是已。1932年后总编辑为徐宝谦,编辑有吴雷川、赵紫宸、刘廷芳、柏基根、梅贻宝、李荣光等。参见徐宝谦:《第七卷卷首语——敬告读者》,《真理与生命》第七卷第一期(1932年10月)。

[3] 有关基督教新教教徒对抗日战争的思考和讨论,参见姚西伊:《"九一八"之后中国基督徒对中国战争与和平问题的思考与讨论》,刘家峰主编《离异与融会:中国基督徒与本色教会的兴起》,上海人民出版社,2005年,第57—85页。

一股绳,团结对外,共同抵抗日本的侵略,挽救民族危难。

作为国民的一分子,天主教的知识分子也非常关注中国时局的发展。本文以天主教知识分子在华创办的刊物为主要考察对象,阐释九一八事变之后中国天主教知识分子在战争与和平问题上的考量。

一、息内战,共抗战——"爱国老人"马相伯的抗日主张

马相伯生平 马相伯,天主教著名爱国人士。1840 年 4 月 17 日出生于丹徒一天主教家庭。1852 年,入依纳爵公学(又称徐汇公学)①学习,1862 年入耶稣会,三年后晋升司铎,在徐家汇堂区担任传教工作。1876 年,脱离耶稣会还俗(但仍信仰天主教)参政。② 先后担任了中国驻日本使馆参赞、朝鲜国王顾问等职。1897 年重返教会,积极践行"教育救国"理念,创办复旦公学(今复旦大学),参与创办"函夏考文苑"、辅仁社和培根女校。后南归,隐居徐家汇土山湾(后名其居所为绿野堂、乐善堂),著书谈道。1925 年,参与创办辅仁大学。抗日战争期间,马老深感国难深重,为救亡奔走呼号,并先后发起组织江苏国难会、不忍人会、中国国难救济会和全国各界救国会等爱国救亡团体,被公认为救国领袖、爱国老人。1937 年 11 月上海沦陷后移居桂林风洞山。次年,应于右任请,入滇、蜀,道经越南谅山,因病留居,1939 年 11 月 4 日溘然长逝。

---

① 依纳爵公学,1850 年由耶稣会在上海徐家汇设立的一所天主教学校,也是上海最早的一所西式学校,以耶稣会创始人圣依纳爵·罗耀拉(Ignacio de Loyola,1491—1556)之名命名。

② 关于马相伯退出耶稣会的原因,各有其说法。罗马耶稣会档案中记载,一方面是因为马相伯之弟马建勋申请入会遭拒,继而对马相伯产生负面影响;另一方面是由于耶稣会的某些行为,如私自拆开私人信件、徐家汇神学院食堂的伙食等,导致了马相伯对耶稣会的不满,参见(李天纲:《耶稣会档案中有关马相伯事迹记录》,《档案与史学》,1995 年第 3 期,第 67—76 页;而黄书光则认为是因为其弟马建中先行离会,教会负责人无故拆检其私人信件,乃至于教会中的一个外国厨子所做的饭无法下咽,马相伯陷入极大的心理沮丧,并最终做出离会参政的人生抉择。参见黄书光:《国家之光 人民之瑞——复旦公学校长马相伯》,山东教育出版社,2004 年,第 26 页。

侵略战争，实属不义　九一八事变之后，当时中国不少人对日本的侵略野心没有清楚的了解，认为这只是中日两国之间的一时冲突而已。马老在认真研究历史的基础上，指出这一事变绝非一时冲突，日本"乃处心积虑，以谋战我东三省诸领域，兹近三十年，专家设计，秘密进行"[①]。日本觊觎中国已久，其发动的目的就是为了侵占中国。战争发生后，日军"不仅强占我土地，甚且对于男女老幼都视同草芥，以屠杀快意，枪射炮轰，不惜随处演出至极残酷之惨剧；此种强暴行为，而表现于一个民族，一个国家，则吾人称日本为国际大盗无不殆当！"[②]1932年，淞沪会战之后，马相伯在《良心救国之大义》中再次沉痛地指出："日之来犯，不宣而战，按国际公法言，不正当！且其残暴，戮我民众，按人类正义言，实野蛮，乃至于炸毁我文化建筑、生产工厂，甚至侮辱妇女加以戕害，捕童子军亦施毒手；种种越出文明正轨之行为！总之，不禁欲亡我国，实则将灭我种！"[③]1932年底至1933年初，马相伯应邀就国难问题在电台做了十二次演讲。在第一次演讲《国难的根本问题》中，马相伯对日本的残暴行径已近乎出离愤怒，"因为日本侵略违反人道！要灭我们中华民族的种！按国际公法，人类正义，谁都该表示反抗！……如果在欧美任何一国一地，用飞机来轰炸，实行不宣而战；并奸淫妇女，杀戮俘虏，放毒气炮，用达姆弹等等，那不是要轰动全世界，凡有人气息的都要来仗义执言吗？难道我们同胞'鸡狗不值？'要杀便杀，岂有此理！"[④]……"现在歹人，到处掘井，或用火器，或用毒气，要陷害我四万万人。因此老人不得不唤醒同胞，拥护人道，努力图存，拿人道来制裁歹人？……我们按照人道主义行事：所谓攻其恶，并非来复仇！那用火器毒气等违反人道的暴行，我们不仅要来抗御，实际上要制裁他也算是尽了人道！"[⑤]马老还从造物主的观

---

① 马相伯：《为日祸敬告国人书》，朱维铮主编《马相伯集》，复旦大学出版社，1996年，第902页。
② 马相伯：《泣告青年书》，《马相伯集》，第905页。
③ 马相伯：《良心救国之大义》，《马相伯集》，第941—942页。
④ 马相伯演说，徐景贤记载：《第一次广播演说词：国难的根本问题》，《马相伯集》，第970页。
⑤ 马相伯演说，徐景贤记载：《第四次广播演说：组织"不忍人"会》，《益世报》1932年11月25日。

念来看待这个问题,认为"造物之外,人无杀人权;人无取非其有之权;故不得因兵力,而得土地权;亦不得视人民如土地上草芥,而有杀人权。如今日帝国征讨主义者,亦不得视人民如土地上草芥,而有杀人权,如今日帝国征讨主义者且不得因妄念有土地权,便可曰:'自我得之,自我失之',而不知保管;亦不得因妄念有杀人权,便可借仇寇之刀,以杀人民也!"①马相伯沉痛地指出日本发动战争的真正目的在于灭亡中国,即是在谴责日本发动战争的理由不正当,不是为了自卫和达到和平的目的,而是为了侵略他国;开战之时,没有任何宣战;而在战争中,日军没有节制地使用武力,大规模使用毒气等战争武器,没有区分军事人员和平民,残害手无寸铁的平民百姓,甚至妇女儿童都不放过,并造成了对工厂等非军事建筑的严重破坏等,种种行径,昭示着日本的侵略野心,违反了人道主义精神,是不正义和不合法的。

平等自由基础上之和平 对当时盲目谈论和平之流,马相伯指出:"实则今之所谓和平,乃奴隶与主人的和平,而不是平等自由的和平,因为和平是'增美',而欲得真正的和平,必须先大刀阔斧地与和平之障碍与蟊贼做殊死战,把他们消灭后,我们才可以'拨云雾而见青天'。在层层压迫或无耻的投降状态中,谈和平,皆不知'饰'与'增'之道者也,皆觍然人面,不知人间有羞耻事者也!"②真正的和平只能建立在国与国之间平等的关系之上,和平不会自己来临,也不能依靠国联等组织的努力。"然而自九一八以与今日,历时已八旬有余矣;求助与乞怜之结果,果如何者?……是诚为世之大愚,是徒自取侮辱,自殆伊戚?不求自助而求助于人,欲以此而侥幸立国;此种心理,诚为灭国之象征,成为极可痛心之现象。"③马相伯认为,那种认为通过国联可以恢复和平的说法只是痴人做梦,在当时的形势之下,借助于人,而达和平之成果,是不可能办到

---

① 马相伯:《国难人民自救建议》,《马相伯集》,第914—918页。
② 马相伯:《一日一谈:三论国家问题二》,《马相伯集》,第1158页。
③ 马相伯:《泣告青年书》,《马相伯集》,第906—907页。

的。为了达到和平的目的,只能依靠自身的力量,将侵略者驱逐出国,才能捍卫领土主权的完整与和平。

立息内争,共御外侮 面对日本入侵,马老认为中国的问题不在于战与不战,而在于如何战。"天助自助者。目前之生路,尚望全国朝野上下,一心一德,立即团结,以国家土地人民为前提,以武安国民众武力为后盾。……废止内战一致对外。坚持到底,不还我河山不止!"①中国的出路,不能依靠别人,只能依靠自己,依靠国民,立息内战,一致对外,抵抗侵略。

在马相伯看来,和平建立在国与国之间平等和自由的基础之上,若不是,则不是真正的和平。战争是为了达到和平的目的,为了自卫与和平目的的战争就是正义战争。面对当时国内内战频仍的形势,马老呼吁要立息内战,共御外侮,以赢得和平、独立和自主。

二、在华天主教机关刊物《圣教杂志》对日本侵华战争的回应

爱德和正义 1931 年 9 月,即在九一八事变发生当月,《圣教杂志》刊出了徐宗泽②《国家关系当知之原理》一文,指出国与国之间发生关系,基于爱德,友爱第一,互相扶助,彼此尊敬领土领海领空主权,不加侵犯;当发生战争时,战争应当公共,即宣战、停战都需由国家元首来执行;战

---

① 马相伯:《关于李顿报告书意见》,《马相伯集》,第 937—938 页。
② 徐宗泽,字润农,教名若瑟,徐光启第十二世孙,光绪十二年(1886)生于青浦县之蟠龙。徐宗泽自幼接受了中国传统教育,19 岁时曾参加童子试为邑庠生,后入徐汇公学,接受西方教育。1907 年,入耶稣会初学院。两年后,前往欧美深造,获哲学博士。1921 年回国后,先在南汇县境传教,转而接任潘秋麓,担任《圣教杂志》的主编,直到 1939 年该杂志被迫停刊;同年,徐宗泽还兼任徐家汇藏书楼主任,大力搜寻地方志。在清末民初,徐家汇藏书楼所藏地方志在全国居于首位。徐宗泽在《圣教杂志》上发表了不少有关神学、哲学及教史之文章,这些文章后来结集成书,由土山湾印书馆出版,多达二十余种。主要有:《明末清初灌输西学之伟人》(1926 年撰)、《妇女问题》(1926 年编)、《共产主义驳论》(1926 年编著)等。此外徐宗泽还负责指导启明女中及徐汇女中等校务,教授教理、公民等课,又任圣母会指导司铎。抗战胜利后,徐宗泽希冀将藏书楼改为现代化图书馆,公诸社会,同时恢复《圣教杂志》,均未获得教会支持。1947 年 6 月 20 日,因斑疹伤寒逝世。徐宗泽生平可参见方豪:《中国天主教史人物传》(3),中华书局,1970 年影印本,第 322—325 页。

争应当公义,即战争是为恢复社会伦序,而伦序之侵犯,或因不知,或因恶意;战争当用有效之方法,合义之战,是为全国之利益,是为恢复被侵之权利,故当用种种战具、策略,全力以赴之;战争当有节制,战时不可害仇过度,不可杀害无辜,不可无礼焚毁,待遇俘虏,当有人道。① 徐宗泽基于天主教的爱德观念,强调了国家关系之间所应该追寻的仁爱原则。作为天主教的机关报之一,应该说徐公的这种观点,代表了当时在华天主教官方的观点,即在 30 年代初,在对待中日问题上,寄希望于国际关系中各国当遵守的原则,彼此互相尊重,互不侵犯;但对待战争,沿袭了天主教"正义战争"传统,强调了战争的"当公共者""当公义""当用有效之方法"等特征。《国家关系当知之原理》一文,强调了仁爱观念,但同时没有忽略正义的理念。这种态度,与马相伯坚决主张武力抗日有异,但在天主教"正义战争"理念的基础上,为武力抗日开拓了空间。

正义战争 1937 年 7 月 7 日,卢沟桥事变爆发以后,中日全面战争展开,民族危机空前严重。徐宗泽撰写了《天主上智亭毒中之战争》,文中指出战争是一种变态的社会现象,"为扰乱社会和平,人类伦序之大祸患,故当极端以避免之"②。战争既不是天主所造,也不是天主所欲的,天主本来可以阻止战争,但天主许如人以自主权,而人又有私欲,故而战争会发生。但战争是在"天主上智预见预许之中"③。战争分为"无理觉情冲动"和"合理尽义"之战,即不义之战和正义之战。自卫的战争,是正义的战争,因为国家有天赋之自卫的权利,就好像个人有自卫的权利一样。个人生活的权利,不容他人侵犯,国家也是这样,有存立于世之独立主权。如果这种主权被别国侵略,没有其他办法,只有战争一种途径,那么,战争就成为这一国元首应尽的义务和本分,也是国家存亡的关键。对于"自卫之战,天主教不特不反对之,且是为正经之战争。……自卫之

---

① 徐宗泽:《国家关系当知之原理》,《圣教杂志》1931 年第 9 期,第 514—525 页。
② 徐宗泽:《天主上智亭毒中之战争》,《圣教杂志》1937 年第 12 期,第 706 页。
③ 同上,第 707 页。

战,即正当敌人以暴力侵犯我领土,蹂躏我主权时,为保存国运,起而抗战,此等战争,是有光荣者"①。徐氏举 1914 年比利时国土受德国军队蹂躏之时,比利时国民起而抵抗的光荣历史以及当时天主教神父梅西耶(Cardinal Mercier)爱国事迹。"合理尽义"之战即是保护被侵之权利,维护人类正常秩序的战争。这种自卫的战争,至最后关头而不得不"应战""抗战",战争已成为紧要,而为光荣之一②,……因而公义之战,在抑止仇敌无理之举动;是保护正当权利最后之方法。战争虽然至为悲惨,但惟有至大之战务在,始可受至惨之痛苦;战争之正当,不在于战胜之利益,而在于公义之平安,即用战争以恢复社会之秩序,而永久保存之;战之灾祸,乃今世之一种罪罚,天主许以严惩人民,及清洁人民之罪恶者也。"战争固未尝不可,惟当要有其最大最正之理由,且又是为保护公义不能幸免者也,既开战矣,交战治国,能用种种合理的有效方法,制服敌人,使公义得以恢复,和平得以复还也。吾谓合理的有效方法,因为战争所用之方法,亦当依性律之许可,及战时国际方法之所规定,非任何非法之战具,违禁之动作可以任意施用也。"③

　　徐宗泽在此也阐释了天主教正义战争的一些原创,如战争是为了保护公义和正当权利,且是唯一的途径,其目的是为了恢复和平和秩序;正义战争需要宣战,要恰当地使用武力,遵循国际方法,不能滥施武力和武器。1938 年第 1 期《圣教杂志》发表了徐宗泽的《战争论》、第 2 期刊登的上海教区甘雅各的《天主教与战争》,这两篇文章都追溯历史上天主教对待战争的态度,为教友支持战争,保卫祖国寻求到了教义上的支持。随着战争的深入,抗日热潮的高涨,以前那种强调仁爱的态度和观点已经发生了变化,对待民族救亡的武力抵抗,秉持了积极的肯定的回应。

---

① 徐宗泽:《战争论》,《圣教杂志》1938 年第 1 期,第 2—7 页。
② 徐宗泽:《天主上智亭毒中之战争》,第 708 页。
③ 徐宗泽:《战争与爱国》,《圣教杂志》1937 年第 11 期,第 642—646 页。

三、九一八事变之后《益世报》的抗日言论和主张

《益世报》《益世报》是民国时期天主教会在华刊发的中文日报,由时任天津教区副主教的比利时人雷鸣远①(Frederic Vincent Lebbe,1877—1940)于 1915 年 10 月邀请华籍教徒刘守荣②与杜竹宣③在天津创刊,报馆设于荣业大街,1915 年 10 月 10 日出第一版,初期每份 13—14页(3—3.5 张),零售每份 4 分,全年 11 元,发行量多达 25000—30000份,是中国近代颇具声名的全国性重要报纸之一,与《申报》《大公报》《民国日报》一起,被人们并称为民国时期"四大报"。《益世报》虽为公教背景,但并非传教性报纸,而是一种内容宏富、颇具自身风格与特点的公共性报纸。它全方位而又比较客观地记录了中国近现代的社会历史情况,举凡政坛动向、军事活动、司法审判、宗教信仰、交通运输、市政设施、民风民俗、社会情状、租界记事等中国近现代社会各方面的情况,都有所涉及与反映,对研究中国近现代史、中外关系史、中华民国史以及政治史、军事史、经济史、文化史等,提供了大量足资参证的重要历史资料。④ 创办者雷鸣远积极提倡爱国主义和倡导天主教本地化运动。在 1917 年天津老西开事件中,支持天津市民的反帝爱国运动。1919 年五四运动期间,也刊文支持学生的爱国运动。20 世纪 20 年代初,《益世报》蓬勃发展,直系在津期间,刘守荣还担任了天津电报局局长。后奉系占据,刘守

---

① 有关雷鸣远生平,参见方豪:《雷故司铎鸣远事略》,[出版地不详]:[出版者不详],民国间 [1912—1949];杨爱芹:《〈益世报〉创办人雷鸣远其人其事》,《纵横》2009 年第 7 期,第 42—45 页等。

② 刘守荣(1880—1934),字浚卿,天津蓟县人,曾任天津教会所办的诚正小学与贞淑女小的校长,共和法律传习所所长,公教进行会会长。《益世报》创刊之时,出任总经理,全权负责报馆的日常经营活动。除却 1925 年到 1928 年奉系强占报纸的三年之外,一直担此重任,直到 1934 年去世。

③ 杜竹宣(1883—?),山东人,华北协和大学毕业后,曾留校任教,后任天津《大公报》编辑,与雷鸣远创办《益世报》,1917 年在北京创办北京《益世报》。

④ 徐宗泽:《战争与爱国》,《圣教杂志》1937 年第 11 期,第 642—646 页。

荣被捕,《益世报》编辑部也被控制。奉系退出以后,《益世报》入不敷出,每况愈下。后刘守荣励精图治,邀请刚从南开大学毕业的族弟刘豁轩出任总编辑。《益世报》作为分股经营的报馆,设社长一名、经理一名(1930年张凤秋)、总编辑一名。编辑方面,则设总编一人,下设社论股、编辑股、各地采访股等。社论股直接对总编辑负责,主笔一般由学术文化界卓有声誉的人士担任。刘豁轩出任总编辑后,邀请罗隆基[①]担任《益世报》社论主笔,并允诺其在不危及报纸生命和不反对天主教教义的前提下,享有完全的言论自由,薪金定位伍佰元。[②] 罗隆基担任主笔期间,社论题名一概由罗氏定夺,内容全由他一人写就,文章写好,笔误错字可以纠正,其他概不可改易;报馆设专室,供读书看报写稿,他人不得打扰,社论写文就走,何时来报馆,何时离开,他人无权过问。《益世报》的董事长雷鸣远自九一八事变后,积极主张抗战。1932 年 11 月 11 日,马相伯先生倡导成立不忍人会,募集捐款,支持抗日战争。雷氏积极捐款之外,还于 1933 年热河长城抗战中,带领教徒前去抢救伤兵。罗隆基曾一度担心他的文章给报馆带来麻烦,雷鸣远表示:"你放心,你放心。请大胆写文章。你这样代表中国人民说话,就是我们报馆因为你的文章关门了,我们亦不怪呢。只要我还是天津《益世报》的董事长,我是不会让你离开

---

① 罗隆基,字努生,中国著名政治活动家,爱国民主人士,中国民主同盟创始人之一。1896 年出生于江西安福县,幼年喜读古典诗词。1913 年考入清华大学,参加过五四运动。1921 年,罗隆基公费留美学习,入威斯康辛大学和哥伦比亚大学攻读政治学。后出于对英国著名政治学家拉斯基(Harold Joseph Laski,1893—1950)的仰慕,1926 年转而赴英求学,就读于伦敦经济政治科学学院,成为拉斯基教授的得意门生,获政治学博士学位。1928 年归国,执教于上海光华大学和吴淞中国公学,并担任《新月》杂志的主编。后因发表反对国民党一党专政的言论于 1930 年被捕,获释后,在光华大礼堂向全体同学报告了被捕经过,接着发表了《我的被捕的经过与反感》(《新月》1930 年 12 月出版)。国民政府教育部令光华大学解除罗隆基的教职。在刘豁轩的邀请下,罗隆基前往天津,担任《益世报》社论主笔,同时被聘为南开大学教授。1949 年后任民盟中央副主席,政务院委员,森林工业部部长,政协全国委员会常委,全国人大常委等职。1957 年,被划为右派,次年被剥夺一切职务。1965 年 12 月去世,终年 69岁。主要著作有《人权论集》《政治论文》。
② 罗隆基:《罗隆基在天津〈益世报〉的风风雨雨》,文昊编《他们是怎样办报的》,中国文史出版社,2005 年,第 191 页。

我们报馆的。"①社论最能代表报社的立场和观点。经理和董事长的支持也表明,罗隆基撰写的一系列社论,支持抗日救国,其立场和报馆的立场是一致的,能够代表当时《益世报》对抗日战争问题的探讨和思考。罗氏撰写的论文,文笔犀利,一针见血,引起了国民党的厌恶和憎恨,多次出面要求《益世报》更换主笔,遭到了经理刘豁轩的拒绝后,于1933年秋天试图暗杀罗隆基,未遂。出于对罗隆基个人安全的考虑,《益世报》辞退了罗隆基。不久聘请清华大学钱端升任社论主笔。钱端升文笔也相当犀利,丝毫不逊于罗隆基,同样为国民党当局所不容,并被迫休刊三个月。后华北局势日益紧张,主张抗日的宋哲元控制了北平、天津地区,《益世报》抓住时机,再此聘任罗隆基担任社论主笔,全面抗战之后,《益世报》被迫停刊。

应战而不求战　九一八事变发生的第二天,《益世报》发表社论,认为日本为发动侵略战争,频频挑起事端,制造借口。中日两国之间,绝非某种事件之交涉,而是整个政治问题。②　面对日本的侵略,中国人应该坚决抵抗,武力抵抗。"中日的冲突,我们看他是物竞天择的冲突。……物竞天择的冲突,是弱者的自作孽,是弱者该被淘汰。……此刻,敌人不顾及中国的不能战,不能战是敌人的机会。能战,敌人或不来侵略;不能战,敌人非来不可。谁又看见羊的恭驯、妥、屈辱求和,得到了狼的体恤原谅?意志可以征服环境。明知其不能,我们有必做的志愿,则不能亦可使之能。"③七七事变之后,《益世报》发表了《为中日问题告日本国民》一文,驳斥了日本"排华""华北自主与共同防共"等策略,揭露并猛烈抨击了日本侵华政策,号召中国人民抗战到底,为了民族的解放运动而斗争到底。"今日已到了和战的歧途,如果日本帝国主义者还要继续侵略,

---

① 罗隆基:《雷鸣远与〈益世报〉》,中国人民政治协商会议天津市委员会文史资料委员会编《天津租界谈往》,《天津文史资料选辑》(第75辑),天津人民出版社,1997年,第243页。
②《如何应付日本之勤路》,《益世报》1931年9月19日。
③《不能战与不愿战》,《益世报》1933年4月18日。

那么结果当然只有战。我们是爱好和平的,但是也爱正义,更不能不顾到自己的生存。我们愿意接受平等的和平,我们也不辞为正义为生存而战。"[1]7月25日,《应战而不求战——全国一致的态度》一文中,认为现在中国对日容忍的止境,到了最后关头,绝不惜牺牲和平,这是我国外交政策上的一大转变。应战而不求战,丝毫不违背我国爱护和平的精神,应战也是政府抗敌御侮的重要职责,而在国民亦不失为求民族生存的最高度努力。[2]《益世报》敏锐地考察到日本的野心和事件的本质,旗帜鲜明地主张武力抵抗,铿锵有力地呼吁收复失地。在抗日卫国,抵御外侮中举起了爱国主义的大旗。

"内战"和"外战" 七七事变之前,《益世报》不断地抨击国民党政府当局对外采取消极抵抗,对内实行剿共政策。《武力抗日与政治清共》指出武力解决不了中国共产党的问题,应该通过政治手段来解决,抗日一定要坚持武力抵抗。[3]国民党和共产党之间的战争是内战,而与日本的战争是对外战争,是关系到国家生死存亡的战争,内战要让位于外战。

总之,九一八事变之后,《益世报》发表的一系列社论,抨击了国民党当局的"不抵抗政策",主张武力抗日,号召全国人民团结一致,共同抗日,外交上反对零碎外交,局部调停,时效性强,逻辑缜密,言辞锋利,饱含爱国热情,激发了民众的抗日情绪,扩大了《益世报》的影响。作为天主教背景的报刊,《益世报》发表的一系列社论,也反映了天主教爱国知识分子面对民族危难,满怀爱国主义情绪,主张武力抗日,争取抗日战争的胜利的决心和勇气。

四、天主教知识分子为抗战寻求的理论支持

面对民族危机,中国天主教知识分子主张武力抵抗,并积极为此主

---

[1]《为中日问题告日本国民》,《益世报》1937年7月23日。
[2] 王赣愚:《应战而不求战——全国一致的态度》,《益世报》1937年7月25日。
[3]《政府应对日实行经济战》,《益世报》1933年4月28日。

张,寻求天主教传统"正义战争"理论的支持。

(一)"正义战争"理论的形成和发展

在对待战争与和平的问题上,基督教历来分为两派:即和平主义派和正义战争派。和平主义派基于基督教有关不能伤人性命的教义,旨在促进和平,谴责使用暴力,这种观点在公元 4 世纪之前是基督教的主流观点。[①] 其最大特点就是主张非暴力,谴责任何有可能危害身体或致命的暴力行为。公元 313 年,君士坦丁一世(Constantinus Ⅰ Magnus,272—337)发布米兰敕令(Edictum Mediolanense),宣布罗马帝国境内人民有信仰基督教的自由,并且发还了已经没收的教会财产,承认了基督教的合法地位。基督教从一个受迫害的宗教跻身为罗马帝国内一支有着重要影响的力量之后,正义战争派逐渐占据了主导地位,但和平主义派的呼声一直存在,如公元 410 年罗马遭到攻陷的时候,有许多基督徒主张非暴力;10—13 世纪的上帝和平运动(Peace and Truce of God),圣者彼得(Peter the Venerable ,c. 1092—1156),罗杰•培根等对十字军东征的讨伐;方济各会等修会效仿耶稣的生活等等。宗教改革之后,基督教新教派虽然面临着各种困难,但他们坚持了和平主义的观点。第一次世界大战大规模的死伤更加使人们怀疑战争作为解决冲突的有效性,和平主义力量在欧洲得到增长。在两次世界大战期间,许多和平组织,如国际和平组织(1891)、国际反战联盟(1921)、和平保证联盟(1934)开始成立。但是直到 20 世纪中叶,正义战争理论在基督教内一直是主流思想。

西方的正义战争理论发端于古希腊—罗马时代。"正义战争"这个词最早由亚里士多德提出,亚氏强调了战争的目的,即"立法家对于他所

[①] 参看 David L. Clough, *Faith and Force* , *a Christian Debate about War* , Washington, D. C. : Georgetown University Press, 2007,p. 40.

订立的军事法制,务必以求闲暇与和平为战争的终极目的","战争必须只是导致和平的手段"①,战争本身并不是目的,而是寻求更高目标如和平的手段,以此为目的的战争,才是正义战争。

罗马法对正义战争概念的形成也做出了贡献。从词源学上来说,"pax"(拉丁文,意思为和平)来源于"pangere",意为订立契约。在契约中,双方有一定的权力和义务。在私法中,违背契约的一方要受到控告,赔偿另一方的损失;对于城邦国家来说,它有义务保护人民的权利。若国家遭到另外一个国家的侵犯,那么这个国家就有义务保护人民的生命与财产。正义战争的发生,也在于一个国家遭受了不当的侵犯,正义战争必须有正当的理由。

罗马人对正义战争理论的另一个贡献是战争需要一个正式的权威的宣战程序。在罗马共和国时期,若罗马或者其人民因别的国家而蒙受了损失,第一步采取的就是申诉(repetitio),若33天之内还没有得到满意的答复,那么祭司就会正式宣战,而后随着帝国的产生以及权力的集中,宣战的权力就集中到皇帝手上。古典时期的其他作家,如柏拉图、西塞罗等对国家、正义和法的基本理念进行了阐释,这些都促进了正义战争概念的形成。

正义战争概念最早由基督教哲学家奥古斯丁(Aurelius Augustinus,354—430)提出②。在其代表作《上帝之城》(*The City of God*)一书中,他提出了"上帝之城"和"人类之城"两个概念,将正义归之于上帝,认为千年和平只存在于上帝之城中,法和战争的目的则是为了维护人类之城

---

① [古希腊]亚里士多德著,吴寿彭译:《政治学》,商务印书馆,1965年,第16页、389页、392页等。

② Mattox, John Mark, *Saint Augustine and the Theory of Just War*. London; New York; Continuum, 2008, pp. 15 - 16. 事实上,作者认为在奥古斯丁之前,柏拉图、亚里士多德等许多作家谈到了战争的正义性,但是奥古斯丁在西方"正义战争"理论扮演的角色,就如何哥伦布在美洲新大陆被发现中的角色一样,他不是最初谈及西方"正义战争"理论的,而是影响最大的。

的和平与秩序。战争是神的旨意,以和平为目的出于必须的战争是正义的。"战争本身受和平的意图引导,哪怕这些战争是由喜欢在战争中表现好战本性的人的指挥。……和平显然是战争期望达到的目的。"①

正义战争包括抵抗入侵、恢复不可争议的权利和惩罚他者的过失。为了生存而战斗是合理的,战争是为了惩罚罪恶。但是,如果战争不可避免的话,也要抱着仁慈的目的,以免造成战争中真正的罪恶——即对暴力的嗜好、报复的残忍。② 只有上帝和统治者,才有权力决定是否有必要发动战争,以及宣战。

奥古斯丁在此阐释了几层意思,第一,战争是神的旨意,因而基督教并不排斥战争,相反,由于原罪,战争是不可避免的;第二,战争是否正义,首先要看战争的目的,正义战争的目的是和平;第三,即使有着正义的目的,战争中也要避免过度使用武力;第四,战争需经过宣战。但奥古斯丁认为个人之间不得使用武力,即禁止个人之间的私斗。

同时,奥古斯丁也意识到战争的合法性需要寻得《圣经》的支持,因而他用爱来解释战争的合法性。如他认为《圣经》中教导的不要与恶人作对,有人打你的右脸,连左脸也转过来由他打(《马太福音》第 5 章 39 节)是对人内心的一种约束,而不是针对人的行为而言。奥古斯丁将内心的性情与人的外部行为区分开来,从而调和了战争与《圣经》的矛盾。

奥古斯丁对正义战争理论的发展贡献在于他对和平概念、战争不可

---

① [古罗马]奥古斯丁著,王晓朝译:《上帝之城》,人民出版社,2006 年,第 19 卷第 12 章,第 920 页。

② 关于奥古斯丁的战争观,可参看 Mattox, John Mark, *Saint Augustine and the Theory of just War*. London: New York: Continuum, 2008; F. H. Russell, *The Just war in the Middle ages*, Cambridge: Cambridge University Press, 1975;周桂银、沈宏:《西方正义战争理论传统及其当代论争》,《国际政治》2004 年第 3 期, 第 24—30 页;彭小瑜:《美国的天主教和平运动》,彭小瑜《基督教与近代民族国家》,江西人民出版社,2011 年,第 364—417 页。

避免性的阐述以及他认为统治者有义务保护他的臣民免遭非正义的攻击。① 中世纪的教会法学家和神学家基本上都沿袭了奥古斯丁的观点。如教会法学家格兰西②(Gratian,约 1090—1159)提出,和平是理想的状态,只是在必要的时候才诉诸战争。军事力量是上帝的礼物,同时也是和平的手段,是保护自己、同伴、教会、共和国的手段。③ 进而,格兰西对正义战争的定义是:正义战争是在权威法令下对伤害进行报复的战争。正义战争一方面是为了报复所受伤害,击退敌人的进攻,这点主要沿袭了奥古斯丁;另一方面是为了报复异端、受绝罚者等对教会所受的伤害,这一点是从教父和早期的神学家中得来的。但格兰西没有明确说明教会发动的战争是正义战争的一种,且没有进一步阐释正义战争以及不正义战争之间的区别。④

而后来的教会法学家在格兰西的基础上,将圣战诠释为正义战争的一种。12—13 世纪的教会法学家认为,当祖国或者教会遭受严重伤害时,正义战争就是达到正义状态的合法程序。宣战者只能是至高无上的统治者。当正义战争发生时,统治者有权力要求他的下级服从,并对战争的行为和后果负责。当教会、教徒、教产遭受威胁之时,教会可以宣战。正是在这种背景下,对战利品的渴望,以及教宗精神上的鼓舞,使得

---

① J. Brian Benestad. *Church*, *State*, *and Society*, *an Introduction to Catholic Social Doctrine*, Washington D. C. : The Catholic University of American Press, 2011, p. 407.

② 意大利人,中世纪著名的教会法学家,1140 年前后,在继承前人成果的基础上,编成《教会法汇要》(Decretum 或 Concordia discordantium canonum)。该书分为三部分,第一部分由 101 节(distinctio)组成,每节包括数条到数十条教律(capitulum)。第二部分由 35 个案例(Causa)组成,每个案例分成数个问题(questio),每个问题下有数条至一百多条教律。第三部分(Tractatus de consecratione)共四节(distinctio),每节有数十条至一百多条教律(capitulum)。格兰西在教律前后所添加的评注(dictum ante 和 dictum post),不仅是他对所引法规的诠释,而且常常是对整节或整个案例的总结。

③ Frederick H. Russell. *The Just War in the Middle Ages*, Cambridge: Cambridge University Press, 1975, p. 56.

④ Frederick H. Russell. *The Just War in the Middle Ages*, Cambridge: Cambridge University Press, 1975, p. 64.

长达一个多世纪的十字军东征成为了可能。①

继奥古斯丁之后，阿奎那进一步发展了正义战争的理论，并奠定了正义战争理论传统的基础。阿奎那强调了人的理性，使得法、正义和公共幸福得以实现。正义分为自然的正义和实在的正义，前者是普世的道德律令，适应于人类和国家的一切领域；后者是可以证明的契约和制度，从属于前者。正义的目的就是秩序、和平和公共幸福，即人类公共的善。从公共的善出发，在《神学大全》第二集第二部分第 40 题中，阿奎那对战争进行了讨论，并提出了正义战争的三个条件：有权宣战的统治者的权威，私人不得宣战；有正当的理由，受到攻击的国家应该是由于他们犯了某种错误，而应受攻击，譬如一个民族或国家，由于不愿赔偿由其人民所造成的损害，或者由于他不愿归还不公道地侵占的东西，而应受惩处；交战者必须有正当的意图，或为促进善事，或为避免恶事。阿奎那引用了奥古斯丁的话："真正恭敬天主的人，却是为了维持和平，惩罚恶人，支持善人而进行。"②此外，阿奎那还谈到了正义战争的适度性原则，即虽然是为了公共利益，并得到了公共权威授权，但武力的使用是需要有节制的，不能超出防卫的需要。③ 阿奎那以理性主义的态度来思考战争问题，并不一味地反战，而是有条件地承认战争存在的合理性，即战争需受道德准则的制约。这一思想成为后来正义战争理论的核心。早期的基督教思想家们，在正义战争方面，关注更多的是战争是否正义，即发动战争的理由是否正当，对战争中的行为的恰当性等关注较少，有些作家甚至仅仅从战争的目的出发，对战争中的一些行为秉持宽容态度。近代以来，欧洲各国战争不断，死伤无数，给人民的生命和财产造成了巨大的损失，

---

① 有关中世纪教会法学家对战争的论述，可参看 Frederick H. Russell. *The Just War in the Middle Ages*, pp127 - 258.

② 周克勤编辑：《圣多玛斯·阿奎那〈神学大全〉》，台南：中华道明会/碧岳学社联合出版，2008年；第八册：《论爱德》，胡安德翻译，周克勤审阅，第 248—251 页。

③ 《圣多玛斯·阿奎那〈神学大全〉》，第九册：《论智德与义德》，胡安德翻译，周克勤审阅，第218—220 页。

如三十年战争(1618—1648)期间,日耳曼各邦国人口骤减,生灵涂炭,十分惨烈。这种现象,引发了人们的广泛思考与反省,学者们也开始探究和思考正义战争,并逐渐形成了正义战争的两大体系,即"正义的战争"(Jus as bellum)和"战争的正义"(Jus in bello)。其中国际法之父雨果·格劳秀斯(Hugo Grotius,1583—1645)首次对正义战争进行了系统的论述,并对正义战争的一些原则,如正当原因;正当动机;合法权威;最后手段、公开宣战、和平是战争的最终目的、遵守战争法;坚持适当性;不伤害平民等进行了规定,是正义战争理论成熟的标志。格劳秀斯生活的时代,欧洲封建制度正日趋衰落,有限政府的观念和民主观念在欧洲已经扎根。格劳秀斯将战争的宣战权限制在君主,战争的原因只限于自卫,同时也第一次提出了保护平民和战俘。格劳秀斯的系统化和世俗化的正义战争理论奠定了国际法的基础。

到了近现代,尤其是一战的巨大破坏力量和残酷性,使天主教官方对战争与和平的思考也在悄悄地发生变化。第一次世界大战期间,本笃十五(Benedict XV,1854—1922)在保持严格的中立立场基础上,公开谴责战争是"愚蠢的屠杀"和"可怕的杀戮"[1]。1917 年,本笃十五还提出了七点和平计划,无果。1920 年,在通谕《论和平和基督教的和解》(*Pacem, dei munus pulcherrimum*)中,本笃十五赞扬恢复和平的世界,强调相互之间的爱德和和谐,才能保证持久的和平。[2] 第二次世界大战期间,1939 年庇护十二(Pope Pius XII,1876—1958)上任后不久,于 8 月 24 日曾致函各国尤其西方国家,呼请他们勿要关闭和谈之门,力戒兵戎相见。但 9 月 2 日纳粹德国进攻波兰,两天后,英法两国即向德国宣战,二战全面爆发。10 月 22 日,教宗发表通谕,并发表了著名演讲"战争失

---

[1] John W. O'Malley, S. J. *A History of the Popes: from Peter to the Present*, Lanham, Boulder, New York, Toronto, Plymouth: Rowman & Littlefield Publishers, INC., 2010, p. 272.

[2] Claudia Carlen, ed. *The Papal Encyclicals*, 1903—1939. Ann Arbor: Pierian Press, 1990, pp. 171 - 175.

之多,和平失之无"(nothing is lost with peace,everything is lost by war),希望能避免战争。① 同年圣诞节之时,庇护十二发表了《圣善甘美》(*In questo giorno*)广播词,痛斥了战争的罪恶,并提出了绝对尊重各国主权、裁军、新的国际组织切忌重蹈国联覆辙、注意少数民族利益和重视精神因素的和平五项前提。当战争无可避免地发生后,庇护十二则更加严格地限定了正义战争概念,认为只有抵御侵略才是唯一正当的理由,而且,如果以军事手段回击侵略所造成的伤害大于侵略者的破坏,被侵略的一方应该拒绝战争,忍受非正义的侵略的后果。② 天主教慢慢地更倾向于提倡和平,二战中庇护二十对轴心国的绥靖态度,也与这种和平主义思想的蔓延有关。但天主教正义战争的传统导致了多数天主教评论家都谴责和排斥和平主义者,认为他们传播了错误的和危险的观点。如多萝西·戴(Dorothy Day,1897—1980)领导的天主教工人运动,由于秉持绝对的和平主义立场,遭到了美国天主教领导者和美国国民的诟病。③ 直到 20 世纪 40 年代末,当人们见证了第二次世界大战的破坏力和原子能大规模的杀伤力之后,和平才在基督教提上了势头。基督教各教派开始加强他们的和平事业,他们热烈欢迎联合国等组织的成立,基督教官方教义也开始发生了转变。1956 年,教宗庇护十二还禁止天主教徒拒绝服兵役;然而到了 1965 年梵二会议之时,则赞扬那些谴责使用暴力的人。

面对日本的侵略,当时的天主教知识分子,无论是马相伯这样的爱国老人,还是机关刊物《圣教杂志》,抑或是《益世报》这样公教背景的报

---

① John W. O'Malley, S. J. *A History of the Popes*: *from Peter to the Present*, Lanham, Boulder, New York, Toronto, Plymouth: Rowman & Littlefield Publishers, INC. , 2010, p. 284.

② Marvin. L . Lich, *Catholic Social Teaching and Movements*, Mystic, CT : Twenty-Third Publications, 1998, pp. 279 - 280.

③ David L. Clough, *Faith and Force*, *a Christian Debate about War*, Washington, D. C. : Georgetown University Press, 2007, p. 58。

纸,都积极沿用和阐释天主教的正义战争观点,为中国武力抗日提供理论支持和寻求合法性。

(二) 天主教对之于"爱国"

对祖国的爱,中世纪伟大的神学家托马斯·阿奎那也论述过这个问题,他将对父母的爱和对祖国的爱这两种情感联结起来,并将之归于敬德(pietas)。阿奎那认为人按照其地位和所赐的不同恩惠,对施恩者负有不同的义务。天主是造生和治理我们的第一根源,是最崇高的,我们要恭敬天主,这属于宗教之德;父母和祖国是赋予我们生存和治理的仅次于天主的根源,因而,在天主之后,人对父母及祖国负有最大的义务,要孝敬父母及祖国,这属于孝敬之德的事情。要孝敬所有的亲族,敬爱自己的同胞以及祖国所有的友人。[1]近代以来,也有不少教宗论述到这个问题。教宗利奥十三(Leo XIII,1878—1903 年在位)1890 年发表了通谕《基督徒的智慧》(Sapientiae Christianae),将对祖国的爱定义为自然法基础上的道德义务,提出自然法要求我们将最深厚的感情和热情奉献给我们的祖国,好公民不惜为了国家而捐献自己的生命,就如同基督徒对教会的热情一样。但是,同时也要警惕过激的爱国主义,庇护十一曾告诫教徒,"爱国主义——在基督律法范围之下,曾激发如此多的美德和如此多的英雄主义的高贵行为,但是当我们忘记了所有人都是兄弟姐妹,都是人类的一分子,别的国家也拥有同样的财产和生命权的时候,我们对国家的真正的爱就会蜕化成极端的国家主义,那么爱国主义也成为非正义的帮凶"[2]。

在近代中国,基督教重新进入中国,伴随着西方国家对中国的侵略

---

① 圣多玛斯·阿奎那著,周克勤编辑,胡安德译:《神学大全》第十册《论义德之功能部分或附德》,台南:中华道明会/碧岳学社,2008 年,第 280 页。
② Claudia Carlen, ed. *The Papal Encyclicals*, *1878—1903*. Ann Arbor: Pierian Press, 1990, pp. 211-223.

而来,因而基督教通常被视为西方侵略者的同盟军。而第一次世界大战触发的民族主义潮流,也促使中外教会人士反省,英敛之、马相伯和雷鸣远(Fredrich Lebbe,1877—1940)等都纷纷对天主教的时弊提出了批评,倡导天主教本地化运动。在本地化过程中,厘清天主教与西方侵略者的区别、消除国民的排斥心理、彰明教友的爱国立场,是天主教一个重要的舆论和实践导向;期间倡导教徒爱国,阐释天主教爱国主义的文章也不断涌现。

国民的责任,天主的诫命　1934年5月1日,《磐石杂志》①出版了"公教与爱国"专号。专号扉页上有马相伯题字"还我河山"及附识:"去年九月十八日,日本暴力发动,强占我东北,今年三月又一手演成满洲伪国傀儡一剧,一周年间,山河变色,如此奇耻大辱,国人应奋起自救,不还我河山不止。"②卷首语《公教人的爱国精神》,由时任中华全国公教进行会总监督及公教学校视察员兼辅仁大学伦理学教授的于斌司铎撰写。此刊共刊载了《圣教宗比约十一世于民国十七年对华通电全文》,陆徵祥著、金思义译之《以公教立场评判日人侵占东四省事件》,雷鸣远《实际的》,牛若望所著的《新经中的爱国观》,张怀的《公教与爱国》,袁承斌的《天主公教的抵抗主义》等十八篇文章,这些文章都是围绕"公教与爱国"的主题而展开。③ 在卷首语中,于斌指出"爱国工作已振作精神为先决条件",继而阐发了公教教徒对自己、家庭、国家和圣教的责任。在对国家的义务中,指出公教信友对一切国民义务,如当兵、纳税、守法,要尽职尽责,在国家危难之际,要"本着大无畏的精神,向前挺进,为民族的生存,

---

① 1933年由全国公教进行会创办,为面对全国知识青年的宗教哲学季刊,以介绍中西文化,宣扬公教思想及研究宗教事业为宗旨;以美化人生,促进社会改造为目的,本着正确忠实的态度,主要作真理及事实的研究。内容包括政治、经济、社会、道德、法律、教育、哲学、科学、文学各方面思想学说之撰作;重要书籍著作之介绍与译述;关于公教思想及非公教思想之论述;宗教事业研究与调查;公教进行运动之记述与鼓吹;演讲杂论及其他。
②《磐石杂志》第2卷第5期,扉页,1934年5月1日。
③ 亦可参看顾卫民:《1934年〈磐石杂志〉"公教与爱国"专号的民族立场》,《社会科学》2007年第2期,第179—180页。

祖国的尊荣,虽流血授命,亦所不辞"。① 而陆徵祥的《以公教立场评判日人侵占东四省事件》,原为法文,此处由金思义翻译,曾发表于《圣教杂志》1934年第4期,译名为《在天主教道理下评判之满洲国》,此处再译再登载,再次展现了枢机主教梅西耶面对强敌,不畏危险,痛斥德军暴行,号召人民起而奋斗的历史,来激励中国人民;雷鸣远在《实际的》一文中,认为耶稣是最具有革命精神的,"谁愿得生命,当牺牲自己的生命;牛若望则重点考察新经中的爱国思想,认为天主教十诫令中的第四诫——孝敬父母不单单只父母,而是之一切常备,一切有权于我的父母的阶级,而造生蒸民之天地主宰,我唯一的大父母也,要在家孝亲,在国敬长"。爱国是自然法令,同时也是天主教的诫命,因而爱国就是超性和本性方面都应尽的责任,天主教是扶助人民的爱国思想的。在中国也一样,公教与国民、教友的爱国思想并不冲突。"一个公教教友而不爱国,不得称为切实和纯粹的公教信徒。"②

总之,当时天主教知识分子,引经据典,来证明公教与爱国主义是相容的,对于教友来说,爱国就是天主的诫命和国民的责任,中国具有悠久的历史,灿烂的文化,而当这个文明古国即将遭遇灭顶之灾的时候,天主教教徒作为国民的一分子,也有继承和保护中华文明的义务,面对日本的侵略之时,则有义务保护国家,免遭侵略。

二战期间,不同国家的天主教教徒都面临着战争和和平的问题。如美国天主教教徒对于美国是否参战,意见不一。和平主义者多萝西·戴创办的《天主教工作者》(*Catholic Worker*),始终反对美国卷入战争。珍珠港事件爆发之前,《公益》(*Commonweal*)杂志上刊登的文章,既有主张介入战争的,也有主张中立的,但即便是支持战争的,也是限于为欧洲战场提供食物等支援;珍珠港事件之后,《公益》杂志官方观点认为战争是

---

① 于斌:《公教人爱国的精神》,《磐石杂志》1934年第2卷第5期,第1—4页。
② 吾虚:《公教修士的爱国正义观》,《我存杂志》第3卷第1期(1935年),第1—15页。

不可避免的,支持正义战争。耶稣会创办的《美利坚》(*America*)起初支持中立政策,反对罗斯福的租借法案;珍珠港事件之后,强烈支持美国参战。美国天主教的这种态度,被历史学家称之为"谨慎的爱国主义"①。各参战国的天主教徒,无论是热烈的爱国主义,还是温和的爱国主义,在爱国的主题上,是一致的。

五、梵蒂冈之于"伪满洲国"

九一八事变之后,日本扶持前清皇帝爱新觉罗·溥仪为元首,成立傀儡国家伪满洲国。这种侵略行径,遭到了世界各国和国际组织的谴责,中华民国政府拒不承认这一政权。直到二战结束,伪满洲国解散,全世界80多个国家和政权中,只有德国、意大利等少数国家承认伪满洲国。然而,当时梵蒂冈罗马教廷在与伪满洲国的关系上却表现出模糊,而达到了事实上承认伪满洲国的效果。② 如1934年梵蒂冈任命法籍巴黎外方传教会高德惠(A. Gaspais Bisshop)担任圣座及传教区派往满洲

---

① Gerald L. Sittser. *A Cautious Patriotism: the American Churches & the Second World War.* Chapel Hill: University of North Carolina Press, 1997, p. 14.

② 有关罗马教廷与伪满洲国关系的研究,大陆学界有代表性的是顾裕禄、顾卫民、顾长声和刘国鹏。顾裕禄的《中国天主教的过去和现在》(1989年)、《天主教述评》(2005年),顾卫民的《基督教与近代中国社会》(1996年)、《中国与罗马教廷关系史略》(2000年)以及《中国天主教编年史》认为,1934年吉林教区主教高德惠被教廷任命为驻伪满洲国宗座代表标志着教廷对伪满洲国的承认;顾长声的《传教士与近代中国》认为,教宗庇护十一在1937年承认了伪满洲国;刘国鹏的《刚恒毅与中国天主教的本地化》(2011年)则在梳理和研究大量梵蒂冈档案馆的资料上,认为罗马教廷并没有承认伪满洲国,但对日本政府指导的罗马教廷和伪满洲国建交的谣言采取了默认的态度;吴佩军的《罗马教廷、东北天主教会与伪满洲国》(《外国问题研究》2011年第3期)利用日本外交史料馆的资料,认为罗马教廷一方面极力在外交和法理层面上回避与伪满洲国之间的关系问题,另一方面又在事实上承认伪满洲国的存在,本质上是日本殖民主义者的帮凶。台湾学者陈方中和江国雄的《中梵外交关系史》(2003年)则指出,教廷一方面想维护天主教会在东北地区的利益,另一方面则采取模糊立场,在与伪满洲国建立联系的同时在外交层面上回避承认伪满洲国。还有 Lawrence C. Reardon, "The Chinese Catholic Church: Obstacles to Reconciliation", in Paul Christopher Manuel, Lawrence C. Reardon, Clyde Wilcox, ed. *The Catholic Church and the Nation-State: Comparative Perspectives.* Washington, D. C.: Georgetown University Press, 2006, pp. 227 – 244.

国政府交涉的代表。① 1934 年 2 月 10 日,为教廷与伪"满洲国"建交事,高德惠拜访了伪"满洲国"外交大臣谢介石,事后长春天主堂公布《天主教会发表书》,正式承认伪"满洲国",东北教区脱离中国教区而独立,罗马教廷宣布高德惠就地任驻伪"满洲国"宗座代表。自 1935 年以后,东北各个教区另印行伪"满洲国"天主公教教务年鉴,而在天主教官方的《中华全国教务统计》从此也不包括东北各教区。② 1938 年 9 月 10 日,庇护十一在冈道尔夫别墅会议厅中特别接见以韩云阶为首的伪满洲国特使团,10 月 20 日致函伪满洲溥仪,对后者派使团表示深切的感谢。1939 年 2 月 12 日,庇护十二写信给溥仪,把众枢机已选他为天主教会的最高宝座的消息奉闻于皇帝尊前。③ 同年,在教廷的影响下,一向主张抗日并积极投身到伤兵救援等事业中的驻华宗座代表蔡宁,于 3 月 14 日发布一封《致中国主教书》短函,内容如下:

> 最可敬的主教:
>
> 我信而坚持,负有神圣职务之人中,无一人对于政治愿有丝毫之参与,一如教会训令所严禁者。在目前危险的时局下,是项禁令更亟须遵守。因此,请各位可敬的主教郑重告诫属下司铎,常以明智和忍耐,埋头于神务,不偏右,不偏左,即表面上的行动也当避免。④

这封要求中国公教神职人员在战争中保持中立的公函,引起了国民政府的不满,认为这会损及中国总动员全国抗战的精神,于是向教廷提出抗议。其后蔡宁总主教避居北京,不理会中日战争之事。

二战期间,由于梵蒂冈的态度以及各传教士不同国籍,在华的外国传教士和本土主教、教友之间在对待抗日问题上,并不总是齐头并进的。早在 1932 年,当李顿调查团来华调查之时,当时华籍的主教联名给国联

① 陈方中和江国雄:《中梵外交关系史》,台北:台湾商务印书馆股份有限公司,2003 年,第 145 页。
② 顾卫民:《中国和罗马教廷关系史略》,东方出版社,2000 年,第 165 页。
③ 顾裕禄:《中国天主教述评》,上海社会科学出版社,2005 年,第 132 页。
④《公教教育丛刊》1939 年 5 月,第 454 页。

调查团呈送了一封公函。公函驳斥了日本宣传中国无力治理自己国家、中国人具有的强烈排外心理的宣传,郑重申明了国家之间的友好关系是建立在平等、互惠互利和不损害中华民族的荣耀及领土完整的基础之上的,希望国联调查团能进行不偏不倚的调查。[①]这封公函,以华籍主教之名而不是在华天主教官方的名义刊发,是在华天主教官方在此问题上的一种保留态度,另外也彰显了华籍主教的爱国热忱。

事实上,教宗在二战中的立场一直是一个颇有争议的问题。1935 年10 月3 日,意大利以意属索马里与埃塞俄比亚的边界冲突为借口,拒绝埃塞俄比亚的所有和解请求,发动军事行动。由于意大利拥有相对明显的军事优势,并且违反日内瓦协议使用芥子毒气,埃塞俄比亚军队迅速溃败,首都亚的斯亚贝巴于1936 年5 月5 日被意大利军队占领,国王海尔·塞拉西一世(Haile Selassie)流亡英国,埃塞俄比亚帝国沦陷。当时,国联要求对意大利实行经济制裁,得到了英国和北美洲的新教徒的支持。梵蒂冈的官方报纸《罗马观察报》客观地报道了事态的发展,并希望国联采取有力的措施,以恢复世界和平。除此之外,教宗更多地保持了沉默。西方一些国家因此谴责教宗没有尽力阻止战争,认为他是一个意大利的宗教领袖,而不是一个罗马公教的世界领袖。如法国左翼报纸《大众报》(Le populaire)等甚至斥责教宗为一个法西斯的教宗。但也有一些历史学家认为,教宗保持沉默是有理由的。因为,从实力上来说,第一,教宗并无力阻止战争的爆发;第二,公开支持国联会使教宗看上去是背叛了意大利人民,而且对于苏联是主要成员的国联,教宗并不抱好感;第三,随着纳粹德国对天主教的迫害,教宗担心奥地利也会走上法西斯道路,而阻止奥地利的唯一人物,在教宗看来,就是意大利的墨索里尼;第四,在

---

① 《华籍主教联名上国联调查团之公函》,《北辰杂志》,1934 年第 4 期,第 79—80 页;或 "The Chinese Episcopate, Joint Letter to the Commission of Enquiry of the League of Nations.", see in *The Voice of the Church in China*, 1931—1932, 1937—1938. London: Longmans, Green and Co., 1938. pp. 7 - 12.

意大利国内,那些能替代墨索里尼的,要么是反教会的,要么是布尔什维克的,比墨索里尼政府看起来更危险;第五,埃塞俄比亚的政治制度,从奴隶制到无政府主义,使得教宗认为没有必要,或者不值得全力支持。①

笔者认为,从实际力量和效果来看,当时国际形势主要还是基于集权主义阵营与自由主义阵营之间的力量对比,教宗的沉默与否,可能确实对当时的国际形势没有实质性的改变;但是,教宗为了各国天主教的利益,在侵略战争面前,没有坚守正义原则。尽管教宗有时候也会谴责这些不义战争,如 1936 年 8 月 27 日,天主教护士国际大会上(*International Congress of Catholique Nurses*)教宗发表了讲话,认为侵略战争是不正义的战争,扩张的需求本身并不能证明战争的正义性,自卫的权利也建立在尊重其他国家权利的基础之上。② 教宗似乎又回到了正义战争的立场之上。但这种声音在其任期内不是主线。

在德国问题上也一样。教宗在其任期,对德国违反《教务条约》,杀害天主教教徒,破坏天主教教会,进行了多次谴责。1937 年 3 月 14 日,更是在德国秘密发布了最为激烈的反抗通谕《深表不安》(*Mit brennender Sorge*),谴责纳粹德国正在发生的对天主教的迫害,驳斥了新异教主义、国家和政党支持的血缘及种族崇拜,重申了三位一体的教义、耶稣的神圣、原罪等基本教义,最后,鼓励德国正处于困境中的青年、司铎和教友。教宗的诸多口诛笔伐,多在谴责纳粹对天主教的破坏,少有关注轴心国发动的各个侵略战争。这种出于对现实利益的追求而置原本应该坚持的正义于不顾,也是后来对教宗诟病的重要原因。

在中国,就如一些历史家所说,"中国的天主教徒与非教徒一样爱国,但是1937年全面战争爆发之后却面临尴尬。因为梵蒂冈并不像欧

---

① Owen Chadwick. *Britain and the Vatican during Second World War*. Cambridge;New York Cambridge University Press,1986,p. 11.

② 参看 Peter C. Kent. "Between Rome and London:Pius XI, the Catholic Church, and the Abyssinian Crisis of 1935—36. ",*The International History Review*,Vol. 11,No. 2(May,1989),pp. 252 - 271.

洲其他国家一样谴责日本,而且由于他们在中国拥有许多教产,如果梵蒂冈跟日本决裂,那么沦陷区的教产就会受到很大的威胁。而意大利的传教士,由于意大利与日本的关系,而保持了一种微妙的态度"[①]。

结语

第一次世界大战以后,梵蒂冈教廷深感于战争的破坏和悲惨,极力提倡和平主义,批评战争,忽略甚至搁置了"正义战争"观念。在梵蒂冈的影响之下,驻华宗座代表在中日战争全面之后,依然提倡教友们"不偏左、不偏右"的中立政策。中国本土的天主教知识分子,不遗余力,论述了抗日战争的合法性与公义性,号召全民族团结起来,一致对外,共同抗日。当时,天主教在华发行量最大的报刊——《益世报》以及爱国知识分子马相伯等站在爱国主义立场上,驳斥了日本侵华的种种谬论,揭露了日本侵略者的野心和阴谋,痛斥日军的暴行;谴责了抗战初期中国政府的不抵抗政策和种种消极措施,号召全民起来武力抗日,并坚持抗战到底,反映了以雷鸣远为代表的天主教自由知识分子对抗日战争的思考与讨论。作为天主教机关刊物的《圣教杂志》,从初期强调仁爱,到全面战争爆发之后,强调天主教"正义战争"理念,反映了以徐宗泽为代表的天主教知识分子面对民族危机之时,为武力抗日寻求教义支持的努力;全国公教进行会创办的面向青年的期刊《磐石杂志》,则开辟专刊,以公教与爱国的主题,来阐释中国天主教教徒当爱国,当抵抗日本的主张,对引导青年的思想走向起到了积极作用。中国本土天主教知识分子对待战争和和平的态度,是基于天主教正义战争理论基础之上,以爱国乃天主诫命为支持的。这种战争和和平观,是中国天主教知识分子面对国难,对于国民和教徒双重身份及责任的思考和抉择。

---

① Daniel H. Bays, *A New History of Christianity in China*. Malden: Wiley-Blackwell, 2012, p. 149.

天主教保守政治立场的西方语境
——以梵二会议精神反思1945—1949年的中国教会

彭小瑜①

　　天主教和社会主义究竟是什么关系？应该是什么关系？要回答这些问题，我们似乎应该看一下，在历史上二者曾经是什么关系，在中国以及在世界其他地方两者的关系。在回顾罗马天主教会与社会主义运动的一般关系之后，本研究在这里只是局部地注意到1945到1949年透过天主教期刊所看到的中国的情况，并简略地与其他一些国家的情况做了比较。

一、梵二之前的天主教社会思想与社会主义

　　亨利·尚布尔是耶稣会士，担任巴黎大学和巴黎天主教学院的教授，在20世纪50年代出版有一系列关于苏联和共产主义问题的著作，包括《基督教与共产主义》(1959)。与19世纪以来两个阵营里都存在的一部分人不同，尚布尔拒绝把二者完全对立起来。他指出，在表面上，基督宗教尽管并不赞同人们以耐心接受现实世界的不平等和剥削，所关心的重点却是人的灵魂拯救，而共产主义关心的是实际的经

---

① 北京大学历史学系教授。

济、政治和社会环境的改善。这样两种关心万万不可截然分割和对立起来的,否则一个基督徒就会完全忽略共产主义思想里面人道主义的价值观。①灵魂拯救的工作不可以与社会生活割裂。19世纪教会忽略现实的社会问题,特别是广大劳工的命运,恰恰是教宗利奥十三世在他的《劳工通谕》(*Rerum Novarum*,1891)里面试图纠正的,是梵二会议关注的重点之一,也是当下教会特别重视的。

天主教社会思想与反社会主义立场 在教宗约翰二十三世(1958—1963)富有勇气地推进教会社会训导之前,教会社会训导的一个突出内容始终是对社会主义和共产主义观点的批评。庇护九世1864年把社会主义和共产主义列入《谬说表》(*Syllabus* IV)。庇护的核心观点后来被利奥十三世再度阐释(*Quod Apostolici*,1878),此时为《共产党宣言》发布三十年之际。利奥的这部《社会主义通谕》远不及《劳工通谕》著名。我们也容易忽略,即便是《劳工通谕》也明确批评当时的社会主义思潮。利奥教宗谈到,社会主义不仅与天主教的信仰和教会权威对立,也是激进的社会革命纲领,是对既定政治秩序乃至传统家庭的否定,是鼓吹革命、个人主义和共和国理想。②在这个阶段,教会对社会主义的批评是对资产阶级革命中一切激进思潮进行抵制的一个方面,是比较模糊的,当时对欧洲震撼最大的不是社会主义运动,而是1848年革命。但是庇护九世和利奥十三世都注意到共产主义和社会主义对私有财产提出的挑战。在《社会主义通谕》里,利奥教宗已经清楚地意识到现代资本主义对工人阶级的剥夺和压迫,以及由此产生的严重社会问题。利奥教宗认识到,在捍卫私有财产的同时,教会在道义上必须关注劳工的利益和命运,不过他提出的办法仍然是对富有者的呼吁和警告,而不是具体的社会改

---

① Henri Chambre, S. J. , *Christianity and Communism*, trans. R. E. Trevett (New York: Hawthorn Books, 1960), p. 9. 该书法文版出版于1959年。

② Leo XIII, *Quod Apostolic*, in Claudia Carlen, ed. , *Papal Encyclicals 1878—1903* (Ann Arbors, Michigan: Pierian Press, 1990), pp. 11 - 16. 该通谕集其他分卷出版信息同上。

革建议。尽管如此,在原则上,利奥特别强调了,在社会问题上无所作为,眼看劳工陷入被奴役的境地,或者鼓动劳资双方之间的阶级战争,造成持续的社会动荡,都不是造就和平和谐的途径。十数年之后,在《劳工通谕》里,教宗方始提出具体的改革建议,把天主教社会训导提升到一个新的高度。[①]

利奥十三世《劳工通谕》是对当时欧美国家天主教社会运动的总结。这一划时代的文件包含一些相当进步的内容。利奥没有接受教会内部流行的"社团主义",即把社会和劳工组织在国家和资本控制的行业公会里的倾向,也没有对市场经济和利润提出正面的批评,而是在维护私有财产的前提下呼吁,建立工人自己的工会组织和保证劳工有尊严生活的公平工资。教宗认可和鼓励国家在必要时对经济进行干预,协调劳资双方在工资和劳动条件等问题上的谈判。《劳工通谕》由此建立了天主教社会思想在20世纪的基本框架,利奥也因此受到来自左右两方的批评。一部分工人和资本家接受利奥的训导,加强在社会经济问题上的互相合作,并因此更加接近教会。极右的保守派认为教宗过度保护穷人,挑动工人的不满情绪,简直就在向社会主义靠拢。激进的社会主义者们指责教宗没有提出任何新思想,而是以虚假的社会主义立场欺骗工人阶级。在反社会主义和反共产主义倾向强烈的美国,《劳工通谕》确认了主教团支持工会组织的立场,但是并没有得到教徒的热情欢迎,反倒被不少人认为与马克思主义思想有过于密切的联系。不过在事实上,维护私有财产、反对阶级战争这两点应该很清楚地界定了利奥与20世纪共产主义运动的区别,而他对公平工资的呼吁又意味着他与经济自由主义者们之间存在着张力。利奥的位置,如果这样理解,大体上也是天主教社会思

---

① Pius IX, *Nostis et Nobiscum* 18, in Claudia Carlen, ed., *Papal Encyclicals 1740—1878*, pp. 298 - 299; Leo XIII, *Quod Apostolic* 9 - 11, in Claudia Carlen, ed., *Papal Encyclicals 1878—1903*, pp. 14 - 15; Leo XIII, *Renum Novarum*, in Claudia Carlen, ed., *Papal Encyclicals 1878—1903*, pp. 241 - 261.

想在 20 世纪的位置。[①]

一战以后,庇护十一世和庇护十二世的一系列社会通谕开始更加明确地批评当时的共产党和社会主义国家,其锋芒更多地指向无神论问题,但是同时也注意到当时的共产主义理论和实践对私有财产、资本主义和西方政治制度的威胁。在社会理论的层面,这些批评的核心指向共产主义者废除私有财产和提倡阶级斗争这两个原则。以当时的苏俄模式为例,庇护十一世认为,社会主义国家已经在实践中推行和发展了马克思的主张,认为私有财产是剥削和压迫的根源,在社会生活中对生产资料私有制进行完全的否定和消灭,以阶级斗争取代社会和谐,以官僚特权取代个人的自由,并把宗教看作是实现其政治和社会理想的障碍。庇护十二世在他多次的演说中特别强调共产主义无神论与教会之不可调和性,要求教徒拒绝与之合作。庇护十二世在演说中同时也提到,对共产主义的反对立场不应该理解为对资本主义剥削和极度贫富分化的认可,教会的目标是促成劳资关系的和谐,而不是在不同的阶级之间制造战争。[②]

在这些批评中,最缺乏实际依据的是指责共产主义反对家庭。这似乎很难与共产党人的主张以及社会主义国家的实际情况联系起来,可能所指的是西方一些激进无政府主义者的未必付诸实施的观点,但是从庇护九世、利奥十三世到庇护十二世,这仍然是反对共产主义的主要论点

---

① Lilian Parker Wallace, *Leo XIII and the Rise of Socialism* (Durham, North Carolina: Duke University Press, 1966), pp. 274 - 276; George Weigel and Robert Royal, ed., *A Century of Catholic Social Thought: Essays on 'Renum Novarum' and Nine Other Key Documents* (Washington D. C.: Ethics and Public Policy Center, 1991), pp. 1 - 26; Thomas Shannon, "Commentary on Renum novarum (The Condition of Labor)," in Kenneth R. Himes, ed., *Modern Catholic Social Thought: Commentaries and Interpretations* (Washington D. C.: Georgetown University Press, 2005), pp. 127 - 150, 此处 pp. 146 - 147.

② Pius XI, Divini Redemptoris, in Claudia Carlen, ed., *Papal Encyclicals 1903—1939*, pp. 537 - 554, 此处 pp. 538 - 541; Pius XII, "The Social Problem," in Vincent A. Yzermans, ed., *The Major Addresses of Pope Pius XII*, vol. 1 (St. Paul: The North Central Publishing Company, 1961), pp. 128 - 131.

之一。西方各国教会也指责说,共产主义国家由资本家手里夺去了财富,但是并没有将之交给劳工。法国枢机主教在 1949 年发表的公开信中认为,社会主义国有制与资本主义私有制都是对个人自由的侵害,因此禁止教徒加入法共或者与法共合作。[①]

罗马教廷在 20 世纪的反社会主义和反共产主义立场除了因为 19 世纪以来西方各种左派思潮和运动对宗教的冷漠或者敌视态势,应该还有一个更加直接和具体的历史背景,即 1920 和 1930 年代与苏联关系的恶化。这是在以往的研究中被严重忽略的一个问题。梵蒂冈与莫斯科在 1921 年曾经就救助苏联境内严重的饥荒达成协议,教廷的外交和救济人员开始在苏联有一些活动,并与当地的教会建立联系。双方也就关系的改善和建交问题进行了一系列磋商。然而在 1923 年,苏联当局就对彼得堡和俄罗斯的天主教会领袖进行了逮捕、监禁和处决。这一事件的主要根源究竟是苏联在意识形态上不能容忍宗教信仰和宗教组织,还是当时在地缘政治上苏联与天主教波兰的紧张关系以及波兰在乌克兰西部的重大宗教影响,是学者们争论的一个问题。迟至 1927 年,教宗在慕尼黑的大使帕切利(后来的教宗庇护十二世)和苏联外交部长奇切林还在柏林有过接触和商谈,但是梵蒂冈对莫斯科的态度在此之后也开始出现向强硬转变的迹象,与当时整个西方对苏联的关系恶化同步。在这一年发生了一系列让苏联极其紧张的事件:英国以及其他西方国家在中国支持蒋介石清洗和屠杀中共及其他左翼分子,伦敦的苏联贸易代办处被袭击和搜查导致了两国的断交,苏联驻波兰大使在华沙街头被刺杀。与此同时,苏联国内的东正教会与政府的关系开始逐渐改善,对天主教会形成间接的压力。1927 年 10 月 6 日,帕切利仍然向苏联方面转达了沟通和妥协的建议,之后并没有得到苏联的回应。苏联对整个局势的政治理解和对策表现为:1929 年 4 月 8 日在苏维埃中央执行委员会主席团

---

① Henri Chambre, S. J. , *Christianity and Communism*, pp. 21 - 23.

设立了宗教问题委员会,通过新的宗教法规;在同年 5 月相应修改了苏联宪法的宗教条款,要求各宗教团体归顺国家的严格控制;并在宣传工作中进一步展开无神论教育和群众运动。而在 1930 年 2 月 2 日,教宗庇护十一世在他公开发表的一封书信里面,指责西方国家没有针对苏联表现出捍卫宗教自由的足够坚定立场,号召全世界的教徒投入反对苏联的十字军斗争。我们也需要注意到,在跟进梵蒂冈的反共立场方面,美国教会在 20 世纪前半期有相当激进的表现。①

一些典型的教宗通谕和其他文件 一些重要的教宗通谕和教宗发布的其他公开言论带有鲜明和系统的反对社会主义和共产主义的性质。这对中国教会解读中国革命显然有重要的引导作用。埃尔默·沃思在 2006 年增订和出版了 1985 年版的《与中国有关的教宗文件》,将所收录文献的日期扩展到 2005 年。该文件汇编的第一篇文件是前面已经提及的,即庇护十一世 1937 年 3 月 19 日颁布的通谕(*Divini Redemptoris*)。编者认为其内容集中体现了教廷在 1958 年约翰二十三世就职之前对共产主义思想和运动的一般看法,也构成了这个时期中国天主教会与中国共产党关系的一个重要思想和观念的背景。②理解这部反对共产主义的通谕对中国教会的重大影响还需要考虑到同一教宗之前的另外两部重要通谕,即 1931 年 5 月 15 日为纪念利奥十三世《劳工通谕》四十周年颁布的通谕——《四十周年》(*Quadragesimo Anno*),以及 1937 年 3 月 14 日旨在批评纳粹德国政府对内和对外政策的通谕(*Mit Brennender Sorge*)。后者除了明确谴责纳粹的种族主义,也严厉和直率地谴责了纳粹宣传的国家权威至上的意识形态,以及与之关联的对个人权利的侵

---

① Hansjakob Stehle, *Eastern Politics of the Vatican 1917—1979* (Athen, Ohio: Ohio University Press, 1981), pp. 112 - 136; Patrick J. McNamara, "Russia, Rome and Recognition: American Catholics and Anticommunism in the 1920s," *U. S. Catholic Historians* 24 (2006), pp. 71 - 88.

② Elmer Wurth, ed., *Papal Documents Related to China 1937—2005* (Hong Kong: Holy Spirit Study Center, 2006), pp. 9 - 54.

害,从而间接批评了纳粹政权对包括共产党人在内的反对派的非法镇压。[1]

在《四十周年》和 1937 年的反共通谕里面,我们看到的是在天主教社会思想语境中,对社会主义理论性更强的质疑,以及教宗提出的社会改革方案。所以我们首先需要考察的,是其反对社会主义立场与其整体社会思想之间的关联,前者在后者中间的比重。天主教社会思想传统的主脉络,在进行解读和评论的天主教学者那里,始终是所谓的"第三条道路",即试图在贪婪资本主义和官僚社会主义之间找出平衡和中间路线。大卫·奥布赖恩就提出,利奥十三世《劳工通谕》的内在逻辑已然如此。一次大战和 20 年代末开始的经济危机对西方资产阶级的信心和价值观打击严重,而苏联的出现则有力推动了世界社会主义运动。所以到了 20 世纪 30 年代,庇护十一世和相当一部分天主教徒感到有必要更加具体和系统地界定教会在社会改革问题上的中间路线,其结果就是教宗在通谕《四十周年》里面阐释的社团主义社会理论。20 世纪最初几十年教会对教义和平信徒都加强了中央集权控制,所以庇护十一世此时不仅有新的社会学说,还可依赖积极介入政治的和平信徒和天主教党派来实践其理论。[2]

在自由资本主义以及议会民主与国有计划经济以及苏联政治模式之外,社团主义试图淡化企业主与劳工之间的阶级分野,建立以家庭、工会、行业协会和其他社团为核心的社会结构,防止国家的绝对权力压制和取代社团,引导国家支持和扶助社团。社团主义的目的不是在个人自

---

[1] Pius XI, *Mit Brennender Sorge*, in Claudia Carlen, ed., *Papal Encyclicals 1903—1939*, p. 525 – 535.

[2] David O'Brien, "A Century of Catholic Social Teaching," in John A. Coleman, ed., *One Hundred of Catholic Social Thought* (Maryknoll: Orbis Books, 1991), pp. 13 – 24; Christine Firer Hinze, "Commentary on *Quadragesimo anno* (After Forty Years)," in Kenneth R. Himes, ed., *Modern Catholic Social Teaching: Commentaries and Interpretations*, pp. 151 – 174, 此处 pp. 162 – 163, 168.

由和权利的基础上建立英美式的议会民主,因为在教宗和传统的天主教徒看来,权力庞大的西方民主政府和苏联式社会主义国家以不同方式侵蚀各个层面的基层组织,民主国家放任大资本的贪婪,任其伤害家庭和社会,而苏联则完全禁止私人企业,剥夺个人和社团的经济自由。由社团主义的立场来看,理想的社会必须保持私有制,同时强调私有财产服务社会公益的属性,而理想的政府要借助公共权力来限制大资本,压制社会主义,扶持家庭和行业协会等组织,保证社会正义。关键是,从利奥十三世到庇护十一世,这一理想政府并没有被明确界定为民主政府,而且庇护和教会领袖们在欧洲现实中能够找到的近似模式是他们在当时几个天主教国家里看到的威权政治:意大利、西班牙、葡萄牙以及被纳粹兼并以前的奥地利。在理论原则上,庇护十一世对平等和社会正义的强调已经进一步推动教会认同近代民主;在实践上,社团主义并不接受墨索里尼对意大利天主教工会、政党和青年组织的压制,而且庇护十一世在《四十周年》里面对此有明确的批评。但是意大利和西班牙等保守和威权主义的政府与庇护所认可的社团主义社会的近缘关系,自然会引发各种批评,弱化教会社会训导的改革意义。①毫无疑义,在当时中国社会的环境里,教廷在社会问题上展示的前述倾向会很容易鼓励教会支持蒋介石政权和反对共产主义的立场。这也是事实上发生的情况。庇护十一世1937年3月的通谕还将天主教社会改良思想以及教会相应的活动作为抵制和抗衡共产主义的根本办法。②这当然也会进一步促成中国教

---

① Paul Misner, "Catholic Labor and Catholic Action: The Italian Context of 'Quadragesimo Anno'," *Catholic Historical Review*, pp. 650 - 674; Roger Charles, *Christian Social Witness and Teaching: The Catholic Tradition from Genesis to Centesimus Annus*, vol. 1 (Leominister, Herefordshire: Gracewing, 1998), pp. 83 - 92.

② Pius XI, *Divini Redemptori*, in Claudia Carlen, ed., *Papal Encyclicals 1903—1939*, pp. 538 - 554,此处 pp. 549 - 551,庇护十一世在1918到1921年担任教廷驻波兰大使,与强硬反苏的波兰民族主义领袖毕苏斯基将军关系密切,后者在执政风格上与墨索里尼接近。Frank J. Coppa, *Politics and the Papacy in the Modern World* (Westport, Connecticut: Praeger, 2008), p. 99.

会的保守政治立场。

　　庇护十二世在二战期间以及在战后最初几年的政治立场所引发的争议并不仅仅涉及教廷与纳粹德国的关系,以及教廷对纳粹屠杀犹太人暴行的态度,也涉及教廷反共和促成冷战的国际关系运作。在 1944 年圣诞节的演说里,教宗在历史上第一次明确表示接受议会民主制度。在国际关系的层面,庇护十一世早在 30 年代就明确靠拢英美,反对墨索里尼在意大利的战争,而庇护十二世在担任教宗之前就作为特使访问美国,并与罗斯福总统会面。①碍于英美与苏联的战时同盟关系,庇护十二世在此期间并未发布过公开反苏和反社会主义的长篇通谕。庇护十一世 1937 年通谕在理论上已经足够系统和清楚地阐发了教会反共立场,而庇护十二世在 40 年代和 50 年代的一系列演说都印证了他战后与英美联合抗衡苏联和整个共产主义运动的态势。其实早在 1943 年 6 月在罗马圣彼得广场对意大利工人的讲演中,庇护十一世尽管没有使用"共产主义"这个名称,却明确谴责暴力革命,谴责旨在消灭私有制和以国家力量垄断一切的社会变革,对苏联的发展模式予以全盘否定。而随着二战进入结束阶段,教宗和教廷担忧苏联占领下的东欧各国的宗教自由问题,开始日益频繁和强烈地呼吁抵制共产主义。学者往往认为在与苏联对抗方面,庇护十二世领先于当时在战争中和战后重建上还希望获得苏联支持配合的美国。在 1945 年之后的几年里,教宗多次发表激烈的反对"极权主义"的言论。为抗议匈牙利枢机主教明森蒂被判处终身监禁,教宗 1949 年 2 月 20 日在圣彼得广场上连续四次向聚集的民众喊出:在这样的压迫面前,"我作为教宗能够和可以保持沉默吗?"下面民众连续四次大声回答说:"决不能!"同年 7 月,教廷宣布对"追随共产主义的教徒处以绝罚"。这项在实际生活中很难贯彻的教会法决定彰显了教宗强

---

① Frank J. Coppa, *Politics and the Papacy in the Modern World*, pp. 112 - 114.

硬的立场,但是在政治上给东欧教会带来很大的被动。①在文化和意识形态上,这两起事件标志着冷战的真正开始。那么身处在国共双方激烈内战中的中国天主教会,立场和处境又会如何?

在本研究中,我们做出的探讨是借助 1945 年到 1949 年间出版的一种天主教期刊——《益世周刊》(南京),来观察当时中国的天主教会在社会经济和政治问题上的立场。尤其需要指出的是,这是教会对上述的国际大格局做出的反应,或者说是教会没有更多就中国本土的形势做出更加切实考虑的结果。

二、战后中国教会与天主教社会思想

我们目前找到的《益世周刊》(南京)共一百余期,含第 27 卷至 32 卷,其中第 30 卷(1947 年)至 31 卷(1948 年)是完整的。该期刊由益世周刊社主办,渊源仍是雷鸣远神父创办之天津《益世报》。发行人为牛亦未神父(南京总主教公署秘书长),主编为刘宇声,地址为南京石鼓路 100 号,电话号码 21287。1946 年 10 月之传教主日,于斌总主教的演讲发表在该周刊第 27 卷第 19 期,概括了当时全国教会的情况。当时有 20 个教省,对应设 20 位总主教,79 教区,各设主教 1 位,此外还有 30 多个监牧区。然而于斌也指出,在 20 位总主教中中国人仅有 3 人。为继续改善教会的状况,他提及在当年的 4 月 11 号中国结束了传教区时代,成为公教区,教会的建设因而需要更多的人力和物力,因此号召教徒"贡献财力物力,贡献精神时间,贡献自己本身"。在他看来,中国当时的社会还处在"混乱的局面",但是究其根源,"政治的因素不大,而道德的缺乏,却是

---

① Pius XII, "The Church and Labor," in Vincent A. Yzermans, ed. , *The Major Addresses of Pope Pius XII*, vol. 1, pp. 50 – 58. 参见 Frank J. Coppa, *Politics and the Papacy in the Modern World*, pp. 146 – 152; Hansjakob Stehle, *Eastern Politics of the Vatican 1917— 1979*, pp. 268 – 272.

极大的根由"。①

亲国民政府的基本政治立场　从该周刊总体的内容上看,无论是读者来信、新闻栏目还是评论文章,政治上亲近当时政府的基调是明显的,所谓"三民主义诚为吾国目前政治理论上最正确最完备之指南,凡吾国民悉宜研究奉行",而对"唯物主义"、"无神和无宗教论"和"阶级斗争"则明确抵制。这种立场有时也体现在"全国大主教会祝主席华诞举行弥撒礼"这样的消息报道上。②在第一次国共合作破裂以后,教廷和中国教会在处理与国民党政府关系上有过一个试探和决策过程,其中一个重要环节是如何去除三民主义的社会主义性质。耶稣会士德利亚于1929年将《三民主义》一书翻译为法文,并解释其中的民生主义并非是社会主义或者共产主义,因为他认为孙中山并没有意图要让国家有支配财产、家庭和教育的绝对权力,所以不是社会党人,更不是共产党人。此译本一出,国民政府不仅大量订购此书,还呼吁教会出版英文版,而教廷驻华使节刚恒毅即表示认可译者的观点,宣布三民主义与教廷社会观点吻合,并表示在华教会学校将在课堂上讲授三民主义。③

《益世周刊》上大量文章的内容涉及战后中国社会重建的问题,也是在这里我们可以更清楚窥见天主教社会思想在中国语境中的回声。署名冯瓒璋的文章透露出中国教会在社会问题上谨慎和保守的看法,试图与教廷之训导保持稳妥的一致,也与当时国内的既定社会秩序保持一致:"对于贫苦遭难的人,耶稣尽可能的去救济他们,安慰他们,治好他们的疾病,救活他们的子女,以外并劝导富人也出钱去救济她们。总之,他对于贫苦患难者有的是慈悲与同情,但是他总没有倡导过阶级斗争,总

---

① 《益世周刊》第27卷第19期(1946年),第2—3页。

② 于斌:《真与实》,《益世周刊》第27卷第20期(1946年),第2—3页;《教闻网》,《益世周刊》第27卷第19期(1946年),第14页。

③ 《北辰》第6卷第18号(1934年),第1—18页。该长文追溯了1927年到1933年国民党政府与罗马教廷和天主教会接近与和解的过程。

没有把贫苦人联合起来去打倒富人。因为那样已经越出争议的范围，反而扰乱了社会的安宁。"①在该周刊发表文字的作者并非没有意识到严重的社会危机，包括国民党政府面临的贪污腐败问题，但是他们很少提出具体的社会改革建议，更经常地是谈论为了"收拾那几将不可收拾的人心"，天主教作为"真宗教"所能够起到的道德教化作用。②与当时欧美的天主教刊物一致的，是《益世周刊》之缺乏对社会主义和共产党人的同情和沟通意向，在社会改革的思路上完全排除社会主义道路。在批评国民党内政腐败的同时，大量文字把内战的责任片面地推向中共。③

在政体问题上，该周刊并不支持国民党的一党政治，而是提出"非争取直接民权，实行全民政治，不足以消灭官僚政治，走上真正民主的常轨"④。于斌总主教所发表文字在政治上多流露反对社会主义的倾向，与此同时他也有一些典型的人格主义的见解（personalism），今天读来，仍然令人耳目一新。他举德意情况为例，批评20世纪30年代在世界上出现的现代极权主义：极端的个人主义固然危险，轻视和践踏个人人格也同样危险。"只有团体，而没有个人，个人不过是为完成或保持团体的利益而存在，是达成团体利益的手段或牺牲品而已。不复认团体或国家是为了个人或人民的利益而存在，反以为个人或人民的价值是团体或国家所赋予的，于是将个人或人民当作手段，将团体或国家当作目的，形成一种极权主义。欲将一切个人统率与其下，而为奴隶，以维护其个人或某一阶级的利益。"⑤

---

① 冯瓒璋：《我对于社会问题的看法》，《益世周刊》第27卷第20期（1946年），第4—5页。
② 孤星：《写在"建设新中国"前的几句话》，《益世周刊》第27卷第21期（1946年），第4页；笠英：《呐喊一件正事》，《益世周刊》第27卷第20期（1946年），第5—7页。
③ 山樵：《我的感想》，《益世周刊》第27卷第21期（1946年），第9—11页。
④ 社论：《论宪草的争执》，《益世周刊》第27卷第22期（1946年），第2页。
⑤ 于斌：《人格的问题》，《益世周刊》第27卷第22期（1946年），第5—7页。

　　然而"共产主义哲学不合战后需要"这一认识(此语出自于斌总主教),是贯穿这一时期《益世周刊》的基本思路。①署名尹贯中的文章,《新中华公教与新中国》,提出只有在涉及道德问题时教会才表示明确的政治态度,其中包括:"如政党之措施言论,荒谬乖忤,离经叛道,公教为国利民福,必予以抨击,使之从速结束。"然而在同一篇文章里对真实具体的社会问题并无切实应对,只是笼统说应该努力"救济贫病,提倡教育,安插事业,增加生产,促进文化,凡力之所能,势之所可,无不惨淡经营,以造福社会"。作者认同当时的"新生活运动",提出"于提倡道德,注重服务上,新生活运动与公教的精神,既属志同道合,那么携手同行,共策进步,自是理之所当然了"。②正如教廷公使黎培理所注意到的,中国青年"为他们祖国的前途,渴望祖国的进步,他们很可以自豪,他们到传教士跟前去,除了真正提高国家的学识之外,他们不想学别的东西"③。这是一个敏锐的观察。换言之,急迫的社会问题和社会危机需要教会做出正面的回应,而这恰恰是当时总的倾向比较保守的天主教会的一个比较薄弱的思想和实践环节。天主教与社会主义的深层对话在当时完全不存在,有的只是相互指责和冲突,教会人士中间不乏视二者不可调和者。④

　　教会的社会分析和政治观点　在繁多的中国社会问题分析文章中,作者们提出的改革建议都呈现谨慎和保守的特点,这恐怕与其要急切地

---

① 《教闻网》,《益世周刊》第28卷第4期(1947年),第78页(第28卷各期为连续页码)。

② 尹贯中:《新中华公教与新中国》,《益世周刊》第28卷第4期(1947年),第60—63页。

③ 《教廷驻华公使黎培理总主教致全中国各教区领袖公函》,《益世周刊》第28卷第5期(1947年),第76—77页。

④ 报道解放区政教冲突的文字散见该周刊各期,不胜枚举。教会对国民党政府并非没有批评,不过反对共产主义的立场始终是鲜明的。于斌在1947年春节的访谈中曾经希望国共和谈,他说:"现在我们的政府无能,不能解决老百姓的困苦,新四军呼啸叛变,也不能明令讨伐,更有贪官污吏,剥削榨取,政府也不能绳之以法,所以今天,民穷财尽,怨声载道。"见《益世周刊》第28卷第7期(1947年),第117页。参见萧岚:《天主教在美国》,《益世周刊》第28卷第23期(1947年),第366—367页。

与共产主义划清界限有相当的关系。这当然也是同一时期欧美教会的特点。利奥十三世的《劳工通谕》很少被提及，即便被提及，也未见有直接谈论劳工待遇和工资问题。署名冯瓒璋的文章引用了庇护十一世纪念《劳工通谕》的《四十周年》，但是提出的具体改革措施仅限于办理合作社等，并不涉及土地改革这些根本问题。①署名曹自芳的文章题目为"中国社会的分析"，内容乏善可陈，只是提出在战后的思想混乱中，唯一的解决之道是"我们必需把我们的精神寄托在耶稣的精神上，才可以享受现代的精神与物质文明"。原则是没有问题的，但是考虑到当时的形势就显得笼统和无力了。这也是这方面的多篇文字给我的总的印象。譬如于斌在谈到战后形势时，突出地彰显了他对当时教廷社会训导原则上的认同，但是对中国的具体问题往往语焉不详："长时期的世界大战，西方各国的混乱情形，在中国人的心目中，均足以证明自由主义和共产主义的哲学，不足以解决世界问题。邪恶的树木，不会产生善良的果实。物质主义的哲学，戴起物质眼睛判断，遂无一而非物质，往往和事实不相符合，极不适合中国人的心理。中国人在形神方面，感到战后物质上的艰难困苦，政治的窒息，精神上的不安，意见上的分歧，亟须寻求一个真正的，精神的总合的原则，以为医治之方，决不能在唯物主义里，寻觅安慰也。"②

---

① 阎笠源：《漫谈今后传教的几种方法》，《益世周刊》第 28 卷第 10 期（1947 年），第 165—165 页。此处作者的说法是："以公教之精神办理工厂。"这里提到利奥十三和庇护十一的社会问题通谕，但是没有展开讨论。主要的经济办法是办理合作社。这一举措的社会效应如何，是值得进一步研究的。参见冯瓒璋：《读"农村本堂区的当前几个问题"后》，《益世周刊》第 28 卷第 11 期（1947 年），第 172—173 页。冯文在这里谈到建立组织生产和营销的农村合作社，帮助农民解决小额信贷以抵制高利贷剥削等问题。又见毛振翔：《经济合作运动》，《益世周刊》第 29 卷第 10 期（1947 年），第 150—151 页："合作运动的最高理想，是消灭高利贷的剥削，利用一个安稳，便利，使人高兴的媒介物，使得会员喜欢做储蓄的投资，因而培养他的购买力，同时鼓励会员们贷款生产，办理有益事业，只须付出极小的利息。"毛文还谈到合作社不仅具有帮助消除贫困和剥削的意义，还有在基层教育和组织民众的重要进步作用。这一工作可能是当时教会从事的最富有意义的社会工作。

② 于斌：《天主教在中国》，《益世周刊》第 28 卷第 12 期（1947 年），第 188—190 页。

　　这一时期的教会人士对传教工作有很多反思,意识到"抗战胜利以后,传教事业已入新阶段",天主教信仰需要进一步与中国民族文化融合,提出"宜尊重中国民族""宜利用中国民族之道德"。①国共之争对教会是极大的困扰,但是这一形势似乎并没有促使教会向左转。这与20世纪70年代拉美解放神学的情况很不一样。有些作者认识到这场革命的背后是不得不解决的严重社会问题。他们不认同解放区的宗教政策,在感情上仍然亲近国民党政府,然而在理智上却认识到社会改革是不可避免的。这里最发人深省的是,他们能够提出的社会改革举措非常有限和疲弱:"(一)职业介绍所,(二)农村生产合作社,(三)工业改进所,(四)旅行社,(五)合作社。"②《益世周刊》登载的内容表明,这些天主教作者对欧美的情况十分熟悉,譬如前面提到的于斌所介绍的人格主义。李旭在1947年1月29日益世电台的演讲也谈论了欧美天主教人士崇尚的人格主义:"我们的正确的人生观,是'实践的人格主义'的人生观,我们知道生命需要充实,表现,慰藉与追求。"③尽管欧美天主教人士中间的一部分人格主义者在政治上保守,譬如雅各·马里坦,但是他们对资本主义制度有深刻的批判,力图推动福利国家、农业改革和工业民主的进步。而我们在战后的中国天主教人士中却鲜见对资本主义的批判。他们甚至把共产党人的资本主义批评看作是单纯重视物质生活,唯物主义是"为吃饭而吃饭",并因此指责说:"他们又以为资本家剥削大众物质的享受,所以他们把资本主义,目为最大的敌

---

① 张金寿:《传教方法之检讨》,《益世周刊》第28卷第6期(1947年),第92—97页。作者也注意到在动荡时局中困难的传教形势:"近年来时局不静,蜷伏不出者,比比皆是,问其所以,则曰:遍地荆棘,无所着足也。"

② 土木公子:《寇深矣,同志!》《益世周刊》第28卷第6期(1947年),第101—102页。

③ 李旭:《怎样才是正确的人生观》,《益世周刊》第28卷第9期(1947年),第140—141页。该演讲的结尾:"追求在追求真善美圣的境界,追求人生的不朽,我们要从物质价值中追求精神的价值,从自然价值中追求文化的价值,从个人价值中追求社会价值,从生活价值中追求生命价值,以实践的精神,扩大个人的人格,贡献于全人类,使之达于真善美圣的境界,达于不朽的境界,是之谓正确的人生观。"

人。"这样的见解,包括对马克思主义经济学说和阶级斗争学说的批评,都有当时的历史背景,但是如果没有切实有力的社会改革建议相匹配,就过于靠近传统的天主教保守主义,不免带上了为有产阶级和既得利益者辩护的色彩。①

徐宗泽神父是深受尊敬的神学家,对当时的社会经济问题有很多深刻的见解。不过即便是他这样的优秀学者,似乎也没有开展与社会主义思想进行平等对话的耐心。②

署名朱赤者的文章比较详尽地讨论了私有财产问题。这篇文章也比较透彻地暴露出天主教作者在社会经济问题上的保守立场。如果我们比照利奥十三世的《劳工通谕》和庇护十一世的《四十周年》,我们会注意到,中国教会人士对天主教传统的社会思想有系统和准确的把握。他们明确地认同私有财产的必要性与合法性,反对国有化,并能够熟练运用阿奎那的经院神学理论来阐释天主教的财产观,不赞成绝对的私有权,认为国家可以借助自己的权力保证私有财产不与公共福利相冲突,但是不可以用阶级斗争的手段来剥夺有产者,所谓"富者施所有,贫者尽其力,同时改造社会上种种不适合的制度,终而使贫富二对立阶级泯灭于无形"③。值得玩味的是,对于利奥和庇护在他们的社会通谕中强调的工会和公平工资制度等具体内容,朱赤者的文章没有只字片语提及。庇护十一世在通谕中特别强调,教会要避免给人造成站在富人一边、对穷人命运漠不关心的印象,并提出以社会正义原则改造社会的设想。正如

---

① 刘仁德:《天主教的价值观》,《益世周刊》第 28 卷第 8 期(1947 年),第 126—128 页。洪水:《苏北的恐怖》,《益世周刊》第 28 卷第 16 期(1947 年),第 256—259 页。洪水一文以介绍解放区减租减息和土地改革为主要内容,比较系统地批评了马克思主义的经济观点,但是并没有相应提出教会自己比较系统的社会改革见解。这似乎是该周刊发表的这类文章的共通特点,不能不说是遗憾的。
② 徐宗泽:《对公教报纸的感想》,《益世周刊》第 29 卷第 4 期(1947 年),第 55—56 页:"近年来又有共产党宣传共产主义,致吾国社会内部发生极大的变动,而青年误入歧途的,又不知凡几,于此时也,公教报纸,有其极大之责任,作中流砥柱。"
③ 朱赤者:《公教与资产私有问题》,《益世周刊》第 29 卷第 6 期(1947 年),第 87—89 页。

有些学者所说的,庇护的通谕比利奥的《劳工通谕》更加激进,把正义看作是比社会安定更加重要的原则。《益世周刊》谈论社会经济问题的文章对天主教社会思想的伦理基础有清楚的阐释,认识到博爱必须以平等和正义为基础,但是很少论及具体的改革措施,给人造成一种政治上保守的感受。① 当然一种更加脱离社会现实的思路是,在动乱和贫穷的环境中过度强调物质文明不能造就人生幸福。②

在国际问题上,我们在《益世周刊》所读到的也是发人深省的。在该刊物上,对共产主义最温和妥协的言论不是出自国人,而是来自当时美国最有影响的电台节目主持人、天主教蒙席史恩(Fulton John Sheen,1895—1979)。这位在美国以批评苏联制度著名的教会媒体人和主教,在他被翻译成中文的广播里指出,"共产主义,攻击社会的病态一般的非常正确",不过共产党人"只是给罪恶社会开刀,给资本主义送终"。他们如果能够"归正,未始不能弘扬真理造福社会"。③ 得到教会领袖热烈欢迎的是纽约枢机总主教史培尔曼(Francis Cardinal Spellman,1889—1967),这位著名的天主教保守派领袖在访华的欢迎茶会上直接了当地说,"共产主义,对中国与美国,同样无用"④。《益世周刊》在国际问题上的保守立场还可以由以下两个问题看出来。一是对杜鲁门主义的肯定评价,另一是对佛朗哥西班牙的正面看法。即使在当时的欧美社会,这种见解也会被视作典型和强硬的保守派观点。作者认为杜鲁门主义遏制共产主义的原则是正确的,期望甚至祈求美国积极干预中国事务,呼喊"整个世界已经笼罩着赤色的恐怖!"⑤介绍西班牙情况的文章是一篇译文,主要是记录一位"由西班牙回到中国的奥加主教"的言论,其结论

① 张警铎:《经济学的伦理基础》,《益世周刊》第 29 卷第 1 期(1947 年),第 2—3 页。邵鹤亭:《道德改造与基督精神》,《益世周刊》第 30 卷第 18 期(1948 年),第 276—277 页。
② 李君武:《物质文明与人生》,《益世周刊》第 29 卷第 5 期(1947 年),第 72—74 页。
③ 史恩蒙席:《中国教会不当欧化》,《益世周刊》第 30 卷第 25 期(1948 年),第 388 页。
④ 史枢机答词,《益世周刊》第 30 卷第 24 期(1948 年),第 373 页。
⑤ 钟国屏:《杜鲁门主义》,《益世周刊》第 29 卷第 3 期(1947 年),第 39—40 页。

是,"国民军队已把西班牙从赤色的魔掌中挽救出来。未来的事实将会证明他们也救拔了整个欧洲,而且更多救拔了美洲"。①在1947年,对佛朗哥的同情从一个特殊的角度反映了中国教会在政治上极端保守的立场。

三、欧美等国国情与梵二会议之反思

1949年3月出版的《益世周刊》发表了庇护十二世的呼吁,要求世界各地主教为抵制共产主义举行特别弥撒。②欧美各国当时都面临着如何应对社会主义思想和运动的问题,包括如何应对苏联所代表的社会主义国家。在西方国家,尤其是意大利和法国等天主教徒占人口多数的国家,并没有中国当时国共对立这样激烈的暴力冲突,而社会主义和共产主义政党却有相当大的力量和影响,与天主教会之间也存在更多的对话和交流。尽管庇护十二世以其强硬的反共立场著称,意大利教会百年来一直没有放弃的工作是试图调和信仰与社会主义。19世纪80年代和20世纪20年代都出现过信奉马克思主义的意大利天主教政党和团体。意大利和法国二战期间的抵抗运动也标志着天主教徒与共产党人的对话和密切合作。这些联系和沟通并没有因为庇护十二对共产主义的谴责而中断,更不要说第二国际社会主义政党最终接受了基督宗教的合法性。

庇护十二世针对中国问题发表的首个主要文件是1952年1月18日给中国教会的书信(*Cupimus Imprimis*)。这一文件不再提及天主教信

---

① 沙飞译:《西班牙内幕:它将是我们反共的好友》,《益世周刊》第29卷第12期(1947年),第184—185页。参见沙飞译:《佛朗哥访问记》,《益世周刊》第29卷第21期(1947年),第330—331页。这是佛朗哥接见美国记者采访的记录。他对记者说:"我以为美国大可不必把一种只适合自己的口味的整体硬生生地放在西班牙人民的头上。"《益世周刊》发表这篇访谈的用意是支持和美化佛朗哥。这一态度也说明了在当时的天主教世界,美国的资本主义模式并不是得到无保留赞赏的。
②《益世周刊》第32卷第4期(1949),第50—51页。

仰与共产主义的冲突,而是强调了教会不介入政治的立场,并表示在中国教会有足够人力和资源的时候就不再需要外国传教人员的协助。[①]到1963年,教宗约翰二十三世《和平于世》通谕发布以后,整个天主教会对共产主义问题的态度发生了根本性的变化。约翰不仅展开与苏联东欧国家的缓和政策,而且鼓励意大利基督教民主党与意共的合作,并拒绝就意大利部分工业的国有化提出反对意见。尽管一些教会人士仍然坚持庇护十二的意见,把共产主义看作是西方和基督教文明最危险的敌人,约翰赞成天主教徒与共产党人的合作,承认共产主义思想里面可能包含有值得赞同的因素。梵二会议的文件,尤其是《牧职宪章》(Gaudium et Spes),完全明确了天主教社会思想的重点不是维护私有财产;而是提出为人服务才是经济发展宗旨,强调"一切受造之物应在正义及爱德原则下,公平地惠及人人",特别是提出了所有制多样化的见解,即在肯定私有财产合法性的同时认可国有化的合法性和国家对私有财产的调控,以防止私有权的滥用。尽管对自由资本主义的迟疑和批评是天主教会一贯的立场,在这里值得注意的,是更加鲜明的关照贫穷者的态度。正如有些天主教学者已经注意到的,庇护十一世的《四十周年》反对的是实践全盘国有的苏联式的社会主义,并不排斥与温和的社会主义者的合作,后者仅仅认可部分特定生产资料的国有。教宗认为,这种温和形式的社会主义与基督宗教的社会思想十分接近。约翰二十三世在其1961年5月15日颁布的社会问题通谕(Mater et Magister)里面更加明确地提出,在不损害个人自由和尊严的前提下,国家应该通过经济和社会政策来促使私有财产分配更加平均,同时也对重要的、不适合个人私有的生产资料实行国有化。这种对社会主义的看法,当然可以看作是约翰在政治上愿意与社会主义国家建立

---

① Elmer Wurth, ed., *Papal Documents Related to China 1937—2005*, pp.57 - 63.

缓和与友好关系的一个思想基础。①

　　由研究二战后中国教会如何形成前述的保守立场，到回顾 20 世纪 50 年代以来教宗对社会主义的看法，或许能够帮助我们更好地展望未来的中国-梵蒂冈关系。

① *Gaudium et Spes* 63 - 72, in David O'Brien and Thomas Shannon, ed. , *Catholic Social Thought: The Documentary Heritage* (Maryknoll: Orbis Books, 1992), pp. 208 - 215; Pius XI, *Quadragesimo Anno* 113 - 114, in Claudia Carlen, ed. , *Papal Encyclicals 1903—1939*, p. 433; John XXIII, *Mater et Magister* 113 - 118, in Claudia Carlen, ed. , *Papal Encyclicals 1958—1981* (Ann Arbors, Michigan: Pierian Press, 1990), pp. 71 - 72. 参见彭小瑜:《政治愚钝与道德感染力——教宗约翰二十三世的国际关系运作及其借鉴意义》,《宗教与中国对外战略》,徐以骅、邹磊主编,上海人民出版社,2014 年,第 190—203 页。

基督新教教会与中国高等教育的近代化

郭卫东①

大学制度,源于欧洲(尽管有学者认为中国古代的"太学"等亦为世界最早的大学,但与近现代传续下来的大学仍有较大区别),最早出现在12世纪的意大利和法国,其代表为波伦那大学和巴黎大学。其后,流行于欧美各重要国家。与中国传统教育体制区别甚大,中国旧式教育资源不足以为近代型的高等教育提供范本。而那时,能够补此缺陷不可多得的重要资政便是来自西方的基督教士,他们是那个时代中西文化交流的重要使者。特别是基督教新教教会,至中华人民共和国成立,中国存有19所教会大学,其中16所由新教教会所办,天主教会所办者仅3所。故,基督新教教会在中国高等教育近代化的历程中扮演了极为重要的角色。

一、创设先声

中国近代高等教育的创办之议多出自西方在华教士,因其了解外域情况,多有大学受教经历。故而在此领域有较多的话语权,多发先声。较早对西洋学制特别是高等教育体制进行介绍的是德国教士花之安

---

① 北京大学历史学系教授。

(Faber Ernst),其 1858 年考入巴门神学院(Barmen Seminary),在此入德国礼贤会(Rhenish Missionary Society),有志于海外传教。又先后赴巴赛尔大学(University of Basel)与图宾根大学(University of Tubingen)进修。[①] 复获耶那大学(Jena University)神学博士学位。[②] 1864 年 9 月 11 日受差会委派前来中国,是来华西士中颇具理论研究深度和熟悉中国古典文化的人物。[③] 花之安在 1873 年以中文出版《德国学校论略》,"分门别类,规模颇具"[④],系论述近代西方教育制度的中文开山作。翌年,花氏将书中的重要论点摘要刊发于教士们在华创办的《教会新报》,传播面更广,论著以中国人容易理解的文词介绍了西方流行的近代学制:初等教育机构是"乡塾",中等教育机构是"郡学院",以上两个层级为普通教育。第三等级是高等教育,其最大特点是分门别类和专业系科,其中类分为"技艺院",专重基础学科,类似于综合性大学(university)。再是"格致院",类似于专业学院(college),如工学院、"农政院""实学院"等,还有"仕学院",系培养从政者的专业院校,因其与中国科考官吏养成所的书院功能相似,故花氏详为介绍。仕学院"意在干禄者,必须从仕学院学习方能出膺民社,此院所学以拉丁、希利尼(希腊)话为最要,凡从学生徒,必须熟悉其文,详译钦定各等书籍,并用其文本为题作文章,外此则犹须学古罗马、希腊历代群书,与各经之大略者。另须学本国及法国之语言、文字来历、万国地理、图志、格物略论、本国诗书略论、书画法格"。[⑤] 随着工业社会的到来,近代型大学很重要的特点便是

① *In Memorian Dr. E. Faber*, *The Chinese Recorder & Missionary Journal*, December 1899,p. 583.
② 黄昭弘:《清末寓华西教士之政论及其影响》,台北:宇宙光传播中心出版社,1993 年,第 57 页。
③ 李提摩太曾留下这样的记述:"花之安是中国文学的最卓越的学生,用德文、英文、中文撰写了多种著作。……1899 年秋,他在青岛英年早逝。他的主要作品《自西徂东》是一部论述人类文明的巨制,意义重大。"参见李提摩太:《亲历晚清四十五年》,李宪堂、候林莉译,天津人民出版社,2006 年,第 200 页。
④ 梁启超:《读西学书法》,中国史学会主编:中国近代史资料丛刊《戊戌变法》第一册,神州国光社,1953 年,第 455 页。
⑤ 花之安:《选德国学校略论书中》,《教会新报》卷六第 218—246 页。

学科专业的不断更新细分。花氏的著述在这方面为中国人打开了门扉。

美国北长老会士狄考文(Calvin Wilson Mateer)也是较早向中国人介绍西方近代学制的人物。他1863年到山东,1865年在登州创办"文会馆",即齐鲁大学的前身。他很早就注意到在中国创办近代高等教育的问题,在1877年的基督教来华差会代表大会上,他多次发表议论,认为基督教教育的目的,不仅在培养较低层次的本土教士和教会学校的师资,更重要的任务是要培育高级人才,再由这些教会华人领袖将西方的优秀理念转承传播于中国。职是之故,他呼吁必须将教会学校的水准提升到高等教育的层次,强调高等教育在中国的重要性。[①] 这是来华教士中较早提出在中国创办高等教育者。1881年,狄氏在《万国公报》连续四期刊发《振兴学校论》,从学科角度,提出中国应该建立"实学",认为中国的传统教育太狭窄不实用,"夫中国学问所知之事理者为何? 不过仁、义、礼、智、孝、悌、忠、信耳,此外别无所学也。虽有好学之士兼阅子史诸书,然此岂能包括天下之学问乎? 且能包括天下有用之学问乎?"所以,中国的教育范围应该扩大,特别是在经世致用的"实学"领域,使受教者知道"日月起落之故,气机生力之源",也就是要学习自然科学和新技术科学,要建立包容面广泛的近代学科体系,除传统的经史子集外,还应学习格致、天文、算学、化学以至外国史地。[②] 也是在1881年,狄氏向美国差会总部提交了要求把文会馆升格为大学的计划书,准备率先探索在中国发展高等教育的路径。[③] 狄考文在1893年刊发的名为《讲求新法论》的文章中,还提出要结合中国特点,参酌西方学制,来制定中国自身的新学,"察泰西诸国用以兴学校之法,大同小异,然而为中国计,不能全以西

---

① *Rocords of the General Conference of the Protestant Missionaries in China*, Shanghai:1877, pp. 160 - 203.

② 狄考文:《振兴学校论》,《万国公报》(光绪七年闰七月初三日至闰七月二十四日,1881年8月27日至9月17日)。

③ Daniel W. Fisher, *Calvin Wilson Mateer*: *Forty-Five Years a Missionary in Shantung*, *China*: *a biography*, *Philadelphia*: the Westminster Press, 1911, pp. 207 - 208.

法代之,只可随时变通而已"。不盲目追步西方,不完全照搬西学,而是根据中国国情来有选择地学习西方,这一见识在当时的来华西人中明显要高一筹。其所设计的教育制度是学校分为两类,一是"公学",其中又分为"童蒙学"(小学)和"文会学"(中学),即基础教育体制;二是"特学",即高等教育中的专科学院,特学"虽分多门而至要者有三,即医学、律学、道学,此外尚有乐学、矿学及兵法学等";将各门特学总合,便是"总学"(后来,狄考文上总署书中提出的总学堂,其实早有备书),也称"大学房","又兼各种特学合并一处,自然成为大学房也"①,也就是综合大学。

到了甲午战后,因中国败于"蕞尔小国"日本,中国面临空前的民族危机,亟图寻求新方以救中国。传教士也乘缘而起,疾呼改造中国,其中的重要议题便是改革中国的旧教育制度,仿照西方模式创建新教育制度。仅在1896年,只是在教会创办的《万国公报》一个刊物上,教士们就相当集中地阐说了中国新式教育问题。那个时期,该刊的每一期都有文论谈此。1895年12月至1896年4月,美国监理会士(American Southern Methodist Mission)、上海中西书院创办人林乐知(Young John Allen)在《万国公报》上连载《险语对中》的文章,提出"变通之道当以育才为本"②,抨击中国旧教育制度,"教化之基,全在于士,乃观中国读书种子,依然前代遗风,桎梏其形骸,拘挛其手足"。旧知识已明显不适于新时代,传统学问已无法挽救当下中国,"为问今之华士,能通转输之路,广贸易之经,兴物产之菁华,辨人工之良苦,使商人权三倍之利乎?"中国传统社会奉行"士农工商"的结构序列,士是四维社会之首,而结果是"士一无所能矣"。③ 旧状不容延续,新制必须速建,"按照西塾中通行常例,由

---

① 狄考文:《讲求新法论》,《万国公报》卷五第53期第8—11页(光绪十五年五月,1893年6月)。

② 林乐知:《险语对中下》,《万国公报》卷八第87期第1—6页(光绪二十二年三月,1896年4月)。

③ 林乐知:《险语对中中》,《万国公报》卷七第84期第1—6页(光绪二十一年十二月,1896年1月)。

幼学入大书院,由总学而分专门各家",即大书院是从初级到高级的纵向来说,总学则从包罗各学科的广度来论。① 还是在 1896 年的 1 月,美国长老会士李佳白(Reid Gilbert)发表《创设学校议》,陈言着手在全中国普遍建立成龙配套的教育体系,即在各府、州、县乃至村庄建"蒙学馆";在府和省建"中学堂";在各省会建"大学堂";在北京设"总学堂"。② 同年 8 月,美国传教士卫道生(J. E. Williams)也撰文提出创办新学的主张。③ 9 月,美教士福开森(J. C. Ferguson)作《强华本源论》,深究富强中国的本源在于学习西学。④ 11 月,英国传教士甘霖(Q. T. Gaudlin)也建言中国广立学校。⑤ 这些文章词异意同,皆力图探讨中国积弱根源,而又无不开出办新式(西式)教育的救世药方,而在首都创建中国的最高学堂——京师大学堂的声息已翕然可闻。

到 1897 年,来自教会的呼吁更大张旗鼓,不仅个人广发文论,还以团体名义联名上书清廷的权要部门。其中动静最大的是"益智书会"⑥ (The School and Textbook Series Committee)(不同时期以"文学会""中

---

① 林乐知:《险语对中上》,《万国公报》卷七第 83 期第 3 页(光绪二十一年十一月,1895 年 12 月)。

② 李佳白:《创设学校议》,《万国公报》卷七第 83 期第 4—5 页(光绪二十一年十二月,1896 年 1 月)。

③ 卫道生:《论中国保民至要之法》,《万国公报》卷八第 91 期第 4 页(光绪二十二年七月,1896 年 8 月)。

④ 福开森:《强华本源论》,《万国公报》卷八第 92 期第 3—4 页(光绪二十二年八月,1896 年 9 月)。

⑤ 甘霖:《中国新策》,《万国公报》卷八第 94 期第 1—3 页(光绪二十二年九月,1896 年 11 月)。

⑥ 益智书会大有来头。其前身是,1877 年 5 月,为因应日渐增多的教会学校教学之需,基督教全国代表上海大会决定成立"学校及教科书委员会"(School and Text-books Series Committee),中文名称定为"益智书会"。1890 年 5 月,基督教第二次全国代表大会又在上海举行,大会决定撤销"学校及教科书委员会",改组为"中国教育会"(The Educational Association of China),但中文名称仍称"益智书会",由狄考文任主席。此后每隔 3 年中国教育会便举行会议一次,1890、1893、1896、1899、1902、1908、1912 年,共举行 7 次会议。1893 年后又由潘慎文(A. P. Parker)、谢卫楼、李提摩太等继任主席。

国教育会"的名义出现)①,以及"广学会"②等团体的上书。遵照"益智书会"的公议,狄考文起草了《拟请京师创设总学堂议》于5月交卷,呈递总理衙门。该拟议明确提出在京师创设总学堂,其分量所在,这不单单是起草人狄考文的自我看法,而是教会团体讨论过的命题作文,是团体见解,是代表基督教来华差会诸多"大佬"人物的共识。在此略前,"广学会"也向总理衙门呈递了《速兴学校议》。此外,还有李佳白于1897年刊发的《拟请京师创设总学堂议》,亦与京师大学堂的成立有直接关联。③ 团体"公议"异口同声,呼吁改革旧端,兴办大学,认为这是时不我待的要事:"向日时文取士,本非善策,中华知者已多。……今日学校科举之教,其害有不可胜言者,不可以为适然而莫之救也。……今之大人君子,有转移风会之责。"④

二、离合进退

西国教士不仅大力鼓吹在华创建大学,还对中国国立大学的设办提出了相当具体的蓝图,所言所论,建议详细,具操作性,举凡学制,办学体

① 在此之前的1893年,该会副会长花之安曾在上海发表《中国基督教教育问题》的演说,认为"基督教在华教育事业应做到具备宗教性、道德性、知识性与技巧性,教会学校在开设中国传统经典课程的同时,还应广泛开设英语课程"。详见 *Records of the First Triennial Meeting of the Educational Association of China*, *held at Shanghai*, *May 2～4*, *1893*, Shanghai: American Presbyterian Mission Press, 1893, pp. 12 - 15. 而中国教育会的另一副会长林乐知也曾译日人森有礼的《文学兴国策》,呼吁习西学,办新学,"知中国之贤士大夫,得是书而读之,当亦翻然变计,而知所取法矣"。林乐知:《文学兴国策》,上海书店出版社,2002年,第6页。

② 广学会也是基督教会在华活动的重要机构。1887年11月1日,由在上海的外籍人士发起,前期中文名称"同文书会",英文名称 Society for Diffusion of Christian and General Knowledge among the Chinese,在华著名美教士林乐知、丁韪良、李佳白,英教士慕维廉、艾约瑟,德教士花之安等均为会员。1894年同文书会改称广学会,即"广西国之学"的意思。以此著名于世。广学会的喉舌便是《万国公报》。

③ 李佳白:《拟请京师创设总学堂议》,《万国公报》卷九第103期第1页(光绪二十三年七月,1897年8月)。该文收入经世文编中索性将题目改称《拟请京师创设大学堂议》,使得其与京师大学堂更有关联。

④ 狄考文:《拟请京师创设总学堂议呈译署王大臣》,《万国公报》卷九第100期第4—7页(光绪二十三年四月,1897年5月)。

系,教员聘请,学生招录,课程设置等等,大要毕备。尤其对以下问题有深入研判。

其一,设办地点。对这个问题,中外人士的看法比较一致,就是设在中国的首都北京。传教士对此有诸多申论:"京都为天下宗仰,上有好者,下必有甚;小民可与乐成,难与虑始。风气之开,其端在上。故京都必先立一总学堂,以为通国之倡,乃可以号召直省,而翕然从风。登高一呼,远近响应。声非疾,其势便也。总学堂云者,谓荟萃群学于一处,……合群学育群才,以待九重之驱策,亦犹是也。"①就是在首善之区为国民树一榜样,为外省立一样板。总学堂设在北京的理由,李佳白说得尤显明澈,从中国国内情势看,"设立总学堂之意,欲求中国之大益也",若是分立在外省,"不过一方有益,仍于大局无裨",只有立于京师,才"能使天下才智之士萃于京师总学堂之内。他日学成,或出而效用于各省,或出而教习于各地,则枢机仍握于京师,既不至散而无纪,亦何患尾大不掉。盖今日时势,无论何事,必先于京师办起,而次及于各省。一则因势利导兴举较易,一则行权辨义体统斯尊"。教育的功能被放大,设办地点甚至含有了清朝权贵十分在意的集权中央的蕴义。另从国际情势看,"立总学堂于京师,不但能扩众人之才智,尊朝廷之体统已也,亦可扬国家之声名。方今泰西各国,因中国不愿学各等学问,亦不肯广设学堂,使入学各等学问,遂致咸生轻视之心。若总学堂既设,由中及外,由近及远,人才辈出,国势日强,西国将尊之、敬之、爱之、畏之之不暇,安有轻视哉?"②大学是一个国家教育近代化的重要标志,以教育耸立国威,以大学提升国格,不使列强轻瞧的宣传颇易使处在危难关头的中国人动心动容。近代国家,首都多为政治文化中心,多以名校存世扬名。故而,其

---

① 狄考文:《拟请京师创设总学堂议呈译署王大臣》,《万国公报》卷九第 100 期第 8—9 页(光绪二十三年四月,1897 年 5 月)。
② 李佳白:《拟请京师创设总学堂议》,《万国公报》卷九第 103 期第 1 页(光绪二十三年七月,1897 年 8 月)。

后清帝颁谕设办大学堂即在地点上明确为"京师",联称"京师大学堂",并有"为各行省之倡"的话语,传教士的建言或为出处语源之一。中国第一所近代型国立大学的设办地点至此初定。

其二,设办专业。完全按照西方近代学科体系和学术谱系来设置,这些学科实际上教会在华学校早已采用,西国教士在这方面是熟手和前驱;狄考文等还关注到西方新学与中国传统教育资源的接驳共处,所列学科中特标示出"经史"等门类,以示西学为主,不废中学。然京师大学堂初立时,内分六斋,主要还是中国自身的传统意味居重。由此看来,京师大学还是中国古有的"太学""书院""翰林院"与近代型大学嫁接转承的产物,是传统与近代的接驳。传教士们还大讲特讲学术的专门化,学科的专业化,人才的专家化,这是近代学科与传统学科的重要区别,"西国最重专门之学,……不习其业,即不识其书。惟其不相通融,故能各臻极诣"。但是,"中国则不然,今日谈兵,明日析狱;昨犹议礼,后又考工。学校本不分明,用人遂无把握",还举例,此前有出洋学生,在欧洲学习陆军三年后肄业,归国后却"自请兼习海军战法",成为国际笑柄,"偾事在一朝,腾笑及四远,覆辙具在,宜鉴前车"。所以,京师大学堂既要注重综合教养,更要注重专业学习,"宜选其尤要,分科各立专门学堂(最要者如律法、政事、格致、矿学、工程、政堕、壇文)之类,固宜设专门学堂,但此总学堂既系为通国而设,应尽备以待通国之讲求,不可缺一;如有未全,随时增入,听诸生自择性之所近以为学"。提出建设近代范式的各种专科,这些学科多为中国自古所无,而与近代西方学科分野接轨,"今建立总学堂,则凡中西文字、经史、政事、律例、公法、兵戎之学,天算、地舆、测绘、航海、光、电、声、化、汽机之学,身体、心灵、医理、药法、动植物之学,农政、商务、制造、工程之学皆入之"①。李佳白开列的学科专业也相当全面

---

① 狄考文:《拟请京师创设总学堂议呈译署王大臣》,《万国公报》卷九第 100 期第 4—9 页(光绪二十三年四月,1897 年 5 月);《续拟请京师创设总学堂议》《万国公报》卷九第 101 期第 4—5 页(光绪二十三年五月,1897 年 6 月)。

具体,并强调术有专攻是近代大学的必要,"总学堂虽备有各等学问,然一人之聪明才力势必不能兼学;即兼学矣,亦必不能兼精",由此而来,"故总学堂之内,必设各等专门学堂。其最要者,如政事律法学堂、格致学堂、矿学堂、工程学堂、农政学堂、医学堂、博文学堂,皆是就学者才之所长,性之所近,入一专门学堂,各尽心力以学之,务造其极而止"①。即在大学内设置各专业院系。此议为后来中国官方所采纳或得到启发,1898 年 9 月 6 日,管学大臣孙家鼐"奏请设医学堂",因为"医学一门,关系至重,亟应另设医学堂,考求中西医理,归大学堂兼辖"②。

其三,权限职能。教会人士实际上提出两种方案:一是英国浸礼会士(Baptist Missionary Society)李提摩太(Timothy Richard)提出的设立专管机构的方案,就是特设教育部作为中国教育管理机构。李提摩太在1889 年时便提议:"国家必须先设一教育部,以专责成",此部门于中央朝廷特设,"专权于各省,免得督抚升迁调换之际,于新学有碍"③。1896 年4 月,李氏再提此案,并进一步提出了中西合办的方式,名目也由西学味道较浓郁的"教育部"改称中国传统意味更浓厚的"学部","学部为人才根本,应请德人某某,美人某某,总之,此二人名望甚高,才德具备,可与中国大臣合办"④。李佳白也有类似建议,"必须于京都立一学部,专管各省学校之事"⑤。但是,戊戌时并没有采取二李的建议,因为要在中央政府另立部门事体重大,特别是要突破传统的六部体制,更会引发争议,所以,清朝的学部直到 1905 年才建立。而在 1898 年实际执行的是第二套方案,即狄考文的方案,由总学堂也即京师大学堂代行中央政府教育部

---

① 李佳白:《拟请京师创设总学堂议》,《万国公报》卷九第 103 期第 1 页(光绪二十三年七月,1897 年 8 月)。
② 陈宝琛等纂修:《清实录·德宗景皇帝实录》第 419 卷,中华书局 1987 年影印本,第 57 册,第 573 页。
③ 李提摩太:《新学八章》,《万国公报》卷一第 2 期第 18 页(光绪十五年二月,1889 年 3 月)。
④ 李提摩太:《新政策》,《万国公报》卷八第 87 期第 1—6 页(光绪二十二年三月,1896 年 4 月)。
⑤ 李佳白:《创设学校议》,《万国公报》卷七第 83 期第 4—5 页(光绪二十一年十二月,1896 年 1 月)。

的职能,"总学堂之总字,赅有二义:一谓为群学总汇之区,一谓为通国总会之所……则全国学堂,自必受管摄于京都之总学堂"①。此案颇堪注意,由此一来,新成立的京师大学堂不仅是一间大学,还承担管理全中国新式学堂的职能,实际上兼具了两种功能,一是教育机构,即国立大学;二是新式教育管理机构,即中央教育部。

其四,师资人员。传教士所措意的主要是教会人员在中国的高等教育体系内能扮演什么角色。狄考文为此提出了"借才"的建议:"为借材应急之法。拟先由国家延订西国精通文学素工教授之名人,俾充总办教习之选",这些"借"来的外国总办教习,必须要有"事权以专其责,限年月以竞其功"。② 意即兴办的是新学,更接近于西学,系中华自古所无,中国在这方面缺乏人才理所当然,而西方教士却有独得优势,中国向其"借才"也是自然而然,这的确是能够言之成理的巧妙措词。李佳白也有同样意思:"设立总学堂之意,务宜合各等学问荟萃一处。无论学问之出于何人,来自何邦,但视于人有益,皆当采用,不使少有阙漏,则能育各等人才,即能备各等器使。"③同样主张博采众长,借用外邦人士。借才中极重要的是西学总教习的人选。1896 年 8 月,光绪皇帝谕令就"京师建立大学堂一节",要求大臣"议复",以帝师孙家鼐的回奏尤值得关注,其对大学堂多有筹划:"教习宜访求也。大学堂内应延聘中西总教习各二人,中国教习,应取品行纯正,学问渊深,通达中外大势者,虽不通西文可也。外国教习,须深通西学,兼识华文,方无扞格"④,提出聘用国人和西人分

---

① 狄考文:《续拟请京师创设总学堂议》,《万国公报》卷九第 101 期第 4—5 页(光绪二十三年五月,1897 年 6 月)。

② 狄考文:《拟请京师创设总学堂议呈译署王大臣》,《万国公报》卷九第 100 期第 4—9 页(光绪二十三年四月,1897 年 5 月);《万国公报》卷九第 101 期第 4—5 页(光绪二十三年五月,1897年 6 月)。

③ 李佳白:《拟请京师创设总学堂议》,《万国公报》卷九第 103 期第 1 页(光绪二十三年七月,1897 年 8 月)。

④ 孙家鼐:《议复开办京师大学堂折》,麦仲华辑《皇朝经世文新编》第 6 册(学校上),上海书局,光绪二十四年石印本,第 17—20 页。

任中西总教习的设计。但大学堂成立时,关于延聘西人总教习却有歧义。1898 年 7 月 3 日,总理衙门呈递由梁启超代为起草的《京师大学堂章程》,其中很不以前此同文馆等多以西人为总教习的作法为然,认为总教习只须聘"中国通人"即可,理由是大学堂"既中西并重,华人容有兼通西学者,西人必无兼通中学者";"即专就西文而论:英、法、俄、德诸文并用,无论任聘何国之人,皆不能节制他种文字之教习"。故提出只"设总教习一员"。梁启超还打出尊崇体制的堂皇招牌:"故必择中国通人,学贯中西,能见其大者为总教习,然后可以崇体制而收实效。"①此议隐含民族主义的潜意,认为中国的大学,自应由国人掌控。江南道监察御史李盛铎也提出方案,入奏大学堂的中学教习聘用华人自不待说,但西学教习"宜聘用日本人较为妥善",理由是"彼国新学蒸蒸,几无不备,其风气性情亦易相习",还有一个好处是聘请日人比聘请西人的"薪资较廉"。②7 月 3 日,光绪任命协办大学士吏部尚书孙家鼐出任管学大臣,孙"主持风会,领导群伦,于文化教育多所献替"③,是一时之选。上谕还概略规定"至总教习总司功课,尤须选择学赅中外之士,奏请简派"④,此谕实际上否认了总署刚刚呈递的京师大学堂只选"中国通人"的建议,而提出选择"中外之士",其职缺设计和具体人选则由管学大臣奏请。这样,孙家鼐在总教习问题上就有了较大的发言权,8 月 9 日,孙家鼐上折坚持分设西学总教习,朝廷表示尊重,设西学总教习遂成定局。这是中国君臣的情况,在具体由何人出任中国首间国立大学总教习的问题上,西方教士比中国人酝酿得更早,并流传诸多似是而非的言论:例一,李提摩太说。李曾在回忆录中称:"在我离开北京之前,孙家鼐推荐我担任京师大学堂的校长,因为那时人们都认为前任校长丁韪良(William Alexander Parsons

---

① 中国史学会主编:中国近代史资料丛刊《戊戌变法》第 2 册,第 410—412 页。
② 国家档案局明清档案部编:《戊戌变法档案史料》,中华书局,1958 年,第 254—257 页。
③ 周邦道:《近代教育先进传略初集》,台湾"中国文化大学"出版部,1981 年,第 124 页。
④ 陈宝琛等纂修:《清实录·德宗景皇帝实录》第 419 卷,中华书局,1987 年影印本,第 57 册,第 497 页。

Martin)离开中国,不会再回来了。知道自己根本没有可能接受这个职位,我谢绝了。"①此说有误,略加辨证。理由很简单,因为丁韪良任职是同文馆总教习,而非京师大学堂校长。的确,孙家鼐曾通过他的侄女婿翰林院庶吉士龚心铭与李提摩太有过接触。②但我们还得确认,孙家鼐邀李提摩太出任的是官书局教习,而不是大学校长。1896年强学会被查封改"官书局",孙任管理大臣,受命后邀李提摩太入局协办。因官书局聘请名目是"教习",李提摩太误以为是授业教书,故有此辞。③可见,李提摩太受邀大学堂的说法难以成立。当时,虽有中外个别人士呼吁成立中国的大学,但尚未被朝廷正式议及,孙家鼐更不可能知道他就是未来大学堂的管学,所以,根本不会考虑(也尚无资格考虑)还无踪影的大学堂具体人选。例二,狄考文说。其实,狄考文是真正对京师大学堂职务感兴趣的人。其很早就注意到在中国创办高等学校的问题。1896年,基督教来华差会推举林乐知、李佳白、狄考文分别起草致中国政府有关发展教育的建议书,最后只有狄考文交卷,奏请在京师设总学堂。狄考文还话外有音地自称,曾"翻成泰西学校全规三卷,规模大备,条理井然,且于师范学堂之课程规制一篇之中,三致意焉"④。自荐之意跃然纸上,狄考文有办学资历,但其活动范围主要限于教会内部和山东省内,与清朝中央大员相交过少,在清朝权力核心圈子中的知名度并不算高。故而,未列考选视野内。1898年8月9日,孙家鼐提名西学总教习,并就与总署意见不符有所解释:"西学宜设总教习也。查原奏有中总教习,无西总教习。立法之意,原欲以中学统西学,惟是聘用西人,其学问太浅者,于人才无所裨益,其学问较深者,又不甘小就。即如丁韪良曾在总理衙门

---

① 李提摩太:《亲历晚清四十五年——李提摩太在华回忆录》,第239页。
② 龚心铭:《上叔岳孙燮臣大司空家鼐书》,《万国公报》卷八第91期(光绪二十二年七月),第11—12页。
③ 林乐知、蔡尔康:《电书节要篇》,《中东战纪本末》卷八,上海:广学会光绪二十二年排印本。
④ 狄考文:《拟请京师创设总学堂议呈译署王大臣》,《万国公报》卷九第100期(光绪二十三年四月),第4—9页。

充总教习多年,今若任为分教习,则彼不愿。臣拟用丁韪良为总教习,总理西学。"丁韪良成为不二人选。[1] 为其能顺利出任,孙家鼐还在面见光绪皇帝时予以推荐。同日,光绪谕令:"派充西学总教习丁韪良,据孙家鼐面奏,请加鼓励,着赏给二品顶戴,以示殊荣。"[2]中学总教习则委工部侍郎许景澄。丁韪良入选,概有两个因素,一是同文馆的关系调处,京师同文馆系清朝最早的官办西式学堂,京师大学堂成立后,同文馆的地位出现疑问,即机构上的些许重叠。时任英国驻华公使窦纳乐(Claude Maxwell MacDonald)就发现设京师大学堂"似乎与政府已设立了的教授外文及科学的学院,起了冲突,最好可能把现在机构扩大并改进一下"[3]。将同文馆整合进大学堂是最好的安排,那么,前任同文馆总教习丁韪良的位置也被加以考虑。二是丁韪良本身的因素。丁氏系美国北长老会士,1846 年获美国印第安那州立大学博士学位,1850 年来华,考虑到"同文馆将来的影响要比北京街头教堂的力量大"[4],1865 年出任同文馆英文教习,期间,译惠顿(Wheaton)的《万国公法》,此书在清朝的对外交涉中发挥了作用,丁因此与清朝的重要官员有更多接触,1867 年被同文馆聘为万国公法教授,为此乘回国度假之机,到耶鲁大学进修国际法,1869年 11 月 26 日被同文馆聘为总教习。[5] 1891 年 12 月 1 日,光绪开始学习英语,由同文馆丁韪良的两个学生充讲解,并为光绪编辑一些特别课程,先经丁韪良看过,总计学了 3 年,自然对光绪有影响。在来华教士中,丁氏的主要经历在中国官办教育领域,又与清廷高层多有接触,由其出任大学堂职任,比较顺理成章。于是乎,丁氏被任命为京师大学堂西学总

① 朱寿朋编:《光绪朝东华录》第 4 册,中华书局,1958 年,第 4155—4157 页。
② 陈宝琛等纂修:《清实录·德宗景皇帝实录》第 419 卷,中华书局,1987 年影印本,第 57 册,第 532 页。
③ 中国史学会编:中国近代史资料丛刊《戊戌变法》第 3 册,第 545—547 页。
④ 傅任敢译:《同文馆记》,朱有瓛、高时良主编《中国近代学制史料》第一辑上册,华东师范大学出版社,1993 年,第 168 页。
⑤ 丁韪良:《花甲忆记》,沈弘等译,广西师范大学出版社,2004 年,第 293—305 页。

教习,并赏二品顶戴。① 丁也确实发挥了一些作用,大学堂筹备伊始,丁即提出废除膏火制②,又负责西学教员的遴选③。开学时,作为传教士的丁韪良亲自率领全体西教习向孔子牌位鞠躬行礼④,表示对中国传统礼教的理解和尊重。传教士也因此在京师大学堂内部扮演着较重要的角色。

其五,章程规划。1898 年 2 月 6 日,清帝颁旨,京师大学堂"详细章程,著军机大臣会同总理各国事务衙门王大臣妥筹具奏"⑤,开始了大学堂章程的拟定工作。但是随后,总署王大臣遵旨奏上的《京师大学堂章程》内容的相当部分和传教士起草的"拟议"等多有相合。⑥ 这种事说来也不奇怪,大学堂章程的起草人梁启超曾选录广学会出版的书籍 22 种,其中便有传教士编纂的《泰西新史览要》《万国公报》《中东战纪本末》《列国变通兴盛记》《西国学校》《文学与国策》《七国新学备要》等,其中相当部分均涉及教育改革,梁受教会人士的影响自在意中。同时,参考各国制度来拟定中国的大学章程,也是朝廷旨意,而在那个时代的梁启超辈,尚无能力直接参酌外国的制度,只能借助来华教士这支拐杖,"现据该王大臣详拟章程,参用泰西学规,纲举目张,尚属周备,即著照所议办理"⑦。戊戌政变后,京师大学堂或成维新运动的硕果仅存,"太后临朝,诛遣数十人,大变新政,又成守旧世界。学堂虽未废罢,听官民自为"⑧。

---

① 徐致祥等:《清代起居注册光绪朝》,台湾:"《联合报》文化基金会国学文献馆",1987 年,第 30985 页。
② *The Peking and Tientsin Times*,Aug. 20,1898.
③ Chinese Imperial University/ Dr. W. A. P. Martin, an American, Appointed Its president, *New York Times*,Sep. 23,1898.
④ *The Peking and Tientsin Times*,Jan. 7,1899.
⑤ 朱寿朋编:《光绪朝东华录》第 4 册,第 4041 页。
⑥ 黄昭弘:《清末寓华西教士之政论及其影响》,第 174 页。
⑦ 陈宝琛等纂修:《清实录·德宗景皇帝实录》第 419 卷,中华书局,1987 年影印本,第 57 册,第 497 页。
⑧ 李鸿章:《致李经方》(光绪二十四年九月初二日),顾廷龙、戴逸主编《李鸿章全集》第 36 册,安徽出版集团、安徽教育出版社,2007 年,第 196 页。

传教士在中国国立大学占据高位的顶点,也是其衰退的起点。外国教士在京师大学堂初期的人事构成中扮演重要角色。但大学堂之成立,本身即寓救亡图存,育才强国的主旨。中国面对的是西方侵略,却又以西人为师,内中已然是矛盾冲突,这是中国社会近代化进程中一个凸显的现实。并且,这还牵扯到国家的教育主权,那个时代,这是愈益敏感的问题。故而,随着国人对西学的逐步掌握,西人特别是教士在大学堂中的地位渐次式微乃至边缘化便是很自然的。

教士退出大学堂风波的导因是庚子事变,1900 年 8 月,八国联军侵入北京,大学堂被俄、德侵略军盘踞,被迫停办。1901 年 9 月 7 日,《辛丑条约》签订,局势平息。20 日,丁韪良便急切致函主持北京朝政的庆亲王奕劻:"为呈恳王爷电奏请旨简派管学大臣事。窃以和局大定,回銮在即,学堂为中外注意,亟应振刷精神,从速规复。"①丁折是大学堂停办后最早的复校呼请,却也暗藏私心。12 月 5 日,清廷命各省选拔人才送大学堂复试,表明准备复校。1902 年 1 月 10 日,即庚子避难在外的帝后刚刚返回北京后的第三天,大学堂宣布复校,朝廷任命张百熙出任新管学大臣。11 日,朝廷下令将同文馆并入京师大学堂。丁认为机会已到,12 日,丁将西学教习名单开送张百熙和清政府,并就补薪事展开交涉,但出乎其意料,交涉进行的并不顺利。张百熙将薪水事推向外务部和以前的管学大臣,27 日,丁以总教习名义领衔联合英、法、德、俄等国聘任教习共 8 人向外务部递呈:"今该学堂既派有大臣管理,教习等束修即应由该大臣给发。乃新任张大臣百熙云:前十五个月束修应归前管学孙大臣家鼐发给。并云是款即或应由本大臣办理,亦须奉有外务部明文始能照办等语。查继孙大臣任者尚有许大臣景澄,彼时教习等束修均照常支领有案。今张大臣即派管该学,则束修自应由该大臣补发。况此等束修本应

---

① 《大学堂总教习丁韪良为请派大臣归复大学堂事致庆亲王申呈》,北京大学、中国第一历史档案馆编《京师大学堂档案选编》,北京大学出版社,2001 年,第 92 页。

逐月支领，今迟延至此，似有未合。是以恳请中堂、王爷、大人转饬该大臣按照原立合同如数补发，俾免教习等据理索偿。"①内中张百熙提出学堂经费与外务部有关确属事实，大学堂曾奏拨将户部存放华俄道胜银行的银两子息充经费。在张百熙看来，财政紧张，且又停学，洋教习并没有承担工作，停薪有其道理；在洋教习看来，停课并非他们的原因，且后任者不能对前任事项置之不理。

索薪风波不局限于递送公文，洋教习还径直与清朝外务部展开面对面交涉。1902 年 1 月 28 日，美国北长老会士医学教习满乐道（Robert Coltman）赴外务部面谈要求补薪。次日，丁韪良亲赴外务部，声辩学堂停办与洋教习无关，"联军入城，中国衙署均被拆毁，不能办公，何论学堂"。强调既然海关中的洋员照发薪水，就不应对学校里的洋教习厚此薄彼。又搬出西方的契约原则，声明洋教习与中国立有合同，中方不该违约。最后，丁韪良威胁："此事如不照办，各国钦差必差人交涉事件。"②在外人追索下，外务部于 2 月 5 日致函张百熙，提议补发欠薪。③ 张百熙接手职任即遇到洋教习的要挟，加重了张百熙的恶感，就此解聘洋教习也开始酝酿。13 日，张入奏向朝廷明确表示不再续聘传教士，拒聘理由也非常充分，这些传教士出身的具兼职性质的教习不能专致掌握日新月异的新知，也就不能胜任中国国立大学的教职。④ 传教士在大学堂中的地位根本动摇。

除旧布新，但迎新需在除旧前安排妥当，否则将出现人事断档。也是在 2 月 13 日，张百熙对若干重要职任进行改动，堪称是京师大学堂成

---

① 《大学堂总教习丁韪良等为呈请补发修金事》，北京大学、中国第一历史档案馆编《京师大学堂档案选编》，第 98 页。
② 北京大学、中国第一历史档案馆：《京师大学堂档案选编》，第 90—100 页。
③ 《外务部为请将各洋教习修金按照合同补发事致大学堂咨》，北京大学、中国第一历史档案馆编《京师大学堂档案选编》，第 101 页。
④ 《管学大臣张百熙奏陈筹办大学堂情形折》，北京大学、中国第一历史档案馆编《京师大学堂档案选编》，第 105 页。

立后最大的人事变动。"惟大学堂之设所以造就人才,而人才之出尤以总教习得人为第一要义,必得德望具备,品学兼优之人方足以膺此选。"张百熙因此推荐"淹贯古今,详悉中外"的直隶知州吴汝纶为总教习;又保举"学识宏富,淹贯中西"的湖南试用道张鹤龄任副总教习,"才识练达,学问精深"的候补五品京堂于式枚为总办。[①] 朝廷当即批准。张百熙的措置是对孙家鼐分设中西总教习设计的修正,而回归到梁启超起草的大学堂章程不分中西而只设一位总教习,并由中国人担当的方案。对新人事有所布局后,16日,张百熙回复外务部,报告对欠薪事的处理,特别提出对所有洋教习"一概辞退"的原则,决定按照合同补发洋教习的欠薪,解聘日另给3个月的修金并川资百两。辞退程序随即启动,为防止丁韪良等仍去找外务部或朝廷大老转圜留任,故而特别声明解聘是得到外务部和庆亲王同意的,以绝后路。[②]

对洋教习的全盘解聘委实是重大举动,自此,西学总教习一职被取消,西方传教士对大学堂的直接介预,或从同文馆起对中国最高官办教育机构的直接干预,至此告终。此举并非完全因为经费问题,因张百熙在解聘洋教习的同时又聘请了新教习。此一更迭转换饶有意致,不仅实现摒除西人干预的局面,而且初步开始了京师大学堂聘请外国教习和学习外国路径由西到东,即由欧美而日本的转变。1902年的人事纠葛是重要拐点,西方传教士在京师大学堂中的地位不再,转由日本教习担纲,日本文学博士服部宇之吉、法学博士岩谷孙藏及经济学教习杉荣三郎等30余名日本教习陆续受聘大学堂。这并非独然,而是那个时代日本对华影响渐行渐大的趋势实录,是20世纪初叶西学东渐由日本转手的时代背景的表现,也是中国社会近代化师事他人的一个变化——主要不是直接学习西方,而是转手学习专制色彩较浓郁的东方国家(日本和苏联其后

---

① 北京大学、中国第一历史档案馆编:《京师大学堂档案选编》,第111—113页。
② 北京大学、中国第一历史档案馆编:《京师大学堂档案选编》,第113—115页。

对中国的近现代历史都影响甚大）。但是，西洋传教士虽被解聘，其所设定的西方学制和教育体系却仍然延续，并在此后于中国发扬光大，渐成主流定制。

三、独自办学

介入中国官办大学受挫后（不仅是京师大学堂，庚子事变后，李提摩太等还参与了山西大学堂西学专斋的创办，但不久退出）①，职是之故，教会倾力在华自办大学。

20 世纪初叶正是中国高等教育近代化的关键期，也是中国社会的重要转型期。此时的社会环境为中国近代型高等教育的发生发展提供了良好氛围，其中尤为重要的是 1905 年 9 月采行的在中国绵延千年的科举制的废除，使中国的教育制度发生了根本性的巨变，是中国教育近代化的一个具有标志性意义的里程碑。在教育功能上，它从前此的官吏培养（科举制度下，所有的官学、私学无例外地都是为科考服务，科场与官场相连，学而优则仕成为读书人的唯一追求）转成国民教育；在学科体制上，它使西方的学制（小学、中学、大学）和学科体系（不再是中国传统的经史子集等综合型分科，而是按照西方的文史哲、数理化等适合近代学术和劳动分工专业型分科）定于一尊。这一切，都是向西制靠拢，与西学联结，在这个意义上，中国高等教育近代化的过程某种程度上便是西化的过程，中国的高等教育也成为近代化的先发领域，成为西化程度最高的社会界别。同时，西方教会无疑在这方面占有资源优势。

20 世纪初叶，是新教教会在华自办大学的鼎盛时期，中国所有的教会大学几乎都是在此间创办。这一创建势头一直延续到 1920 年代中期的"收回教育权运动"截止。嗣后，便不再有教会大学的设办。在这 20

---

① R. C. Forsyth, *Shantung ,the Sacred Province of China in Some of Its Aspect* , Shanghai：Christian Literature Society,1912,p. 210

多年的时间,中国前后出现过近百所教会大学(有些徒具其名,很不正规)。① 后几经演化组合,最后定型的有 19 所,除了天主教会的 3 所以外,均由新教教会设办。它们是:东吴大学(1901 年建校)②,圣约翰大学(1905 年定名),北京协和医学堂(1905 年由教会创建,后由洛克菲勒基金会接办),金陵大学(1910 年建校),华西协和大学(1910 年建校),华中大学(1910 年建校),湘雅医学院(1914 年建校),华南女子文理学院(1914 年建校),杭州之江文理学院(1914 年建校),岭南大学(1915 年建校),沪江大学(1915 年建校),金陵女子文理学院(1915 年建校),燕京大学(1916 年建校),齐鲁大学(1917 年定名),福州协和大学(1918 年建校),上海基督教女子医学院(1924 年建校)。③ 这些学校大多存有前身,并不成立于 20 世纪初叶,但其"升格"为正规大学,进入中国近代高等教育的正式谱系是在 20 世纪初叶,经过优胜劣汰,到 20 世纪 20 年代,已经基业稳立,卓然可观。

因为新教教会组织体制使然,各差会之间相对平行独立,创办规模完备的大学,兹事体大,单个差会很难独立完成。于是教会大学多由几个差会和教会团体合作设办,教会在创办大学领域与中国政府的合作停顿,教会内部却实现了力量整合。中国第一所联合设办的大学是苏州东吴大学,它虽由美国监理会一个差会创建,却由不仅是苏州("官巷中西书院""天赐庄博习书院"等),而且包括上海("上海中西书院"等)的多所中学和教育机构合成。而山东齐鲁大学的陆续参办者则包括了美国南、北长老会,公理会,循道会,英国浸礼会,挪威信义会,加拿大长老会等 14 个差会,可谓一支"多国部队"。广州岭南大学也是由美国长老会、英国伦敦会和独立宣教师联合会等合创。南京金陵大学则以类似入股的方

---

① 参见郭卫东、刘一皋等编:《近代外国在华文化机构综录》,上海人民出版社,1993 年。

② 东吴大学于 1901 年 3 月正式开学,但关于成立年代有 1900 与 1901 年两种意见,参见李凯:《也谈东吴成立及校名问题》,周建屏、王国平主编《苏州大学校史研究文选》,苏州大学出版社,2008 年,第 472—474 页。

③ 参见郭卫东:《中土基督》,云南人民出版社,2001 年,第 245—246 页。

式初建,由基督会、长老会、美以美会等参与单位提供相当于 4 万美元的土地、房屋、设备或现金,再加上 3 名教师合伙建立,参办单位每年还要再出资 2400 美元作为常年经费;尔后,浸礼会、长老会也加入其中作为合伙人。成都的"华西协和大学"又别具一格,作为新教差会在中国西南地区创办的教会最高学府,它不仅是合办的产物,而且自建校园楼宇并管理各学舍(其校园建设和管理模仿英国大学的"学舍制"),如"华美学舍"由美以美会兴建管理,"广义学舍"属于公谊会,"华英学舍"属于英美会,"明德学舍"属浸礼会等等。近代中国最孚盛名的教会大学——燕京大学同样如此,它是由公理会、伦敦会、美以美会、北长老会联合创办;又是由"汇文大学""华北协和大学""华北协和女子大学""华北协和神学院"四所院校合并而成。因参办单位的多元,其间有协作也有矛盾,燕京大学的定名过程就颇费周折,合并的几个院校都想沿用自己的校名,汇文想继续用"汇文"的名称,协和也想继续用"协和"的名称(毕竟有三所合并大学前此校名均有"协和"字样),而当时,汇文大学的英文译名也是"Peking University",这显然不合适,因为北京大学是当时中国国立的最高学府,此名有混用冒充之嫌。为弥缝参办单位之间的裂痕,于是决定所有合并院校的原名都不用,另起新名。中国的一位基督教重量级人物诚静怡因此取名"燕京大学",寓意北京为古燕国的都城,亦称"燕京",用燕京的名称,既标明了地理位置,又包含了中国传统文化的韵味,也解决了合并院校想留余绪互争名称的矛盾。20 世纪初叶的合作办大学热潮(也有称之为"合作办大学运动"),在异国异教的国度中,既适合新教内部差会林立组织平行的架构体制,又显示出差会互相"抱团取暖"的群体效应。

在一个受欺辱受压迫的殖民地或半殖民地国家中,很难实现真正意义上的国家民族的近代化,即民族平等与国家独立是国家近代化的重要条件,而受压迫国家政府独立性的增强又是至关重要的。外来教会与中国政府的关系成为牵一发动全身的关键。先是教会的影响在中国官办大学中的淡出,除了当时世界范围内盛行的政教分离的言论鼓吹外,还与传统中国本身即是皇权与官权独大的传统文化有关,又特别与此期中国民族主义思潮的勃兴和教会自立运动有关。从 20 世纪初叶开始,外来教会与中国政府之间有一个易势,就是后者愈益取得支配地位,对高等教育来说,关联尤深的是 1920 年代的"收回教育权运动",政府挟民众之势,对教会学校推出一系列约束性的法令法规,规定教会学校必须向中国政府注册,才能取得承认和合法地位。但注册是要具备资格前提的,就大学而言,应开出一门以上的外国语,大学(university 而不是college)必须至少有三个学院,神学院还不能包括在内;取消强制性的宗教课和宗教仪式;平等对待中外籍教师,董事会必须有 2/3 的中国人,校长应该由中国人担任,教职员必须以中国人为主体;要有必要的图书、设备和校舍。无疑,注册标准有二,一是近代大学的标准,就是符合世界通用的各项大学近代化的标准;二是民族主义的标准,就是提高教会大学中的"中国因素"。[①] 注册的过程也成了中外势力博弈的过程,前此设在中国土地上的教会大学均在外国注册,例如东吴大学在美国田纳西州政府注册,齐鲁大学的托事部设在加拿大多伦多。而在 1929 年至1931 年,除了圣约翰等个别大学外,教会大学均向中国当局完成注册报备;圣约翰大学蛮横拒绝向中国政府注册,直到 1947 年才向中国政府注册。通过注册,教会大学至少在表面上开始接受中国政府的某种管辖。收回教育权运动是国人和政府反对外国教会对中国教育权侵夺的一场带有近代民族意识觉醒性质的运动,北京北洋政府和南京国民政府在民众推动下对运动表正面的呼应和支持,并适时出台了一系列相关的法律法规和政策条文,使中国教育权的收回在法权上具有了可操作性和实践性,表明中国政府对高等教育近代化自主化的管理水平

[①] 于此,教会中的先进早有认知,东吴大学的创办人孙乐文(Anderson David Lawrence)在清末就提出:"非但以后教育,将归华人结伴,即教会事业,亦当归华人经理。"嵇长康:《东吴大学校监校孙公传》,《东方杂志》第九卷第十号,民国二年四月一日。

有了一个质点的提升。但教会高等教育机构往往在向中国政府注册的同时,也继续保留它们原先向国外当局注册的有效性,进而具有双重身份,但"中国化""本土化"的色彩在日渐加深。这是在华教会大学的转型特质。

"七七事变"前的中国教会大学,处在平稳的全面发展的态势,近代化的程度有了长足进步,校园扩大,设备更新,师资增强,生源稳定,国际化的程度加强,有些专业进而具有了"国际水准",得到国内外教育界的普遍认同,诸如燕京大学的三大王牌专业——新闻系、社会学系、国文系和汉学研究,东吴大学的法科,金陵大学的农科,华西协和大学的牙科,之江大学的建筑科等等。但随着抗日战争的全面爆发,教会大学的近代化的发展势头被中断。教会大学主要属于英、美等反法西斯国家,因此受到战争的严重冲击,在战区难以立足,只得向中国后方迁徙。先是1937年底华东地区的大学迁徙,金陵大学、金陵女大、东吴大学生物系、齐鲁医学院迁至成都华西协和大学的校园内;再是1938年秋,武汉和广州沦陷前后华中、华南地区的大学迁徙,岭南大学退到香港,华南女子学院迁移福建南平,福建协和迁移劲武,华中大学迁徙桂林;又是1941年12月太平洋战争爆发后燕京大学迁至成都。动荡的战争环境打乱了教会大学的正常秩序,对教会大学本身的发展是一个顿挫,却对迁入地社会的近代化起到了催生发展的作用,因为迁入地每每是落后偏僻不发达地区。

1949年10月1日,中华人民共和国成立,外国教会在华经营的各类教育机构(包括高等教育机构)在此后的几年间,要么迅速解体,消失于无,要么由人民政府接办改造,成为服务于新中国教育近代化的教育机构。通过1952年的院系调整,教会大学不复存在,被归并入其他大学,仅就新教教会大学而言,燕京大学:有关各院系分别并入北京大学、清华大学、中央财经学院等;原校园由北京大学迁入。齐鲁大学:1949年时该校停办,其后,校园内成立了山东医学院。圣约翰大学:有关各院系分别并入复旦大学、同济大学、华东政法学院、上海财经学院、上海第二医学院、华东师范大学等；原校址归华东政法学院等。沪江大学：有关院系分别并入复旦大学、上海交通大学、华东师范大学、华东政法学院、上海财经学院等；原校址设办上海机器制造学校（现为上海机械学院）。东吴法学院，并入华东政法学院和上海财经学院；原校址归上海财经学院。东吴大学：文理学院的部分系科与他校合组在东吴原校址成立江苏师范学院，1982年更名为苏州大学。之江大学：工学院并入浙江大学；文理学院与另外三所大学的相应系科在之江校园内合组浙江师范学院；而其商学院则成为浙江财经学院。金陵大学和金陵女大1951年时合并为"国立金陵大学"，院系调整时被打散，归并到当地的八所大专院校中。华中大学：与其他院校合组华中师范学院。湘雅医学院：改称"湖南医学院"。岭南大学：有关院系分别并入中山大学、华南工学院、华南农学院、中山医学院等；康乐园由中山大学迁入。福建协和大学和华南女子文理学院：1951年由人民政府接管后，两校合并成立"福州大学"，后又改为福建师范学院。华西大学：归并到四川大学和四川医学院。① 应该坦承，教会大学尽管不存，但其遗留下来的师资学生、校园设备、系科专业，乃至某些办学理念仍对中国社会的近代化发挥着持续的多方面的有益影响。

四、些许结语

西方教士介入中国的新教育体制，主观原因出于基督教"中华归主"的理念，教育为一切改革和进步的基础，是培养人的事业，教会也作"人"的事业，如能得人心，对福音传播有无上益处，亦与基督教义的普世宗旨吻合。丁韪良的言辞就说明了教会的这一基本立意，"科学如矢之翼，而

---

① 参见郭卫东、刘一皋等编：《近代外国在华文化机构综录》。

宗教则如矢之的"①,比较起来,"新学,末也;道学(基督教),本也"②。1898 年,狄考文于第二次山东传教士大会上提出培养华籍牧师的重要性,而学校正是最主要的培养机构。③ 个中蕴涵着学校为传教服务的理念。还有,一些教会人士热衷于中国的高等教育,也想就此侧身中国政坛,取得客卿地位。甲午战争前后,传教士鼓吹变法,特别瞩目于教育,"因为变法须有新人,新人须由新教育来培植;新政的实施与成就,系于新教育的成败,而新教育的推行,又有赖于改革考试制度来支持"④。其中很重要的便在于中国的科举制度,在于传统的学而优则仕的人员上升途径,自古以来,中国的科场与官场相连,那么,科考就不仅仅是教育问题,教育也不仅仅是学习问题,还直接和国家官吏密切关联,控制了教育,也就控制了官员,进而控制了政府。何况,这还涉及中国的高等教育,"故为今日计,当视教习一项差使,实尤要于练兵、征税各差使"⑤。国人借用西人办新式教育,客观原因为西方教士在新学领域有独到优势,来华教士多受过正规的大学教育,了解外国高等教育情况;自 19 世纪 30 年代起,教会人士就在中国创办近代新式学堂,他们是中国教育近代化的前驱先路。近代型的高等教育为中国自古所无,近代专业分类均从西方移植,国人在这方面,缺乏既成经验和资源,中国的高等教育标举兼采中学与西学,只能相当程度上倚重西人,特别是从事"文化"的教士。传教士热心中国的新式教育,主体上值得正面评价,也受到中外朝野的普遍赞扬,1898 年,林乐知回国,中国友人行前赠言:"三万里来游中国,著

---

① Western Science As Auxiliary To the Spread of Gospel, *The Chinese Recorder*, XXVIII (Mar. ,1897);后又发表于 *The Missionary Review of the World*, New Series X(Oct,1897).
②《格物以造物为宗论》,《新学月报》第一年第五本,丁酉九月。
③ *Records of the Second Shantung Missionary Conference, at Wei-Hien, 1898*, Shanghai: Presbyterian Mission Press, 1899, pp. 122 - 128.
④ 王树槐:《外人与戊戌变法》,上海书店出版社,1998 年,第 66,68—69 页。
⑤ 狄考文:《续拟请京师创设总学堂议》,《万国公报》卷九第 101 期第 5 页(光绪二十三年五月,1897 年 6 月)。

书立说牖斯民,……更具大志兴中土,树人百年化时雨。"①其逝后,为表纪念,苏州东吴大学新建钟楼,便以"林堂"命名。略后出任山西大学堂西斋总理的李提摩太也曾先后被美国布朗大学授荣誉文学博士学位,被英国威尔士大学授荣誉法律和逻辑学博士。国内外的认可,均与他们在华的教育活动有关。另值得注意的是,参与中国高等教育发端工作的主要是新教传教士,天主教会的人员很少参预,天主教士主要涉及中小学领域的工作,对高等教育较少问津。

但是,中国近代高等教育发端之日,正是中国近代民族主义勃兴之时,传教士部分掌控中国国立大学的状况毕竟与此相悖。作为中国的国立大学,是国家教育自主权所在和中外观瞻所系,决不会允许外人过多染指。所以,中国近代高等教育出现伊始,就在如何利用西方传教士问题上存在纠结。1902年10月27日,山东巡抚周馥在同意德国驻山东主教安治泰在济宁创立"义学"时就曾规定该校的成立只是为了辅助中国的"官学","其立学本意,与中国国家学堂大致相同,以忠君孝亲立身行善为主,以开通智慧,博学多闻为要"。② 鉴于此,即便受传教士影响很深并曾任李提摩太中文秘书的梁启超也对传教士出任洋教习有过严厉批评:"半属无赖之工匠,不学之教士",经手训练的中国学生"仅为洋人广蓄买办之才","国家岁废巨万之孥,而养无量数至粗极陋之西人",正是"数十年变法之所以无效"的原因之一。③ 言论中民族主义的情结立见。同样鉴于此,戊戌年任命丁韪良时就与他"订明权限,非其所应办之事,概不与闻"④。庚子后,民族主义的理念更盛,时论对受教者也多有检点,翰林院侍读学士恽毓鼎入奏:"同文馆之设所以广方言储译才也。前岁

① 徐少范:《送林荣章先生暂归美国》,《万国公报》1898年2月。
② 中国第一历史档案馆、福建师范大学历史系合编:(中国近代史资料丛刊续编)《清末教案》第三册,中华书局,1996年,第496—498页。
③ 梁启超:《学校余论》《论师范》,沈鹏、张品兴等主编《梁启超全集》第1册,北京出版社,1999年,第42、29页。
④ 朱寿朋编,张静庐等校点:《光绪朝东华录》第4册,第4155—4157页。

洋兵入京,此辈半为所用,稍知自好者,尚能不忘本来。其不肖者,遂乃依恃洋人鱼肉间里,甚至凌侮朝官,目无法纪。国家岁糜巨款,培植多方,而所得人才乃至于此,殊堪痛恨。"①这也是中方约束外人干预中国教育的一大张本,防止培养洋奴。从表面上看,京师大学堂等国立大学辞退西洋教习,出自索薪事件,是经济原因,实际上,更深刻广泛的历史因由是那个时期民族主义情绪的张扬。

除民族主义的考量外,传教士被替代还有职业原因。教士的本职是传教,从事教育自来便不专业。故以教育专家替代非专业的教士,以专职换代兼差,是提高教育质素的必然举措。狄考文对此有预见:"凡事初创不得不假手于人,继而力能自为,仍复权归于己,往往然也。中国初设西堂,一面延聘西人使经理之教导之,一面即当选择国中聪颖之满汉子弟,如京师同文馆各官学,如外省方言实学储材各馆,不乏已通西文之学生。令其分赴各国,初习语言文字,继入分门之专学堂。速则四年、六年,缓亦不过十年、八年,必能学成回国,以充总办教习之选,岂终假手他人哉!"②狄氏设身处地给中国高等教育的发展规划出大致路向,也给传教士在中国高等教育中所扮演角色设置了预定,先借西方之才,然后选派中国自己的留学生,最后在完成新旧教育更迭的同时完成中外人才的替代,实现教育主权完归。出于同样原因,张百熙任上,对中国留学生多有期盼,"当所选之留学生放洋时,百熙至京师前门东西站,躬送登车,勉以救国大业,肫诚恳挚,感人至深"③。

教士从中国国立大学的被迫淡出,既与当时政教分离、学教分离以及民族主义的宣传有关;又与日本在华势力的坐大有关。同时反映出中国高等教育学习对象的某种变化,通过日本来学习西方,转手"东学"来

---

① 《翰林院侍读学士恽毓鼎请伤张百熙妥定同文馆章程片》,北京大学、中国第一历史档案馆编《京师大学堂档案选编》,第 119 页。

② 狄考文:《续拟请京师创设总学堂议》,《万国公报》卷九第 101 期第 4—5 页(光绪二十三年五月,1897 年 6 月)。

③ 周邦道:《近代教育先进传略初集》,第 213 页。

习得"西学",这又不单发生在高教领域,而某种程度上反映出中国近代化效法路径循摹对象的微妙却又是影响深远的变化。从官办大学退出后,教会开始另辟蹊径,自行建设大学。仅只在 20 世纪初叶的 20 余年间,仅只是新教教会设办有稳定基业的近代型正规大学便有 16 所,遍布中国多个省区。这些学校为中国高校的近代化提供了某些借鉴范式,从师资选择到学生培养,从教学步骤到中外学术谱系的结合,从学制学程到学位制度,从教材教具到课程开设,从系科设置到专业区划,等等,诸环节、各步骤都由教会特殊学校提供了样板。教会大学的近代性还突出表现在三个方面,一是"中国化",就是愈来愈适应所在国"本地化"的水土,向中国政府注册,中国人在校内扮演日益重要的角色,为中国培养高质素的人才,向中国传输先进的办学理念。中国的高等教育制度多仿效西方而来,有浓重的"西化"色彩;但一个国家特别是一个大国的近代化必须以国家独立为前提,效法西方又必须摆脱西方的控制,"西化"并非就是完整历史意义上的"近代化"。其中言说或有矛盾,但历史正是在解决矛盾的进程中演进。收回教育权运动的开展和成果,既表现了中华民族的觉醒和时代的进步,也说明中国高等教育管理水平的近代化程度已经有了长足进步,已经能够比较独立且有能力管理设在自己土地上的大学。在以西方范式为标准,以西方价值体系为准则的高等教育领域中,中国的知识精英也有思考,早期,因为中国自身没有资源可供因袭,只得全盘袭用外洋,时人把这个阶段称作是"以西洋谭西洋","斯纯乎以夷人谭夷地也"[1],就是纯乎的抄袭。待引进到了一定阶段,具备了一定的基础历练和消化吸收,便进入"道在反求"的新境界[2],即进入到结合本国文教传统和社情民意进行自觉反思的新阶段,使"西方教育"有机地系统地融进"中国教育"之中,化"他人"为"己用",变"复制"为"创制",从而创

---

[1] 参见魏源:《海国图志》(大西洋)卷三十九,(原叙),岳麓书社校注本,1998 年。

[2] 参见冯桂芬:《校邠庐抗议》(制洋器议),中国史学会主编:(中国近代史资料丛刊)《戊戌变法》(一),上海人民出版社,1961 年,第 30 页。

造出不中不西,亦中亦西的近代"新教育",使中西特殊教育整合在新框架内。这也是一个国家要实现本国教育近代化的题中应有之意。二是国际化,中国的近代高等教育体系模仿西方而来,从发端之日便是国际化的产物,西来教会自有先天资源,教会大学也成为国际化的前驱先导和桥梁媒介。1925 年,国际权威学者和机构,对中国的大学进行了略具权威性的评估,金陵大学和燕京大学被评定为甲级和乙级,也就是说,这两所学校的毕业生完全有资格进入欧美国家的研究生院。当时,中国的国立省立大学被列为甲、乙级的也只有七所。属于丙级的教会大学有:华中大学、金陵女子文理学院、岭南大学、圣约翰大学、沪江大学、齐鲁大学,1926 年,湘雅医学院也升格进入丙级。这些学校的学生只需再补修30 个学分,就可进入美国的研究生院。[1] 可见,新立不久的教会大学已经基本达到或者略低于发达国家同类大学的水平。三是社会化,教育因为从事培养人,培养"社会人",由是涉及社会各个方面,举凡政治、经济、文化、军事、外交等所有"人"从事的领域。教会在中国历史上首次传入近代的高等教育制度,为中国引进了一批自古所无的新学科,推动了中国近代型的自然科学与人文科学的产生与进步,进而助益中国近代新学制和学科体系的奠立,这一基础直到今天,仍在中国的高教体制中起着作用。教会还向人们展示了西方的宗教方式、生活方式、思维方式,在一定程度上促使人们价值观念的转变。教会学校也是中国最早开放,了解国外特别是西方的一扇窗口,也是中国输送留学生最早和极重要的培养基地,有很多中国人通过教会学校走向了世界。最为重要的是,教会高等教育机构客观上为中国的各行各业造就了大批优秀人才,这批人才在中国社会的近代化进程中发挥了重要的推动作用。

---

[1] 参见郭卫东:《中土基督》,第 246—247 页。

建筑在沙粒上的现代性
——近代中国道教转型的艰难

刘一皋[1]

一、问题、视角和研究方法

如果说近代化或现代化是社会发展的一个必经阶段,无疑,就会遭遇所谓现代性问题。

一般认为,在近代历史过程中,由于民族国家的建立、市场经济的扩张、新教育和新思想的传播等,势必导致宗教的衰微,甚至死亡。尽管历史发展的表征如此,事实上,宗教仍有巨大的社会需求,发展空间亦可算广阔,因此,便出现了所谓转型问题,即宗教自身如何通过改革或调整,具备适合时代发展要求的现代性。

道教作为中国传统宗教,自然也需要经历这样一个过程。

中国学术界对于这个过程的认识,主要源于 20 世纪 80 年代以来的所谓"道教热"。其中,最突出也是最常见的观点,就是将近代以来道教衰微归因于政权的打压和限制。[2] 果真如此,国家政权的意识形态和政

---

① 北京大学历史学系教授。
② 施舟人的观点具代表性,被广泛引用。施舟人:《道教在近代中国的变迁》,《中国文化基因库》,北京大学出版社,2002 年,第 148—157 页。

策,以及精英知识分子的呐喊和主张,便成为决定社会文化变迁的主导因素。

再者,各宗教均遭遇严重冲击的环境下,为何中国本土的道教境地最差,值得深思。施舟人的解释是:"道教不仅是儒佛道三教归一的基础,而且也是帝国政府与民间社会之间的结合点。"①显然,此种认识,更强调中国传统文化与道教的特殊紧密关系,但是否因"结合点"而更遭政府打击,未能给予深刻说明。因此,主要基于文化反思上的道教研究,其倡导的"道教复兴",不过是为了迎合从传统文化中寻找现代化资源的现实需要,并非出现了一种社会性的宗教热潮。

在"道教热"之中,研究者关注的主要是挖掘道教的文化内涵,论证其深刻性及其现实意义,研究对象主要是道教典籍及其重要人物的注解,即着力于道教内部的研究。由此,道教转型过程中的诸种现代性被高度评价,如在以陈撄宁为中心的研究中,对其仙学主张和实践,研究者使用了民族主义、救国救亡、科学发现、社会革命、男女平等、勇于改革等现代性话语加以阐释②,道教的近代变动,俨然与国家历史同步。

可是,道教在近代社会发展中究竟处于何种位置呢? 较之文化史研究路径,地方道教史的研究多少展现了各地方的具体情况,但仍然集中于道教宫观、组织和人物之内部沿革、演变的描述上,对于"整顿教务,研究哲理,改革陋习,转移社会"等现代性目标,则将极少实施的原因,简单归之于外部③,未能从宗教内部深入探究。

显然,过去二三十年来的道教研究,揭示了道教近代转型中的诸种

---

① 施舟人:《道教在近代中国的变迁》,《中国文化基因库》,第 147 页。
② 参阅刘延刚:《陈撄宁与道教文化的现代转型》,巴蜀书社,2006 年。Xun Liu(刘迅),*Daoist Modern: Innovation, Lay Practice, and the Community of Inner Alchemy in Republican Shanghai*. Cambridge (Massachusetts) and London: Harvard University Asia Center Distributed by Harvard University Press, 2009.
③ 孔令宏、韩松涛:《民国杭州道教》,杭州出版社,2013 年,第 154—155 页。其他地方道教史的著作,内容相似,多以记录地方宫观寺庙、高道为主,兼及文物价值。例如,樊光春:《西北道教史》,商务印书馆,2010 年;佟洵、孙勐:《北京道教史》,宗教文化出版社,2013 年。

现象,并尽力使用一系列现代性话语加以解释,但同时将道教放置于概念、话语搭建的阁楼之上,与社会发展的实际情况显得隔膜,给人一种朦胧、玄虚之感。在近代中国社会的发展环境中,道教信众群体出现了何种变化且特征如何?信众的基本需求主要有哪些内容?更重要的是,道教还能够为信众提供何种服务呢?道教能否通过自我革新适应社会变革并满足信众需求呢?这些问题尚需更为深刻的研究。

本研究的视角,是从近代中国社会发展演变的过程观察道教转型问题。之所以强调过程,一是力图从国家整体历史的动态中把握道教的变化趋向及特征;一是采取更为实证化的历史研究方法,避免主要依据宗教组织、人物的相关话语进行解释的偏差。因此,在材料上也尽可能多样化,不仅关注"内部"重要文本的自我阐释,也注意来自社会的或道教"外部"的描述、观察和评价,以便能够对于道教近代转型问题,给予合乎社会发展逻辑的解释。

本研究主要探讨 20 世纪上半期道教发展的状况及其问题。在这一时期,导致道教衰微的诸种因素,均处于不断的发展、强化之中,最突出的表现有两个方面:国家政权对于社会生活的干预、规范逐步深化,通常被描述为国家权力的下渗;伴随新教育的快速发展,自新文化运动始,新思潮的传播速度和范围扩大,严重冲击传统文化及宗教,深刻地影响着公众的日常生活态度和行为方式。必须指出,此种发展趋势,并非单向的、唯一的。政权干预也并非强大到政府可能包办社会生活的所有需求,相反,由政府主导的社会改造运动,如新生活运动,不但作用极为有限,而且也需要借助宗教组织的力量。此外,城市的发展,产生了一批新的、潜在的宗教信众,加之长期的战乱,也将部分民众驱赶到向宗教寻求安慰。道教存在着发展的空间和机遇。因此,对于观察道教近代转型问题,提供了一定的可能性与便利。

本研究由四个方面组成,力求获得一个近代道教转型的较为完全的图像。

　　首先，针对既往研究中的问题，同样以陈撄宁为中心进行分析，借以观察其言论中所谓现代性话语的指向，从而说明近代道教转型过程中的极度扭曲现象，并澄清相关研究中的某些曲解和模糊。在材料和方法上，类似于对重要历史人物的话语进行重新解读。

　　其次，本研究设想通过收集通俗期刊、小说等资料，力求以民国时期的社会新闻及文学描写，勾勒出一幅道士画像，即由道教"外部"所描绘的道教。当然，公共传播领域内的道教描写，多数可能是负面的，需要仔细分析。不过，负面的描写，也可能提供一种社会意愿的内容，至少可以代表作者对于道教的认识或见地。

　　再次，本研究试图通过对于民国时期地方志及地方综合性域情调查材料的收集，说明此时段内道教的一般生存与活动状况。由于此类材料的特点，可以较为便利地了解道教在地方发展演变中的历史沿革，还可以运用其中相关统计数据，较为准确地说明道教在地方社会宗教信仰中的位置，这应该是一个可行的研究路径。

　　最后，在本研究的考察时段内，社会调查兴起，产生了大量社会调查文本，不少都涉及宗教问题。社会调查的目的，无论是为制定政策还是进行学术研究，都视调查为准确认识问题的基本方法，也为历史研究提供了宝贵的实证材料。社会调查较之新闻报道，更具系统性、目的性，更能反映当时社会的宗教认识和信仰倾向，以及宗教所能提供的社会服务。需要说明的是，本研究选取的社会调查材料，主要指各类综合或专项调查中有关宗教的部分，以期展现道教的社会存在实态，而非特指政府为加强宗教管理而进行的寺庙调查。

　　还必须特别指出，在学术界出现"道教热"的同时，社会上也时断时续出现了一系列怪异现象，主要内容是由气功和食疗为主的养生保健热潮，因走极端，有时甚至演成为社会骚动。这些现象多与道教文化有关，或倡导者有意与道教文化拉上关系，参与者则无能力判断，只是茫然追随。这种情形在民国时期已有表现。历史现象的重复，不以人的意志为转移,受到发展环境和背景的制约。但是,仍然可以追问,无论是作为文化的道教还是宗教的道教,其近代转型是否已经完成? 或者说,其近代转型过程具有何种特征和局限?

是故,本研究也兼具一定的现实意义。

二、以脱离道教拯救道教?

生物学中之完全变态类昆虫,由若虫或蛹,经过蜕皮,变化为成虫,这个过程被称之谓羽化。这是一个化丑陋为美丽的过程,令人向往,古人便称登仙为羽化。

近代中国道教转型也能如此美好吗? 陈撄宁的个人实践,提供了一个很好的分析案例。

陈撄宁(1880—1969),道号"圆顿子",其学道并任职中国道教协会的经历,颇具传奇色彩。据其自述,6 岁时已经读完《三字经》《四字经》《百家姓》《千字文》《论语》《孟子》《大学》《中庸》等典籍,10 岁读《神仙传》,即萌生学仙之念。因患痨疾,从叔祖学医,同时试做仙道工夫,逐渐恢复健康。1905 年考入安徽高等法政学堂,两年后痨疾复发而辍学。1908 年起,为学养生方法,离家四处求师,曾于上海白云观通读《道藏》,自认探得道教丹术之底蕴。1922 至 1932 年间,与同道数人在家中进行数百次外丹试验,未获最后成功。其后,任《扬善半月刊》和《仙道月报》主笔,提倡"仙学"。抗战前中华全国道教会成立时,曾代为起草《中华全国道教会缘起》一文,强调道教在国家中地位之重要。战时,在上海办仙学研究院及刊物。中华人民共和国成立之后,直到 1957 年 4 月中国道教协会成立,一度中断了与道教界的联系,但仍当选为副会长兼秘书长。反右派斗争后,又代理会长事务。"文革"期间,深为抑郁惶恐,心力交瘁,1969 年 5 月 25 日因肺癌而逝。

以陈撄宁早年即通读道家典藏和最后十多年的职位来看,其足以充当一位道教代表人士,尤其在《中华全国道教会缘起》一文中,历数道教历史之悠久,内涵之广博,树立了其在道教学理上的权威地位。在陈撄宁看来,道通于政,通于兵,通于儒,通于法,通于医,通于术,"倡本位文化救国说者,固一致推崇孔教矣。然孔教始于儒家,儒家出于道家,有道家遂有道教。试以历史眼光,观察上下五千年本位文化,则知儒家得其局部,道家竟其全功;儒教善于守成,道教长于应变"①。俨然非道教无以发扬民族精神,非道教无以救国。

然而,就在为中华全国道教会的成立进行宣传时,陈撄宁却并不准备扛起道教旗帜,反刻意解释以免被人误认"专讲迷信之教"。在宗教活动的巅峰时期,陈撄宁标榜所力倡的仙学的独立性,尤其是极力与宗教的道教划清界线。他反复强调:"仙学是一门独立的学术,毋须借重他教之门面。""不能因为儒释道三教中偶有从事仙学者,遂谓仙学是三教之附属品。"至于为何显得与道教更近,他的解释是:"儒斥仙为异端邪说,释骂仙为外道魔民。道教徒虽极为欢迎仙学,引为同调,奈何人数太少,不敌儒释两教势力之广大,又被经济所困,亦难以有为。"②

仙学独立的论证,主要采用历史的方法,不过运用过于粗率,即强调中国的神仙崇拜和仙道修炼早于各宗教产生,并将文字记载的成仙故事作为可信之事实处理,夹杂有许多非历史的曲解。仙学非宗教的论证,则主要采用仙学比附科学的方法,以摆脱迷信之嫌疑。可是,点汞成金术之可能性,无论如何辩解,毕竟在仙学实践中不够成功,因此,陈撄宁在将仙学与科学相联系之余,又强调仙学对科学的超越,即仙学足以解决普通科学不能解决的问题。

尽管存在诸多论证缺陷,以提倡仙学,摆脱自五四新文化运动之后宗教声名日衰,尤其道教境遇更差的困扰,仍不失为振兴道教的途径。

---

①《扬善半月刊》第 3 卷第 19 期,总第 67 期,1936 年。
②《仙学是一门独立的学术》,胡海牙、武国忠主编《陈撄宁仙学精要》,宗教文化出版社,2008年,第 303 页。

遗憾的是,此种更新方式,主要出现在后世研究者的想像之中,实际情况并非如此曲折。直到中华人民共和国建立之初,政府着手整合宗教组织,陈撄宁仍未考虑好自己是否应归属道教,继续游移于"仙""道"之间。他在给友人信中写道:"我若提倡仙学,须防有些密宗徒窃取而去,作为传法敛财的工具。虽然他们自夸已经有了,但不过粗枝大叶,绝不能像专门仙学之精深而广博,若再公开地发表,正是让他们学了乖。我若弘扬道教,无奈道的名字太不好听,必须费我很多的脑力,才可以把道教名气挽回,我的年龄已迫不及待矣。"不但内心十分矛盾,又无领袖之气魄,思虑再三,决定"修养身体,最属切要"。①

无论如何,陈撄宁以道教界著名人士著称,研究者也多将仙学视为道教文化的一部分,因此,仍有必要对陈撄宁的仙学主张加以分析,并透过其仙学主张思考道教近代转型问题。

如何振兴道教？早有各种议论,仿效其他宗教活动方式的建议最多。例如,仿佛教之参禅为"参玄",方法是设一谇院,有厅三间、卧室二间即可,"召集立志坚确之道友"共修。② 这依然是少数人的自我修炼。那么,除了自我修炼和处理未知的神鬼世界——已被作为迷信批判——的方术符谶外,道教还能给潜在的信众何种帮助呢？

祛病延年为多数人所向往,医学无法提供全面、确切的保障,更何况在战乱年代,许多人正常的日常生活尚无法保障,"仙家修炼遂注重肉体长生,欲与老病死相抵抗"③,于是,仙道信仰便有了较为广泛的社会需求。其实,近代以来的许多宗教皈依者,特别是皈依西方宗教,许多人都有从病体治疗到确立信仰的经历,陈撄宁也是如此。因此,由对身体的自我认识,进而到对宗教有所信仰,最后完成皈依,即道教组织通过大力宣传道家文化中的养生保健内容,到达服务于社会之目的,并健全宗教

___

① 《给黄忏华居士的一封信》(1951 年 2 月 26 日),《陈撄宁仙学精要》,第 541、542 页。
② 竺潜道人:《振兴道教之建议》,《扬善半月刊》第 2 卷第 24 期,总第 48 期,1935 年。
③ 《仙学必成》,《陈撄宁仙学精要》,第 113 页。

组织,扩大信众群体,应该是一条不错的近代道教转型路径。

陈撄宁言论所提供的信息较为混乱。一方面,陈撄宁通过编辑《扬善半月刊》和《仙道月报》,以及撰写《祛病延龄方便法》等文章和书信,尽力宣传养生办法。另一方面,对于仙学,则以为"乃超人之学,非一般人所能奉行,余往日注解几种道书,乃专为少数同志而作,原无普遍流传之意,与宗教家传教的性质绝不相同"①。在多数情况下,陈撄宁都将修道学仙之人与普通人严格区分,十分看轻普及的工作。他说:"历年以来,从余学道诸君,其目的多在祛病延龄,此只用仙学全部功夫十分之一为已足,不必小题大做。"真正能够升仙得道者更是少之又少。如果说,一门宗教的信众,可能因天资、毅力差异,对于领悟教义和修炼成就存在高下之别,或因在宗教组织内的地位不同有等级之别,尚属普遍现象,陈撄宁的仙学则存在绝对差别,即学习文本的封闭性和神秘化。

陈撄宁本以为"大道贵在公开",曾感叹:"点汞成金之术,中国人不肯公开,遂致失传,反而被外国人发明出来。长生不老之药,中国人不敢自己承认,将来又要被外国人捷足先登。"②可是,经过一番修炼后,他改变了初衷。不愿公布仙学要旨的原因,据解释主要有两个:一是以宗教的神秘性赢得地位,"设若完全公开,则此道失其尊崇之价值,人将视为无足轻重,言者谆谆,听者藐藐。公开之意本欲普度,结果适得其反"。一是认为仙学研究需要物质支持和团体组织,势必形成宗派,"若完全公开,则他人之秘密我不能知,我等之特长与优点他人都已明了,本派失其凭借,即不能成立,而诸君修炼之目的,亦难以达到"③。十分明显,两条理由内容陈旧,均非近代宗教的发展取向。更有甚者,"道家功夫,贵在口诀",口诀绝不轻传,即使传授也绝无文字记录。陈撄宁所拟"口诀不

---

① 《仙学必成》篇前语,《陈撄宁仙学精要》,第111页。
② 《女丹十则》附录一,《陈撄宁仙学精要》,第226页。
③ 《仙学必成》序,《陈撄宁仙学精要》,第110页。

肯轻传之理由"有 14 条之多①,重要者有得来不易故不易轻传,徒弟资格欠缺无果反怪师傅,徒弟学成要打师傅或借此作威作福,市侩用来谋利等,内容狭隘,完全没有普度济世之心,只是在玩弄玄虚。

陈撄宁一方面忧虑商业借民众关心养生健康而炒作仙学,一方面又期盼获得金钱、物质资助完成仙学实践。举办宗教事业,没有资金自然不行,对此,陈撄宁持消极的实用主义态度。"假使信仰你的人很多,一言一动,别人家都承认你是不错,在许多信徒中,有钱的出钱,无钱的出力,都能帮助你做开山弘道之事业,凡有举办,无不顺利,这种环境,宜于先度人,不宜急于作自了汉。""假使信徒不多,护法太少,自己经济力量又嫌薄弱,做起事来,无人帮助,一切情形,皆不顺利,在此种环境之下,就应该闭关静坐,断绝尘缘,或入山隐居,苦修苦炼,等到自己有所成就,然后再出而行道,这叫做先度己,后度人。"②在度人中提高自己的人己并度方法,古代祖师曾经有之,"今人皆不能仿效",特别是炼丹术耗费巨大,然而,"今人心地,不及古人忠厚,而计算却比古人精明。古人做外护,等于做功德,今人做外护,等于做买卖"③。缺乏资金保障,也是陈撄宁放弃修炼外丹的原因之一。

近代宗教需要与商业、市场发生更紧密关系,乃是通例。更令人纠结的是,不仅宗教领袖和宗教组织需要考虑资金问题,有意信仰仙道者,也需要一定的物质基础。陈撄宁为学仙制定了较高的物质门槛。他以为,"终生为生活奔走的人,谈不到修炼二字"。他看好的是那些"年龄将届 50 已经饱尝人生痛苦,阅尽世态炎凉,觉得做一个凡俗之人实在没有意味",且资产较为雄厚的人群。要想学道,"先将家庭事务安排妥帖,让他们生活无忧"。然后,筹划一笔修道经费,包括两个方面:其一,"约计能够管五个人的生活开支已足,虽不要过于奢侈,亦不宜十分刻苦。因

①《口诀钩玄录》(初集),《陈撄宁仙学精要》,第 327—332 页。
②《紫阳宫讲道语录》,《陈撄宁仙学精要》,第 441 页。
③《读知几子〈悟真篇集注〉随笔》,《陈撄宁仙学精要》,第 445 页。

为中年以后的人身体多半亏损，或须药饵调补，仅靠普通饭菜恐不足以养生。所谓五个人，乃最合适的道友二人或三人，佣工二人或一人，连自己共五人"。修炼场所"须要近山林，远城市，有终年不断的泉水，有四季常青的树木"。其二，"尚须储蓄一笔旅行费，因为长久住在一个地方，未免纳闷，有时需要浏览名山胜境，使身心得以调剂"①。一切办妥之后，才能讨论如何练功。如此，仙道瞄准的是那些城市中有钱有闲者，且一反传统宗教的苦修原则，倡导舒适安逸的修炼，开出的条件有如一家高档养生俱乐部，即所谓："欲学长生，须要不劳心、不劳力、无嗜好。"②如果这就是仙学所标榜的服务社会，则也只能满足特定社会阶层的休闲养生需要，所谓道教现代性之平民化倾向，则是彻头彻尾的虚构。

事实上，陈撄宁所关注的适宜修仙的社会群体，也是近代宗教重要的信众群体，只是道教未能提供新的内容，仍然在传播消极的逃避式自我内省，或是仅仅获得某些个人身体上的改善。

有关近代宗教信众结构变化的另一种现象，也发生在修炼仙道者之中，这就是城市女性修道者的比例大增。陈撄宁的仙学传播工作，相当部分是针对女性，与其交流的信众中，女性比例也很高。仅在《仙学精要》中，就收录有《孙不二女功内丹次第诗注》《坤宁妙经》《女功正法》《女丹十则》《男女丹功异同辩》《女丹诗集》等注疏、考辨，可见用意之深。此种现象，是否说明道教更讲求性别平等？其实不然。据陈撄宁自述："我非女身，何故研究女丹诀？又未尝预备作世间女子授道之师，何故注解女丹诀？盖深恐数千年以来相传之道术，由兹中绝。"③其行为主要是针对信众群体变化和女性修炼典籍更为缺乏的现象，与男女平等之现代性更有距离。陈撄宁对女性修仙的提倡，一是以为女性修持较之男性更为执着，男子所以"志气浮薄，做事无恒"，则是受投机取巧之社会习气之影

---

① 《仙学必成》，《陈撄宁仙学精要》，第114—115页。
② 《答北京某君来函》，《陈撄宁仙学精要》，第740页。
③ 《孙不二女功内丹次第诗注》凡例，《陈撄宁仙学精要》，第67—68页。

响;二是以为女子修炼成就比男子更快,原因是"生理之特殊"。这些并无多少近代社会意义的内容,相反,封闭性反成为修仙优势,在女丹解释中,仍夹杂着禁欲等反社会的观点。

诚然,战乱的社会环境,可能增加对于宗教的需求,宗教也能够提供一些心灵安慰。可是,将逃避现实的个人内心追求解释为救国,则未免过于牵强。陈撄宁对仙道的时代性表述十分矛盾,他一方面以为,当此国难时期,"如此世界,如此人生,自然以修道学仙为最高尚体"。另一方面,他又认为国难时期其实不适合修道学仙,理由是"现代之人福德不足","学者虽多,而成者极少"。如果生在所谓康熙乾隆盛世,"善缘具足,魔障少而成功易"①。至于他所构想的"地球变为神仙世界,战争自然不起"②的美好愿景,更是遥不可及的空想。

可以说,提倡仙学,是陈撄宁出于自身修炼和对社会需要认识的一种行为,并不是有意识的蜕变重生策略。从近代道教发展的角度观察,显然缺乏有目的的自我更新计划和行动,因而,表现出来的是模糊的、混乱的,甚至极度扭曲的杂乱无章的碎片,并非明确的、具有说服力的道教进步。

三、社会新闻及通俗文学中的道士形象

鲁迅一句"中国根柢全在道教"③,近二三十年可谓真真切切的颇为"广行"。有研究者极力从道家文化中发掘中华文化之根,不过,更多的、更为冷静的学者,强调鲁迅此言意在批判中国整体的"吃人"历史。不仅如此,鲁迅还将近代教案中指责部分信徒皈依基督教的"吃教"行为,也使用在"大多数的儒释道教之流的信者,也可以移用于许多'吃革命饭'

①《又与某道友论阴阳功夫》,《陈撄宁仙学精要》,第451—452页。
②《业余讲稿》,《陈撄宁仙学精要》,第288页。
③《致许寿裳》(1918年8月20日),《鲁迅书信集》上卷,人民文学出版社,1976年,第18页。

的老英雄"①,批判对象由文化劣根性,展延到一般的宗教行为和投机的政治行为,"吃"字象征着掠夺性和寄生性。

抗战时期,张爱玲短篇小说《中国的日夜》,提供了一种道士形象。小说中,作者描写了一位去菜市场路上偶遇的沿街化缘的道士,其装扮,尤其是发型②和因营养不足而又高又瘦的模样,就像"一个苦命的女人"。更糟糕的是,道士漫无目标的化缘行为,在上海这个高速度的大城市里,显得是另一个时空的来客。"他是古时候传奇故事里那个做黄粱梦的人,不过他单只睡了一觉起来了,并没有做那么个梦——更有一种惘然。"③道士仅仅只是活着,毫无生气,更不要谈信仰了。难道这就是中国吗? 该篇小说还塑造了其他几个人物,均是城市日常生活随处所见的社会底层人物,肮脏、猥琐、色调灰暗,虽在讨生活中挣扎,但却仍然顽强地生存着、繁衍着,透露出一些生的希望。道士是各色人物中最虚弱、最消极的一位,是下沉中的中国"沉到底"的一个象征。④

如果说战时沦陷区的文学描写比较消极,"沉到底"显然还不是民国道士形象的全部。其实,在传统社会文学中,道士形象的描写就十分纠葛,通常具有欺男霸女的恶棍和行侠仗义的英雄的两面,《水浒传》为其代表。进入民国之后,通俗期刊上,直接以道士为对象的社会新闻及文学描写,英雄色彩差不多完全褪去,道士形象大多是消极的、负面的,不但无法博得公众对其沦沉的同情,甚至将厌恶感发挥到了极致,即道士对社会无用且有害。

在社会新闻中,对道士的谴责,往往带有对历史认知的模糊。"僧道寄生民间,又不守清规,伤风败俗,要算是最足使人厌恶的了。我们从小

①《准风月谈·吃教》,《鲁迅全集》第5卷,人民文学出版社,2005年,第328页。
② 张爱玲较为详细地描写了道士的发型。将头发朝上梳并束起之"道士头",曾作为一种暑天时髦发型,在上海女性中流行。《道士头满街跑》《上海特写》第11期,1946年,第6版。
③《中国的日夜》,张爱玲《倾城之恋》,百花文艺出版社,1986年,第497—498页。
④ 刘迅的研究也注意到了张爱玲这篇小说中的道士描写,但由于研究的主题和视角,并未对文学描写的象征意义进一步分析。

孩时,常在戏剧上见到他们对女人作出那些丑行暴举,即印下了极坏的恶印象,迨经证之事实,更使对他们印象不能发生丝毫好感。"如此开场白之后,一位作者报道了一件最近的道士恶行:河南南阳东关北寨门外旧有泰山庙,虽经拆毁,仍有田产顷余,归该庙住持经营,但其不务正业,日事嫖赌,丑声四溢,人人齿冷。日前有自匪巢逃出女票 7 人,被该住持劫持,奸宿三日,后再将其中一少女诱至城内,实行金屋藏娇之计。尽管道士的"罪与丑,要以关于性的为最多"①,然而故事情节还是过于耸动,作者意图除要求查明事实严惩恶道外,更直指国民党政府《保护庙产条例》之妥协性,要求彻底废除寺庙制度。另一个故事虽然没有这般激烈,可作者的目的相同。说苏州有 15 岁徐姓少女,因送物往亲戚处,被一小道士诱奸,双方正拟逃奔,为徐女兄寻遇,鸣警将小道士捕获,却不想传闻官府将宣告其无罪。在文章中,作者指责法官荒唐,以为奸诱未满 16 岁女子依刑律应处强奸罪,诱拐未满 20 岁女子也可据民法亲属权论罪,并以为毁灭偶像、取缔寺庙之余,还应该禁止道士。"想道士之为物,不过是为人死后,遣煞禳邪,做斋等事,不独是无意识的迷信,且耗费了有用的金钱,恶物害人,莫此为甚啊!"②

水浒中裴如海与潘巧云私通的故事,也能在社会趣闻中觅到近代版。话说西北某督军卸任后回北京居住,因宅中时常失物,报地方请为捉贼,不想贼未捉着,失物频仍,督军大怒,地方官忙重责属下,派暗探在该宅四周终日侦查。一晚,时近午夜,见一道士前来扣门,女仆应声开门纳入,暗探急报警署,全班巡警遂将该宅包围,经交涉入宅搜查,旋在太太床下搜出道士。③ 故事主旨在嘲讽失意督军的跋扈与尴尬,可道士借法事偷物且偷人的角色,虽在续写传奇,格调却降低了许多。民国时期,居家道士大量增加,于是,道士侵占庙产以包养妇女或娶妻的报道也多

---

① 《道士与女票》,《民间周刊》第 1 卷第 9 期,1931 年 6 月 27 日,第 140 页。
② 新知女士:《小道士盗色》,《玲珑图画杂志》第 1 卷第 25 期,1931 年 9 月 2 日,第 918 页。
③ 《太太床底下有道士》,《社会之花》第 1 卷第 10 期,1924 年,第 1—2 页。

了起来。有一城里道士，30多岁，自幼出家，平日里靠说鬼话、卖仙方和变卖庙产度日，结识一西村混混，因眼热其有家有眷，遂在混混介绍下与西村一女姘居，后为该女在城里购房，俨然夫妇一道生活，不料却堕入混混意图侵吞庙产之圈套。① 故事中的道士，某种程度上也是受害者，其行为却有害无益，无怪乎被称为"蚱蜢"。

随着破除迷信、反对封建的舆论宣传升级，道士的基本宗教职能及活动，已沦为不少通俗刊物公开嘲弄的对象。有文章写道，上海郊区南翔地方道士很多，生意也很兴盛，然其生意无怪乎为丧家念经拜忏，给病人禳星或借寿，替无儿子者祈嗣，有小孩子恐难养者受箓，老而恐活不长久者做老延生，以及镇宅、召魂、接煞、阅服、回丧、撒座、除灵、加箓、化箓等种种名目，统统无意义，只是花了不少冤枉钱，并以为，"道教实在没有成立一种宗教的资格"，道士则是凭妖术骗钱的"社会底蠢贼"。② 在各种批判言论中，基督教的声音及其进取态度值得注意。浙江湖州埭溪镇有一道观，叫做回仙观，观内道士分两类，专赖请土告煞并行丧等事为业者称荤道士，专任拜忏打醮及苦修等事者称素道士，当地民众只知崇拜虚假，于是，基督教试图打进来宣扬其所谓真理。暑假期间，有基督教人士前去参加布道工作，被安排住回仙观，平日亦向道士们宣讲基督教道理，得一素道士佩服。该道士67岁，因厌恶世俗，离开家庭，立志苦修，已来观四年，每日只是遵从老法师教导诵读玉皇经，企图功德圆满，岂不是"耶稣说瞎子领瞎子两个人都要掉在坑里了"吗？经向其宣讲"基督耶稣的实在救法"，该道士参加了礼拜日活动，也能独立祷告了，最后，文章作者盼望其早日认识到只有基督能救他"出死入生"。③ 以一种宗教批判另一种宗教，既包含基督教作为强势文化的优越心态，也充分暴露出了道

---

① 《小新闻:吃糠道士暗藏春色》，《饭后钟》第2年第4期，1921年，第1—2页。
② 葛建时:《道士是什么东西?》，《民国日报·觉悟副刊》1921年5月20日，第2版。值得注意的是，作者声言也反对和尚、尼姑，但又强调佛教的哲理和自度度人、苦行博爱的教旨，非道教可以相提并论。
③ 赵金声:《请为一个道士祷告》，《兴华》第19卷第22期，1922年，第23—24页。

教的整体改造问题,但其中所涉宗教替代问题,即如何应对因批判而产生的社会日常生活需求的空缺,未给予足够的关注,仅侧重从政治文化上批判基督教的侵略。

冯玉祥鼓吹开发西北之时,一次路经华阴,见庙院道士多游侠无事,专门消费,当令民政厅长转饬华阴县长,督促修筑由华阴县过华山一带的道路,宽须三尺。县长奉令后,即饬建设局传集各庙院道士50余人,并由公安局派警士5名、保安队兵5名,每日督同道士修路,以期早日竣工。① 政府征集道士实施强迫劳动,虽非中国历史之首例,但也足见政府对于道士之态度。江西龙虎山张天师呈请赐封给印不准,继而呈文请求道教会立案又遭批驳,表明"声势已远不及从前煊赫了"。张天师曾为数朝之世袭封号,民国元年即被明令取消。其后,随政治波动,张天师不断利用上层关系,试图再起,尤其是1925年第六十二代张天师张元旭故去,其子张恩溥更为迫切中央政府承认其为所谓第六十三代张天师,始终不得要领。待国民党提倡新生活运动,张恩溥又连续呈文,请求"批准备案,赐封给印",遭内政部"应毋庸议"予以批驳。② 张恩溥重修上清宫,组建道教会并冠以"天下唯一"四字,可请求立案时,又遭江西省社会局再"借名招摇"将送司法严办之批驳。连遭重挫,被讥讽为天师"有法无处施"。③ 可见,企求官方认可来维护教内权威,在某种程度上也不可取,至少"张天师"之类的封号已经过时,试图世袭就更脱离现实社会的变化了。

然而,从底层社会日常生活观察,道士活动范围并未立即遭受严重挤压,相反,为求生存,在某些地方、某些场合还有所扩张,并且与官绅密切联系分割地盘,成为一种特殊的垄断职业。道士大抵用于打醮或死后

---

① 《陕西华阴道士修路》,《道路月刊》第25卷第3期,1928年,第19页。
② 《内政公报》第8卷第20期,1935年,第241页;《内政公报》第9卷第1期,1936年,第206—207页。
③ 大德:《天下唯一道教会立案不准》,《星华》第1卷第9期,1936年,第4页。

的忏悔,在浙江绍兴,普通平民因亲友中识字的很少,道士也出现在婚礼上读花烛文,礼毕,须给道士米一升、钱数百。[①] 安徽芜湖道士为人建设斋醮,划分有明确地段,其他道士不得在同一地段内执业,依据为该地段乡区信士所具请愿书,有请愿书者得禁止无请愿书之道士在请愿书所列地点内执业,亦得县署准予示禁。[②]

所以,道士形象的下滑,主要还是道士自身行为所致,在通俗刊物中,道士不但无能无用,与社会隔膜也日渐加深。五卅运动前夕的广州,各报都刊载了一条消息,称"连日有外江道士三数成群,手持柱香,大书大善信随缘乐助,背负木鱼,卜卜其声,口中复念念有词,沿街五步一跪,十步一拜",有西人瞥见近前摄影并给钱施舍,"又摇首不受,一个闷葫芦,未知卖什么药也"。[③] 这在革命声势高涨中的广州街头,是够古怪的。1934年夏,苏州大旱,各宗教组织均积极行动起来,祈祷求雨。在所谓"全体动员的求雨运动"中,道教表现最为突出。"道教公会举行祈雨大醮九天,九天中间天天晴朗。于是全体道士大摆'八卦阵',继续作法两天,还是无效。最后决定不雨不休,非至天降甘霖,决不拆散道场。"建醮期中,曾向老天发去"天表"多道,效果如何,一目了然。[④] 祈雨是嘲讽道士的一个常见主题。1930年,洪深在剧本《五奎桥》中,就设计了道士打醮求雨一幕,打醮七天可连一点点雨影子也没有见到的道士,乡民以为"大不如从前了"[⑤],既无功又无德,被作者描写成乡村中残留的封建势力形象之一。道士驱鬼被鬼吓死,也许是民间最流行的道士故事,版本亦有多种。譬如:"自甬至沪道经某乡,有一道院,院内道士,善驱邪神鬼物,若有人病,鸣角振铃,手舞足蹈,狂呼乱叫,如祈祷然,代病人谢罪,若病愈酬洋数元,并宴以酒肉,不幸病死,则云死者命该如此。"其中一道士

---

① 《道士参与婚礼》,《妇女杂志》第7卷第7号,1921年,第94页。
② 《道士承办斋醮之地段(芜湖县习惯)》,《法律评论》第71期,1924年,第20页。
③ 《外江道士之怪状》,《真光》第24卷第5期,1925年,第95页。
④ 《求雨》,《论语》第46期,1934年,第1027页。
⑤ 《五奎桥》(《农村三部曲》之一),《洪深文集》第一卷,中国戏剧出版社,1957年,第204页。

最为骄傲,常夸海口,被一伙游民闻之,遂想戏弄一番。一日,待道士夜归,五六个游民藏于道旁,"以砂石乱击之,道士以为真鬼也,即取其角吹之,且吹且奔,大骇","愈走愈急,旋闻足声及风吹树叶声,以为鬼嚎,愈骇",夜半抵家,其妻见其惨状忙问,答曰遇鬼,及扶至床,胆裂而死,"足见道士欺人之一斑矣"。①

战后时期,对于道士的批判文字,陡然增加。巧立名目骗取钱财,几乎成为道士的典型画像。《大公晚报》刊载称,近来时有化缘道士,在乡间向居民要求布施,口称:"金、木、水、火、土五字为上苍赐与下界人民日常用物,现在上天要来抽取捐税,以建道观。"②如果将此作为概念偷换,又有一故事,详细讲述了道士化缘方式之狡诈。话说一个星期四的下午,由南面走来一个衣履整齐的道士,操山东口音,肩挑长麻袋一条,在隔壁叔嫂家门前站立说道:"我家师傅于深夜盘坐洞中时,顿起一阵狂风,旋有一位仙姑站立师傅面前,大笑三声,继又大哭三声,大笑三声是有三年五谷丰登的年成,大哭三声是百姓有三年的难心,并指点师傅于即日派徒向四面八方劝诫百姓,于六月十九日(阴历)吃素一日,妇女不可洗衣,且募米……于八月十五日做盂兰会时用;出米的人家,可保四季平安,逢凶化吉!"即问愿出米若干,并以他的米筒为限。叔嫂便问道士米筒多大,道士答道:"很小很小!仅三四寸长。"遂允给米二筒。岂料道士由麻袋取出米筒时,使人大惊一跳,原来肚大口小,如小坛子,可盛米四五升。③直接贬损道士的文字,屡见报端。一道士羽化,有人送挽联曰:"吃老子的饭,穿老子的衣,一生到老靠老子;叫天尊不应,呼天尊不灵,两脚朝天莫怨天尊。"④社会众生相之漫画,道士形象最为不堪:"道士先生,像个瘪三。当家本领,摇铃接旨。三碗素菜,送出门外。今朝夜

---

① 《道士的黑幕》,《大常识三日刊》1929年2月3日,第2版。
② 《化缘道士替天抽税》,《宇宙文摘》第1卷第2期,1947年,第122页。
③ 正国:《一个道士说法的故事》,《国际新闻画报》第84期,1947年,第6页。
④ 愚卒:《挽道士》,《玫瑰》第1卷第2期,1946年,第34页。

饭,大饼两块。"①所有这些,既在嘲讽道士,更在鞭挞现实政治秩序的混乱。不过,有些故事在揭露道士骗术之余,也令人反思社会的污浊。抗战刚结束,上海滩出现了一个"仙道",年纪大约 40 岁,面色紫红,身穿灰色破道袍一件,在街边搭一布蓬,每天在那儿打坐,并在一幅白布上书:贫道能医一切疑难百病,分文不收,以及一些劝世良言。开始时,只有贫苦愚民及妇孺等为省钱前去求治,经道士画符念咒,并用手指点点触触,毛病也有见好的,其酬劳只须大饼二块油条一根,或者素面一碗,或者檀香半斤,香烛一副。不料,1946 年 4 月间,有一富商之子应患肺病,且已是第三期,名医束手踌躇,经人介绍来道士处求医,沉疴竟霍然痊愈。病家送酬金被拒,给予大饼油条未免小派,再四思维,赠送活动木屋一间以了心愿。未想此举反害了道士,"一般愚民更加谣言惑众,有的说他赛似仙道,有的说他济公下凡,因而以讹传讹"。5 月 13 日那天下午,"观众与求治者聚集约有万余人,互争一睹老道丰姿为快,可老道早已不知去向"。此时,不仅谣言纷纷,好事者闻风而动,也刺激了一群借机谋利者。有黄包车夫向人兜揽生意,称出钱一千块,包送到仙道住处,不见仙道分文不取。附近五家大医院联名向警察局告发道士以妖言兜揽病家生意,请求拘案法办。警察局则曾派警员抓了道士四次,终因其既未诈财,又无拐骗行为,只能以所控各节事出有因,查无实据,不了了之。②

　　道教宫观管理混乱,道士不守清规戒律,则从根本上颠覆了道士形象,故社会流行道士违规遭神责罚的因果报应故事。山东东平城隍庙一道士,戒律不严,颇有丑声,一日忽两腮暴肿,不敢见人,原来是"夜来被城隍唤去,大加斥责,掌嘴数十"。③　不过,民国时期,大量增加的还是道士因触犯法律遭到惩办。1918 年,北京西直门外小泥湾财神庙道士焦永

---

① 胡亚光:《社会众生相》(漫画),《文饭》第 5 期,1946 年,第 6 页。
②《道士医病神出鬼没》,《快活林》第 16 期,1946 年,第 12 页。
③《道士犯戒被神责》,《道德月刊》第 2 卷第 12 期,1935 年,第 29 页。

林,为满足其嫖赌挥霍,偷伐庙中红柏四棵,被解送提署究办。[1] 盗卖庙产一时成为频发的刑事案件,以及宫观内部争斗的重要因素,尤以北平36道士烧死白云观主持一案最著名。

1946年11月11日夜,许信鹤、马至善、杜信龄等36道士指责主持安士霖、督管白全一犯有擅改清规、挥霍公产、盗卖寺产、侵占坟费、私藏姘妇及勾结日寇迫害同道、私卖道藏典籍等罪状,共谋将二人烧死,从容自首。案发后,各界震惊,引起报章广泛报道和议论,自然严重损害了道教及道士的社会形象。最为突出的是,经过详细的报道,公众了解到案件之发生其实是一连串冲突的结果,在抗战前、战时及战后,都曾有过告诉或审判,其间也曾有道士聚众殴打主持、剪发侮辱情事,但始终得不到妥善解决[2],而长期积累的寺庙财产管理混乱、官绅主持勾结侵夺、教派权力恶斗、道士品行败坏等诸问题[3],已成为一种普遍现象,同时,也是各时期政府的宗教政策及社会治理的大失败。一个值得注意的现象是,在律师凌昌炎的辩护意旨书中,声称该案为"宗教革命,乃社会问题,并非普通杀人罪"。其行为乃是"重整道教道德运动,事前并无组织,只知为正义,为清规,为道教"。按被烧死二人之罪行,已足够依国法严惩,"无奈被告许信鹤等,自幼即为道士,并未受过国民教育,平时只知念典、修行,耳濡目染,除道教教规外,并无其他知识,该等以为应当遵守之法律,即为道教共同遵守之'太上清规'"[4]。北平地方法院的刑事判决词中也写道,众道士的火烧行为依道教清规第一条:"凡奸盗邪淫,败太上之

---

[1]《道士被捕》,《京话日报》第2568号,1918年,第3版。

[2]《北平白云观众道施家法烧死两道士》,《联合画报》第193期,1946年。

[3]《新编北京白云观志》对此案的叙述,强调"争夺教内权势"因素,又称对手有"借日伪势力"挤压安世(士)霖与白云观之嫌。李养正编著:《新编北京白云观志》,宗教文化出版社,2003年,第30页。编著者的观点带有明显倾向性。其实,参加火烧者不乏白云观道士,而且,安士霖也曾联络华北伪政权高官王揖唐、汪朝宗为援。杨玉昆:《白云观道士火烧住持案探秘》,《北京档案》2015年第9期,第12—16页。

[4]《白云观道士许信鹤等杀人案》,《法律知识》第1卷第3期,1947年,第27页。

法律,坏列祖之宗风者,架火烧身"之记载。① 当时,国法与教法孰更具权威,并没有被拿来讨论,倒是道士们整理道教、惩除叛徒的行为,博得了许多同情,并将教内的自我清理,引申到更为混乱的国家政治领域。有评论以为,"这事就国家的法律言,固是一种犯法的举动,然而从道教自己的教规而论,则这一群道士却可算是维持教规的英雄义士,值得钦佩!"并感叹,"为什么社会上不出一些仗义之士,来将一些把握政权,作威作福,贪赃枉法,而政府又纵容的大官们,也惩罚一下呢?"②可见,在公共传媒上,仗义护法行为之有效性,远比是否懂法及依法办事更为重要。

道士社会形象的严重败坏,使得道士成为了社会负面现象的代名词,并被极度政治化。例如,不满新生活运动偏重发现经验、树立典型、编制条文等形式主义,有文章比喻为拖泥带水的"请水道士"③,光说不练。国共内战期间,为防共军潜入南京,报章上先是炒作"水怪"问题,后又称"水怪"混入市内即化装成僧道行于市,亦有扮作乞丐伏于街头者,于是,治安机关遂紧密注意乞丐及僧道之行动,"果见城南夫子庙,城北新街口一带,发现身穿大红法衣之道士多人,沿途向行人散布谣言,均予以拘捕,现已捕获之道士已有二十余人",异样和尚并未发现。④ 道士被抓后,南京治安也就无虞了。战后惩处汉奸的过程中,缪斌之父的道士身份成为一个津津乐道的社会话题。最俗气的属再树"龙生龙,凤生凤,贼骨头的儿子掘壁洞"之血统论大旗,以道士之诈为缪斌之奸根源,且标榜知其身世之无锡同乡早在其发迹时便嗤之以鼻。⑤ 较为客观者,承认缪斌天资聪敏,有志向学,由其亲戚赞助肄业于交通部工业专门学校(上海交通大学前身),年终考试总名列第一,校运动会也曾获撑杆跳第一,

①《三十六道士火烧老道案(续)》,《法律知识》第1卷第4期,1947年,第23页。
②《北平道士烧死首领感言》,《现代农民》第9卷第20期,1946年,第4页。
③郑璧成:《请水道士当心些》,《新世界》第58期,1934年,第1页。
④上人:《化装道士沿途做法》,《新上海》第85期,1947年,第3版。
⑤丝丝:《缪斌的小道士作风》,《沪光》第3期,1946年,第12页。

也仍不忘给缪斌戴上"小道士"徽号。① "小道士"是社会上对道士子女的贱称,彰显其出身低微,家世不清,运用在政治斗争上,有如骂他人一句"狗崽子",旨在夸耀自己是纯正之革命者一般。

文化学术领域的批判,同样习惯使用道士为负面比较对象。有文章描写道,一个有阳光的上午,有个佝偻的道士在街头表演吃炭绝技,以证明其具备某种神功,但是,还未来得及向围拢过来的观众兜售什么狗皮膏药,就被一个警士赶跑了。作者的真实意图是想借此攻击鼓吹"专制政体是最好的最有效的政体"且赞美"圣主"业绩的某些教授们,是"一种荒谬的汉奸论调",真正的"妖言惑众"。显然,"教授"较之"道士"更无耻。吃炭的道士,只是为了寻求简单的生活,以牺牲个人健康招摇撞骗,结果很快被执法者赶走了;"逆着世界民主的潮流"的教授们,则可以打着学术的幌子,不但堂皇冠冕登堂入室,甚至还有一群帮闲的记者为之吹嘘。②

诚然,正面形象的道士也能看到。如吴市有一跛道士行状颇似济公,为人极为低调,却身怀神功,"以石击之,石辄自飞起;或以水浇之,水亦回散如雨下"。有壮士王子猛得知不服,自谓平生无敌,遂以金钱镖偷袭,道士虽中镖,却毫发未伤,王大骇,知为异人,跪地拜为师傅。③ 上海清虚道观主持洪清道士,家世习武术,本人精技击,且膂力过人。20 岁出家修道,曾于丛林中遇盗匪十余人,但洪道士不慌不忙,待盗匪近身,略施拳术,群盗中已倒三人,余均鼠窜。④ 刻画了一位武功高道。北京府右街长清观住持曾义明,年 80 多岁,出家已 60 多年了,据说是曾国藩孙女,其特点为:一、自幼出家,操行高洁;二、好静不好动,平日足不出户;三、登高山如履平地,且长于武术;四、吃白斋,非但不沾荤腥,便是葱、

---

① 老学生:《"小道士"又列冠军!》,《京华周报》创刊号,1946 年,第 4 页。
② 耿庸:《吃炭的道士与说书的教授》,《文学新报》第 1 卷第 6 期,1945 年,第 10—11 页。
③ 黄海山樵:《绿阴书屋笔记》,《钱业月报》第 9 卷第 3 号,1929 年,第 5—6 页。
④《洪道士》,《武术月刊》第 1 卷第 2 期,1921 年,第 3 页。

蒜、油、盐、酱等调和也绝对不吃,却鹤发童颜,望之如三四十岁。① 也只符合传统之高道标准。最具近代色彩的道士类型,有四川灌县青城山天师洞(又名常道观)"当家"彭椿仙。彭椿仙 60 多岁,在盛宣怀时代的老川大农学院毕业,在天师洞已作了 20 多年当家,并被选为该地道教会会长。天师洞行民主选举制,当家由全庙道士选举与罢免,当家与普通道士待遇"平等",领一样的衣单钱,得一样的牙祭钱,分一样的合作社赢余,同吃饭,同劳作。彭当家不但平息了庙内侵占、盗卖庙产的行为,对于附近贫苦居民来山上偷柴,也能从帮助他们解决生活问题入手来处理。抗战期间,彭当家组织了代耕队,筹集安家费,每有新兵入营,庙里缝制军衣一套相送,道士义务代军人家属写信。天师洞道士亦不进城向富户化缘,而是坚持开发旅游和农业生产。② 可惜,这样的"正能量"并不多见。

四、地方宗教概况记录之道教位置

地方志是中国政治文化的传统之一,以纪事、资政、教化为宗旨,多由地方官员督导及士绅参与撰写而完成。民国时期地方志的编修,一般沿用旧有体例,并增加了一些新内容,虽然受到战乱环境的严重影响,质量参差不齐,但能够较为准确地反映地方历史发展的脉络与特征。这一时期还出现了一种类似地方志的材料,即由地方政府主导的域情调查,目的主要是为施政所用,但也可以用来观察道教在地方社会中的位置变化。

依多数地方志记载,"道教虽产于中国,其势与佛教相差甚远,民间信之亦不若佛教之深"③,并且更早就处于衰微的位置上了。"云南宗教,

---

① 王柱宇:《女道士曾义明》,《三六九画报》第 2 卷第 5 期,1940 年,第 21—22 页。
② 王扬:《道士彭椿仙》,《人物杂志》第 2 卷第 11 期,1947 年,第 15—16 页。
③ 任守恭主任编辑:《万全县志》12 卷,民国二十三年铅印本,卷九,页六一。

自昔以佛教为最盛,道教只属附庸,盖佛化之普及已遍于各地,深入人心,与生活习惯融而为一,道教之经典仪式多模仿佛教。"[1]"江苏宗教以佛教、基督教、回教最占势力,道教势力颇小。"[2]民国之后,道教的地位愈加低下,不仅反映在道教宫观和道士、女冠的数量上,信众群体的萎缩更为严重。

此种状况,可参见东北地区各宗教寺观、教会及僧侣、道士、传教士和信徒数量的统计[3],见表1。

表1 东北地区各宗教寺观、教会及僧侣、道士、传教士和信徒数量

市县	佛教			道教			天主教			基督教		
	寺院	僧侣	信徒	庙宇	道士	信徒	教会	传教士	信徒	教会	传教士	信徒
辽阳	40	116	266	25	66	187	3	21	3811	8	20	1498
海城	53	55	2028	3	3	134	3	3	486	3	3	412
盖平	32	37	542490	40	40	66	2	2	1978	3	5	905
铁岭	3	3	360	8	19	472	1	1	317	5	9	437
锦县	118	117	251	15	15	78	1	1	137	2	2	350
复县	11	13	170	8	9	100	1	4	39	5	10	519
西安	5	8	27	3	8	20		3	504	3	4	538
黑山	36	37	94833	16	15	19748	3	2	770	9	8	1181
庄河	35	35	117	24	24	59	2	2	321	3	3	479
辽源	3	3	72	1	1	41	1	1	71	4	4	230
法库	1	7	362	1	4	167	1	6	323	3	11	283

---

① 周锺岳总纂:《新纂云南通志》266卷,民国三十八年铅印本,卷一百一,页一。
② 李长傅编著:《江苏省地志》4卷,民国二十五年铅印本,第122页。
③《礼教资料汇辑》,长春·(伪)文教部礼教司编印,1933年10月25日发行,第401—417页。为具可比性,所录统计为较完整者,多数地方称佛道信仰甚为普遍,然无册簿可查,故缺少信徒数。"哈市"栏为黑龙江省"省会公安局","博克图"栏为东省特别区"博克图警察署",具体管辖范围未见说明。

市县	佛教			道教			天主教			基督教		
	寺院	僧侣	信徒	庙宇	道士	信徒	教会	传教士	信徒	教会	传教士	信徒
通辽	3	14	220	4	16	27	1	2	41	1	1	43
怀德	6	95	731	16	91	225	2	7	402	2	5	83
本溪	5	20	155	8	13	181				1	1	191
海龙	7	7	450	14	14	86	3	3	162	5	7	250
新宾	42	22	52	21	10	46	1	1	23	4	4	150
吉林	9	36	62	4	28	21	1	1	1000	2	11	707
农安	2	21	528	10	7	11582	3	3	261	1	2	16
额穆	1	2	80	2	17	80				2	3	53
珲春	3	11	20251	1	1	827	2	1	58	1	2	190
滨江	1	8	700	1	1	51	1	1	1000	1	1	80
新京	10	85	2522	3	3	30	2	9	130	4	15	458
哈市	11	26	2066	4	82	1218	1	10	1321	5	9	56
望奎	2	8	79	1	4	32	1	1	150	2	3	121
博克图	2	13	160	1	1	271				1	1	583

　　宗教信众数量的统计,是分析近代宗教的重要指标,也是信仰自由之现代性的具体体现。可是,对于传统之佛教、道教,历来只有寺庙宫观及僧尼、道士数量,没有信众数量的具体数字,通常仅是多寡的简略描述,而入庙进香或延请僧道做法事者,多数并不清楚自己的宗教信仰属性。伪满洲国时期的域情调查,在方法上较之一般地方志更加严谨,但限于环境及政权控制能力,还是出现了许多数据空缺,在有数据的县市中,统计标准和准确性也存在很大问题。诸如盖平、黑山、农安、珲春等县佛教、道教信徒人数,基本上是将境内凡烧香拜佛或延请僧道者,统统作为宗教信徒计算在内。即使如此,上述材料仍然可以用来进行基本的

位置分析。

　　以佛教、道教与天主教、基督教相比较，可以发现，尽管后两者在中国的传播时间较短，教堂及神职人员较少，信徒人数却增加较快，在有些县市甚至已经超过了前两者，说明其社会影响力，或与社会的联系更为紧密。考虑到天主教、基督教信徒人数多由教堂或教会统计，佛教、道教信徒人数则多由户口调查推算而来，在对宗教的认同上，包括教义的理解和仪式的参与，天主教、基督教信徒的质量可能会更高一些。如果再考虑各宗教所从事的社会事务，天主教、基督教神职人员的传教能力和社会活动能力，更是远高于绝大多数僧侣、道士。以佛教与道教相比较，道教在多数县市居下风，只有铁岭、本溪、农安、博克图四地道教信徒数超过佛教，盖平、铁岭、通辽、海龙四地道士数超过僧侣。地方志描述的情况大致相同。在吉林新宾、辽宁通化一带，"道教远逊佛教"①。安东道徒"较僧侣为稍多"，可统计全境"不满十人，道教之衰微可知矣"。②铁岭境内"道人甚少，故其教寥落"，即使是道士，亦以伙居道为多。③必须指出，东北作为清中后期才出现大规模移民的区域，佛教尚缺乏长期、系统传播，相对而言，地方文化反有利于道教扩充影响，可是，实际情况却在处处显示道教的衰落。

　　与东北地区相邻的河北省资料④，也反映了相似状况，见表 2。

---

① 苏民总编辑：《兴京县志》15 卷，民国十四年铅印本，卷九，页三十。

② 于云峰编修：《安东县志》8 卷，民国二十年铅印本，卷七，页三。

③ 陈德懿总纂：《铁岭县志》20 卷，民国二十年铅印本，卷十四，页二。

④ 所用数据均来自(伪)新民会中央指导部出版部或中央总会发行的地方事情调查资料，计有：卞乾孙编：《河北良乡县事情》，1939 年 4 月版，第 207—208 页；卞乾孙编：《河北省定兴县事情》，1939 年 4 月版，第 120—121 页；陈佩编：《河北省昌黎县事情调查》，1939 年 4 月版，第 156 页；陈佩编：《河北省正定县事情调查》，1939 年 6 月版，第 207—208 页；陈佩编：《河北省定县事情》，1939 年 10 月版，第 280—286 页；陈佩编：《河北省滦县事情及唐山市事情调查》，1940 年 1 月版，唐山市事情，第 93 页；陈佩编：《河北省获鹿县及石门市事情》，1940 年 4 月版，获鹿县事情，第 71 页。均为 1938—1939 年统计数字，仅定县佛教、道教信徒数为 1928 年统计。

表2　河北省各宗教信徒数量

市县	佛教信徒数	道教信徒数	天主教信徒数	基督教信徒数
良乡	657	30	2086	93
定兴	3189	其属寥寥	130	85
昌黎	43944	83	210	386
正定	800	无统计	790	750
定县	53757	94	3600	539
唐山	18855	88	612	489
获鹿	99	82	914	275

在上述地方内,佛教、道教信徒的判定,同样存在标准不相一致的问题,不过,信仰选择趋势一目了然。值得注意的是,以一般民俗行为确定其宗教属性时,被调查者和调查者均选择倒向佛教,更突显了道教衰落的严重程度。此外,日伪压制对外来宗教活动的影响较大,尤其是基督教信徒数有所下滑。

至于历史上佛盛道衰之原因,有地方志归纳三条:其一,"道经流行于世者,只道德经五千言,其他不传,佛书则汗牛充栋,宣传之力道不及佛";其二,"佛以释迦牟尼一人为始,统系简明,道祖黄老,黄帝距李数千年,李之后张道陵伊因史载黄帝与蚩尤战之神话,而演出降魔伏妖之怪说,令人疑问";其三,"佛教有团体有组织,道教则散漫无据"。① 道教在教义、源流、组织上的缺陷,早有论及,尤以源流杂乱最严重,不但限制了教义创新,而且,汉代以后张道陵派的发展,直接造成组织散漫和信徒群体的素质低落。

然而,事实并非如此简单,民国以后,佛教、道教毕竟同处于衰微之中,只是道教更甚。以河北省地方志为例:定县据现今调查,"若佛教信

---

① 高毓彤总纂:《静海县志》,民国二十三年铅印本,申集,页四十三。

徒全境三十余人,道教只二十六人,较昔皆渐行减少矣"①。景县佛教"至今日惟见其衰不见其盛焉",道教"就现时而论,较佛教尤为衰微"。② 高邑县"今则皈依释教者仅有七人",道教也只存四人,"盖与佛教同归衰落矣"。③ 迁安县"佛道两教在昔宗风不振,至今则日渐衰微"④。涿县释道"两教以明季清初为最盛,近因教育发达,迷信破除,且迭令该两教人登记庙产,捐资兴学,故信仰该教之人较昔已日形减少矣"⑤。柏乡县情况类似,"释教道教在昔盛时,寺庙道院各村皆有,住持人数亦不少。近因破除迷信,释教道教日趋于衰,寺庙倾塌,僧道仅有十人"⑥。共同衰微的状况表明,尽管佛教在教义、源流、组织上曾经占有优势,但同样面临严峻的近代转型问题,是故,两教各自的反应,也是观察道教位置变动的重要因素。

在多数地方志记载中,对佛道两教自清末以来遭遇的描述,尤为突出政府宗教政策及管理方式变动的影响。此种变动,主要表现在两个方面:其一,民国政府一经成立,即废止了清设僧会司、道会司的管理方式,造成政府监督、管理失序,出现了清规破坏、传承紊乱、僧道怠惰等一系列宗教内部组织问题,并且严重毁坏了佛道两教的社会声誉。其二,政府颁行的庙宇、僧侣登记制度和庙产办学措施,直接攫取并中断了寺庙的经济资源,造成寺庙管理上的极度混乱,侵占、盗卖庙产之事,庙宇荒废、僧道流失之现象,屡见不鲜,于是乎,残余僧道为求生存,便借宗教为糊口工具,势必露出一派颓像。据山东馆陶地方志记载,明清时"各县设道会司,掌县属道教之事,有不恪守戒律清规者,听其究治,故凡虔奉道

---

① 贾恩绂总纂:《定县志》23 卷,民国二十三年刊本,卷二十二,页六。
② 张汝漪总纂:《景县志》14 卷,民国二十一年铅印本,卷六,页十二至十三。
③ 宋文华纂修:《高邑县志》12 卷,民国二十二年铅印本,卷五,页一至二。
④ 王维贤纂修:《迁安县志》20 卷,民国二十年铅印本,卷十七,页三。
⑤ 周有培、张星楼总纂:《河北省涿县志》18 卷,民国二十五年铅印本,第一编第二卷,页一一。
⑥ 魏永弼等编辑:《柏乡县志》10 卷,民国二十一年刻本,卷五,页六九。

教者,皆清虚以自守,卑弱以自持,方合于道教守真一之宗旨也"①。并以为伙居道比重增加,是缺乏政府监管机关的结果。在河南确山,蓝重虞执掌教权时,"道教中兴,颇为绅民所称扬,全县宫观庙宇三十余处,皆归道士管业,教亦寖炽。光绪三十三年城隍庙道士王子安陞授道会司,准用图记,经理道家事务。至民国不惟道会取缔,而道家田地房产亦多充公兴学,道士虽存,其教已渐不能振云"②。山东高密情形类似,"自清季开办学校,各处庙宇公产多半提归教育经费,僧会司、道会司遂无形取消,释道两教因之逐渐式微"③。政府授权是传统宗教发展的重要条件,财产权尤其是重中之重,故庙产兴学也是地方志记载最多的道教衰微因素。"自毁庙办学后,天津之道教,已日渐衰微。"④河北磁县"民国初年,厉行新政,多数寺庙改作学校,大半庙产充作学田,和尚道士大遭其殃"⑤。枣强"自改办新政,凡有庙产不归公项即充学款,住持无人,香火即不能发达,此自然之理也"⑥。河南获嘉"民国初年,破除迷信,该教道士多被驱逐,庙中地土充公,庙宇改作机关,酌拨地土少许,留一二人,以延教脉"⑦。阳武"民国十七年废教兴学,道士另谋生活,其徒均散"⑧。江苏盐城"民国十四年三清殿改中山公学,后改民生工厂。十七年城隍庙改民乐院,后改督察专员公署。今惟关帝庙有道士矣"⑨。

管理机关和经费确是发展的重要条件,可并非问题的全部。"民国以来,道正废,设立道教会,公举会长",借以宣传道教,保护庙产。⑩ 如

---

① 王中兴编修:《馆陶县志》11 卷,民国二十五年铅印本,卷七,页三十四至三十五。
② 李景堂总纂:《确山县志》24 卷,民国二十年排印本,卷十一,页一。
③ 王照青总纂:《高密县志》16 卷,民国二十四年铅印本,卷五,页十七。
④ 杨学通编辑:《天津志略》,民国二十年铅印本,第 57 页。
⑤ 黄希文纂辑:《磁县县志》20 卷,民国三十年铅印本,第九章,页二。
⑥ 张宗载等纂修:《枣强县志》8 卷,民国二十年铅印本,卷四,页五。
⑦ 邹古愚总编:《河南获嘉县志》17 卷,民国二十四年铅印本,卷九,页五。
⑧ 耿愔总编辑:《阳武县志》6 卷,民国二十五年铅印本,卷三,页十七。
⑨ 胡应庚、陈钟凡总纂:《续修盐城县志》14 卷,民国二十五年铅印本,卷三,页十。
⑩ 刘靖宇总编纂:《东平县志》17 卷,民国二十五年铅印本,卷五,页十一。

此,由官派管理改为设立自治团体,实应成为道教近代转型的正途,地方志中也可以看到一些努力的迹象。民国元年十月初五日,沈阳太清宫方丈葛月潭(时任监院)即发起成立道教会,"联合南北道流上书公府请愿,推京师白云观为中华道教总会,设关东分会于本宫,并立宗教粹通学校及国民小学,以期教育普及"。总分会之"会中职员悉数义务,由诸山道侣选举,设正会长一,监院兼任副会长二,分科五,总务、理财、演教、文牍、评议,各置科长一",又规定"每岁春秋开大会二次,常年经费归本院筹办"。① 内容进步,设计严密,如此实行,应能开创一派新生气象。然而,地方志中的实行情况,均不乐观。在河南安阳,"民国初道士张绍房组织道教会,但徒众不多"②。偏远的云南亦如此。宜良废道会司后,"今则改设道教会,大都有名无实"③。顺宁"近数年虽有道教会之设立,谋振宗风,然实效终鲜"④。即使在道教较为发达的江西,新式组织亦极为松散。吉安"民国八年,城乡道士修改张仙庙为老君庙,联合团体,崇奉所尊,后为邑中收归公有,设民众教育馆,自是涣散"⑤。沈阳的情况,可用雷声大雨点小形容。就在叙述中华道教总会关东分会成立的消息之后,紧接着,《奉天通志》的判断令人扫兴,"唯道术玄虚,无与人事,居民虽亦仰企神仙,而离尘修道者盖寡云"⑥。组织更新的努力,并没有拉近道教与社会的距离。

比较而言,在西方宗教快速传播的强大压力下,佛教的反应更为积极,也有一些成功的案例,至少地方志的记载如此。在江西分宜,"迄至民元之际,邑僧德愚详真相,住如意山福来寺,更办僧徒学堂,讲演宗义,成立分宜县佛教分会,联络京沪,且经全国佛教总会封授禅官兼任县佛

① 曾有翼纂修:《沈阳县志》15卷,民国六年铅印本,卷十三,页七至八。
② 王幼侨总纂:《续安阳县志》16卷,民国二十二年铅印本,卷十一,页一。
③ 许实纂修:《宜良县志》10卷,民国十年刊本,卷九,页二十五。
④ 杨香池主编:《顺宁县志初稿》14卷,民国钞本,卷九,未分页。
⑤ 邹鹄纂修:《吉安县志》48卷,民国三十年铅印本,卷十七,页五。
⑥ 王树枏等总纂:《奉天通志》260卷,民国二十三年铅印本,卷九十九,礼俗三,页五。

分会会长，会址设县城隍庙，全县僧人咸深瞻仰。惜未几项袁称帝，政变丛生，国家兵革迭兴，县治客军时扰，佛教分会竟随政潮消灭"①。虽然天不遂人愿，但努力方向正确。也许是天高皇帝远的缘故，贵州镇宁的尝试，就取得了一定成功。清末民初道果执掌教权时，"镇宁佛教顿呈欣欣向荣之象。民国三年，道果圆寂，教亦渐寝，其后或作或辍，时盛时衰者，咸视主持教会者之贤否以为转移耳"。镇宁佛教界有过多次努力，成立念佛精舍，设立道场聘高僧说法，办理僧伽修炼班、僧伽训练班、僧尼识字班，力图从提高僧尼文化水准和解释佛理精义能力入手，整顿佛教。由此，编纂者得出"民国十年以后，佛盛道衰"②的结论。佛教的相对扩张，造成一些道教寺观"多为僧徒所居，或改崇佛像"③，道人则或剪发仿僧众，或"制备法衣法器，讽经送葬，与僧侣竞争"④，反以佛教中之落后部分为生存手段。

因此，道教衰落的原因，应主要在道教内部寻找。"推其原因，与佛教相同，传教之思想亦甚淡薄，故日衰不能振也。"⑤道教是否有能力革新教义、严格清规和删减陈旧落后之礼仪，并创办各种社会事业以服务于社会，是一个宏大且长期存在的问题，不可能迅即解决或得出答案。从相关材料内容分析，道教的堕落，主要源于两个方面：首先是教内人员的结构问题。自道教衰微始，入道观拜道士为师者，"多系寒素子弟，为衣食计，非必真心信教，藉以修真养性也"⑥。不过是"藉木鱼为糊口，目不识丁，教义为何鲜所知矣"⑦。更严重的是，道教的清浊之分，在民国时期演变为清虚道萎缩，伙居道较为普遍的局面，直接影响道士品流。"道士

---

① 欧阳绍祁总纂：《分宜县志》16 卷，民国二十九年石印本，卷十二，页二。
② 胡蒿总纂：《镇宁县志》4 卷，民国三十六年石印本，卷三，页二至三、八。
③《续修盐城县志》14 卷，卷三，页十。
④ 郗济川编撰：《武安县志》18 卷，民国二十九年铅印本，卷十一，页一。
⑤《景县志》14 卷，卷六，页十三。
⑥ 赵又扬总纂：《邱县志》17 卷，民国二十三年铅印本，卷十四，页一。
⑦ 周之桢总编辑：《抚顺县志》6 卷，民国钞本，卷三，页三三。

蓄妻育子,不事宣扬教义,以故邑人不甚信仰,其生计遂亦日趋窘迫。"①
伙居道平日与常人无异,散居杂处,疏于监管,"降至晚近,违反戒律其弊
也,流于赌博、宿娼、吸食鸦片,无所不为。当时地方士绅不施以禁约,反
藉尊重人道之新名词,禀请改道士为伙居,得娶妻生子,以延嗣续。现在
因该道士涉讼,县政府判定已娶者勿论,其余不得继续再娶,以复清净道
教之旧规"②,局面混乱异常。其次,人员结构变动导致宗教活动范围极
为狭窄,宗教职能则高度工具化、职业化。查民国地方志,道士行为无外
乎唪经荐醮、超亡祈禳、礼忏符箓等,偏重于送葬、禳灾、祛病及民间斋醮
祭祀活动,如《顺义县志》所记:"道教即汉张道陵所遗,托名元始天尊,画
符念咒,信者为白云观;次为在俗道,又名火家道,亦为人诵经超度亡
魂。"③尽管狭隘,却是道士们的生存之本。在宜良,"获资赡家而已"。在
安阳,"藉谋生活而已"。在天津,"不过为吃饭之计"。在高密,"亦不过
假庙舍为糊口计"。既然如此,道士们便寻着市场向城镇发展,顺义散居
各村庙内道士,"供村公所夫役,只求生活,不明道教门径"。读来令人心
寒,也实令一些编纂者为道教的前途担忧。

虽然多数道士的生存,旨在依赖民间习俗中最落后的部分,仍不能
断言道教活力已经丧失,其社会基础依然厚重。道教内容庞杂,稍加改
造,都能成为应对社会发展需求的动员方式。在地方志和域情调查中,
其宗教或民俗内容,常有官方认可的五大宗教之外的教门或团体,相当
部分又与道教关系密切。诸如红枪会等枪会、刀会,曾经是重要的乡村
自卫组织,参加者众,波及甚广,其教旨和仪式,与道教有一定关系。传
播甚广的在理教(亦称理教),曾在反清复明和查禁鸦片斗争中发挥重要
作用,民国时期被改造成为倡导健康生活的道德团体,活动踊跃。"入其
教者,不论老少,皆如兄弟,终日饮茶,禁食各种烟酒,信徒颇众,而释道

---

① 庞友兰总纂:《阜宁县新志》20 卷,民国二十三年铅印本,卷十六,页一。
② 赵思明、张德华撰:《葭县志》2 卷,民国二十二年石印本,卷一,页三十五。
③ 杨得馨编纂:《顺义县志》16 卷,民国二十二年铅印本,卷十二,页一。

教徒反寥寥焉。"①有些地方志认为,"在理教亦道教支流"②。有些则干脆将某种民间信仰列入道教条目,《东明县志》即有:尽善堂"以不饮酒不吸烟为宗旨,朋侪相对,香茗而已"。同善社"以静坐练气为初基,一时从之者如鹜,盖亦道家流也"③。此类团体可否作为道教支流尚可研究,能够肯定的是,融汇各家学说以迎合时代需要,积极介入社会生活,无论是提出政治诉求,还是倡导公共道德和慈善互助,或者只是修身强体,都存在着一定的,甚至是很大的活动空间。

五、社会调查所展现的道教实态

就民国时期而言,广泛开展实地的、计量的、专门的、系统的社会调查,是进行现代性叙事的重要方法。与其他类型历史资料相比,社会调查具有改革社会、服务社会或从事近代学术研究的明确目的,运用了经济学、人类学、社会学等科学方法和手段,并含有调查者亲身参与的学术分析、批判及对诸多社会问题的对策建议,其本身就是"真正的革命"④或"现代性事物"⑤。更有甚者,则将民国时期的社会调查与建构国家体制和完善国家治理术(governmentality)紧密联系在一起,作为"现代性的实验室"⑥,受到中国知识分子、社会科学家、改革者与革命者的广泛关注。因此,社会调查资料具有非常重要的史料价值。

民国时期的社会调查中,甘博(Sidney David Gamble)主持的北京社

---

① 刘崇本总纂:《雄县新志》,民国十八年铅印本,第八册,页二七。
② 尚希宾总纂:《威县志》20 卷,民国十八年铅印本,卷十五,页十九。
③ 穆祥仲总纂:《东明县志》22 卷,民国二十二年铅印本,卷十五,页二。
④ 李景汉:《〈社会调查在今日中国之需要〉,《清华周刊》第 38 卷第 7、8 期合刊,1932 年 11 月 21 日,第 7 页。
⑤ 黄兴涛、夏明方主编:《清末民国社会调查与现代社会科学兴起》,福建教育出版社,2008 年,编者前言第 3 页。
⑥ Tong Lam, A Passion for Facts: Social Surveys and the Construction of the Chinese Nation-State, 1900—1949. Berkeley and Los Angeles: University of California Press, 2011, pp. 15.

会调查占据重要地位,对于日后学术性社会调查工作的开展,具有先导性的作用。出于自身文化背景,甘博对于宗教的社会文化作用十分关注,他写道:"北京的古庙、神殿和现代教堂星罗棋布,长期以来这里不仅是政治和教育的中心,也是中国重要的宗教中心。""警察报告北京共有936处儒教、佛教和道教的寺院和庙宇。"不过,衰落的迹象也很明显,"除了特殊的节日外,大多数庙宇寺院没有进香的人们,它们大多靠家庭捐助的资金和土地租金维持"。"许多古代的庙宇被夷为废墟,也没有人新建庙宇。许多神殿被出租给房客和商人。"①值得注意的是,甘博列举的宗教中心象征中,有国家祭天场所天坛,仅次于儒教圣地曲阜孔庙的北京孔庙,得到皇室庇护的藏传佛教北京总部雍和宫,伊斯兰教在中国主要活动中心牛街清真寺,以及北京还是俄罗斯东正教在中国的唯一传教中心和基督教最重要的教育和福音传道中心之一。唯独遗漏了道教,似乎道教是宗教衰落中最严重者。据甘博记载,佛教尚存在一定程度的组织活动,推行佛教改革,倡导健康文明的生活,尽管还不是十分主动、努力;伊斯兰教组织严密,信众稳定,所有清真寺都能保持良好状况,并在王府井大街刚刚新建了一个清真寺,以及清真寺为信徒孩子开办学校,举办专门学校培养宗教人才,并从事一些慈善活动。②

人们或许提出质问,可能甘博对道教不甚了解,故忽略了道教的社会存在。另一项被广泛提及的由李景汉等人主持的定县社会调查,可以提供一个良好的比较视角。定县调查有数家学术机构和多名中国学者参加,甘博也参加了部分工作,方法上可谓与北京社会调查有承继关系且更为严谨,规模远大于北京社会调查,持续时间也更长,调查对象也由城市转为乡村。

调查对于定县信仰状况的描述,具有一定的普遍性。"定县的一般

---

① 西德尼·D.甘博:《北京的社会调查》下册,陈愉秉等译,中国书店,2010年,第406—410页。
②《北京的社会调查》下册,第410—413页。

民众,尤其是妇女,崇拜偶像,几乎无所不信。各村大致皆有庙宇。民国三年孙发绪县长破除迷信,将很多的寺庙改为学堂。近数年来因天灾人祸不断发生,人民求助于鬼神的念头又虔诚起来,新庙宇也随之而修盖起来。但入过学堂的青年对于宗教的信仰显然的薄弱。中学以上教育程度的人有任何宗教也不信的趋势。"①

在定县,"有组织的宗教团体有回教、天主教、耶稣教、救世军等。此外有各种秘密道门,如背粮道、九功道、坐功道、金香道等"。所谓有组织宗教,据调查内容看,指有明确的传播历史沿革,固定的分支系统、聚会场所和神职人员,稳定的信众群体,以及严格的日常宗教生活、仪式和经费来源等。例如,县内有回教徒约 7000 人,城内清真寺有阿訇 1 位,学徒 4 人。教徒居住地点多半集中,团体甚为坚固。寺内人员每日均按规矩礼拜 5 次,还罗列了礼拜前复杂的小净程序。在基督教方面,定县基督教公理会成立于 1901 年,为保定公理会之分会,现由孙牧师主持,外有布道员 2 位;县内共有乡会 13 处,均有聚会地点,各有职员及教友至少 10 人。全县共有教友 525 人,其中男子 315,女子 210。城内有 36 家,48 教友;城外 320 家,477 教友。1928 年时该会曾设立平民学校 5 处,教友多系识字者。现每年经费约 1200 元,每年每教友捐助会款五六角。②此外,有组织宗教就是会道门了,即秘密宗教团体。其信仰内容亦佛亦道,多以修身、劝善、互助为标榜,也有以消灾、治病为敛钱工具者。有的非常秘密,"上不传父母,下不告妻子";有的虽不很秘密,但也不欢迎外人打听内容,故调查材料中只有 62 村各会道门加入人数和大致活动内容,师承及组织内部关系极为模糊。③

如此,中国宗教中最为普遍的佛教、道教,均未被作为某种特定宗教进行专门叙述,只是当作夹杂在回教、天主教、基督教和会道门之间的民

---

① 李景汉编著:《定县社会概况调查》,上海人民出版社,2005 年,第 406 页。
②《定县社会概况调查》,第 409—410 页。
③《定县社会概况调查》,第 430—432 页。

间信仰处理。据 1930 年调查,全县尚存庙宇至少有 879 座,其中,在城关者 22 座,在 453 村内者 857 座,共计 50 多种,数目较多的有五道庙、关帝庙、老母庙、南海大士庙、三官庙、真武庙、奶奶庙、龙王庙、玉皇庙、马王庙、虫王庙、药王庙、三义庙等,平均每庙不过两间房子。各寺庙除各自特点的供奉香火外,主要活动是举办庙会,有庙会的庙宇至少有 50 座,兼具民间信仰、娱乐、集市交易等多项功能。至于神职人员,"全县共有和尚 24 个,平日从事耕种庙产。有时死人之家约请诵经,每人每夜约得 1 元。全县道士共有 15 个,其中有妻者 12 个,无妻者 3 个。平日亦以种地为业,有时也到死人家庭诵经"①。信众情况既无统计也没有描述。

1928 年进行的东亭乡村社会区内 62 村调查统计中,原有庙宇 435 座,62 种;现有 104 座,29 种。毁坏最严重的是民国三年(1914),计 200 座;其次是民国四年(1915),计 45 座;再次为光绪二十六年(1900),计 27 座。庙产办学似乎是影响最大的因素,其次是教案。然而,对 135 座被毁坏庙宇现在用途调查表明,办学对庙宇毁坏的影响并没有想象的那么大。"135 座中有 57 座现在用为学校校舍,47 座已售为私产,8 座改为村中更夫房,8 座为村中公用房,3 座已变为村中公地,2 座存储公物,2 座为村立农林会,2 座村中公共租出,2 座为村中事务所,1 座为村自治所,1 座为公共林场,1 座为中华平民教育促进会借用为办公处,1 座道士居住。"在现有庙宇种类上,拥有 9 座以上的分别为老母庙(19)、五道庙(17)、真武庙(11)、关帝庙(10)、三官庙(9),共计 66 座,其他种类庙宇数目都很少。现有庙宇的规模也极小,仅仅 1 间房屋的庙宇就有 86 座,最大的则拥有 30 间。"62 村的一切庙宇内现在没有一个和尚或尼姑。有 1 个村内有 3 个道士,有 3 个村各有 1 个道士。其中没有一个是不娶妻的死居道士,他们都是伙居道士。平时种田,有时出去到死人的家里

---

① 《定县社会概况调查》,第 406—408 页。

念经,每次可得数角。"①由于无法区分各庙宇的宗教属性,因此,道教的实际状况可能更糟,道士的活动领域也被挤压在极为窄小的范围内。

因社会调查机构及人员局限,民国时期有关宗教的专项调查,以天主教、基督教为多;针对中国传统宗教的调查,也多以民俗活动或民间信仰为主题,几乎没有以道教为名的专题调查。即使是有关地方宗教信仰的综合调查,道教的内容也极少,且相当模糊。

在一项昆明市信仰调查中,调查者追溯了道教约于明朝初年流入云南,明清两代均设道官管理教内事宜的历史。民国成立后,道官始废。然北京有江朝宗等数十人发起成立中央道教总会,并意于各省省会成立总分会,各州县成立分会,取代明清之道官。云南遂于民国二年(1913)7月间成立云南道教总分会,附设戒烟所、医院及其他各种社会救济机关,并拟设宣教士若干人宣传该教教义等。"虽略有计划,惟均因经费人才两缺,迄未见诸行动。"至民国七年(1918),徒有虚名的组织被正式废除。北伐后,道教人士因见各业均有公会之组织,且受佛教会亦已成立之刺激,遂于民国二十一年(1932)筹组昆明市道教会,呈请省党部及市政府备案,取得本市法团资格。可是,仍"因经费人力两缺","迄无建树",会址所在地青帝宫亦遭军事机关占用,"仅有招牌而已"。② 调查者描述了一幅近年昆明道教式微的图像,全部 21 处道教寺观,只金殿、三清阁、老子祠及中和宫 4 处还未全遭机关占用,且亦有朝不保夕之虞。出家道士多赖出租寺观房屋、土地为生,并需外出为人作道场念经补贴,生存状况主要视庙产多寡而定,金殿因颇有寺屋,还开设了一家茶馆招待游客,情况较好。至于有妻室的在家道士,全市约 55 名,平常专为人在家中念经及作道场,每日约取费国币 3 元,饭食由念经人家供给。此种收入能占到家庭总支出的多大比例,调查没有说明。

---

① 《定县社会概况调查》,第 411—417、422 页。
② 江雪:《昆明市信仰调查》(1940 年),李文海主编《民国时期社会调查丛编·宗教民俗卷》,福建教育出版社,2004 年,第 452—454 页。

道教虽然受到庙产遭外力侵夺和基督教在华兴起的双重压迫,调查者仍认为道教式微的主因源于内部,"如道士之智识程度低下,不阐扬教义及修养本身,惟藉念经作道场以谋生计。更有甚者,惟藉妖术及符咒度日,致邀一般愚夫愚妇之迷信,而使其教与社会有识人士日见脱离"。但又由于,"道教为我国唯一之固有宗教",其在民间中尚是一种重要的潜势力,故吁请急谋改革,而适应 20 世纪之新环境。"着手之初,须该教内能出一干才,以为领袖,明悉其本教之现处地位而能力图自拔,向正途迈进,并有培植后辈之决心,使其自动即能受良好之教育及深刻之宗教熏陶,俾能来日肩此重任,他日收效如何,端在今日之及时努力。"①

以庙会为主题的民俗调查中,作为一种宗教的存在,反映道教状况的材料就更显凌乱。

北京东岳庙主持在清代曾为官派道录司,统辖京师道教各庙供奉宫内道场,享受国家年俸银米。民国后官差取消,现有 20 余道众只能外出承应法事,并将庙中西院一部分出赁,作为办白事、开吊停灵之所,以房租及法事收入维持清苦生活。此外,市警察第一队将前院东跨院全部、西跨院无私门内一部、偃月门内北平台 3 间及第二院西浴堂借用为宿舍,市立东岳庙简易小学则利用后院西面 3 间、北面 4 间、东面 3 间为校舍。失去朝廷庇护之后,庙中香会也四下零散,"继起无人,存者不过勉强支持而已"②。京城曾经显赫寺观如此,地方道观情形就更加困难了。据 1933 年的山东庙会调查,庙产雄厚者的状况尚可,如即墨县大庙,有神殿 40 多间,道士卧室 33 间,其他小房也不止 30 间,并有土地 200 亩,山地 100 亩,所以,30 多名道士可衣食无虞,被调查者斥为"寄生虫"。金乡县城隍庙有 3 个道人,拥有庙地 18 亩,每年约收粮食 2 石余;粮食市上

---

① 江雪:《昆明市信仰调查》(1940 年),《民国时期社会调查丛编·宗教民俗卷》,第 457—458 页。

② 叶郭立诚搜记:《北平东岳庙调查》(1939 年),李文海主编《民国时期社会调查丛编[二编]·宗教民俗卷》,福建教育出版社,2014 年,第 137—138、163 页。

兴他们抓粮食,每天抓约升余,全年约计 3 石余;周围村庄成立了一个三月二十八进香社,参加者麦收后均拿麦子 1 升交于道人,每年也能收三四石;另外,每岁香资也约有三四百吊。因此,道士们平时除烧香扫地,也没有别的事可干,庙会时需请上外庙的十几个老道来帮忙。然而,更多见的是庙产不多、庙会收益不大的小庙。临淄县菩萨庙只有一位年近八旬的老道士,依靠 3 亩庙田度日,庙会时也能赚几吊经钱。① 淮阳太昊陵庙则成为几个道士的饭碗和有权势者的发财工具。"在平常不庙会的日子,有五六个道士,在那里住着,除烧些香,或者代人们向伏羲祝祷,或作还愿的种种事外,也没有什么别的事可作。实际上,这些道士指着伏羲吃饭,只不过向崇拜伏羲有所企求的人们揩些油水罢了。"官府和地方士绅组织的"淮阳保存古迹委员会"(俗称"陵工局"),则以管理、修理陵庙为名征地皮捐、摊铺捐。② 道教中心丰都一变而为幽冥之都酆都的历史,能够充分展现民俗文化随时代变迁的复杂过程,同时,丰都道教的现状,也反映出道教式微的具体情形。据 1935 年调查称,春季香会已成为僧人道士维持生活的最大收入,所以,香会时"必举行诵经道场仪式,各殿宇的门外墙上张贴神榜,门上张贴吊挂、对联,殿内挂神幡、神帐,陈列其他香会时应用的器物",可是,"道士因人数太少,无盛大法事,仅悬挂神帐、神幡而已"。③

社会调查的内容聚焦教育、卫生、社会救济和慈善时,由宗教团体举办者,多为天主教、基督教,佛教也能占据一定位置,道教则极为鲜见。济南一家残废院的调查,提供了一个道教人士举办慈善事业较为成功的事例。残废院由济南一些慈善道人们设立,款项皆由各地人士捐助。残废人多半由各医院介绍进去,有的是自己求院长进去的;同时,残废院也

---

①《山东庙会调查集》(1933 年),《民国时期社会调查丛编·宗教民俗卷》,第 217、223、234 页。
② 郑合成:《淮阳太昊陵庙会概况》(1934 年),《民国时期社会调查丛编·宗教民俗卷》,第 291 页。
③ 卫惠林:《酆都宗教习俗调查》(1935 年),《民国时期社会调查丛编·宗教民俗卷》,第 330 页。

与济南几家大医院有联络,残废人遇有临时小病,可不纳费去看病。残废院每日三顿饭,每顿都是玉米面窝头、米汤和简单菜蔬,随个人饭量而用,没有限制;衣服、床被等均由院中供给。残废人出入自由,出而不返不加追究,病好不欲走者也听其自便。院内如守门、厨役、剃头、听差、推磨等工作均由残废人充当,由院长派定,每人每月给洋 5 毛以示酬劳。其他人可随便找些营生做,现多半人给火柴公司糊洋火盒子,每做千个约得铜元十数枚,熟练者每日可糊三千余,还有的人做鞋刷子。院内还有一个盲哑学校,有一位盲人师傅教授盲哑儿童用藤条编织各种筐篓。①从调查内容上看,道教人士的参与以劝募救济资金为主,对残废院管理及活动干预较少,也反映出道教组织功能虚弱的状况。

必须指出,由于道教信仰属性的模糊,不但被调查者难以清楚表达自己的宗教信仰认同,调查者也往往不能进行准确归类,造成了信众统计上的严重混乱。

在农村,以调查活动较多的南京近郊为例,据乔启明对江宁县淳化镇的调查,该镇共计 10976 户,54364 人,村社组织支持的庙会十分重要,大小庙庵共有和尚 23 人、道士 1 人、尼姑 3 人,生活费用大半靠庙内田产及祈福者捐款。在"崇拜偶像之迷信生活外,还有很少一部分农民信仰礼教、回教和耶教",礼教为秘密宗教团体,有信众 83 人,回教 24 人,耶教 30 人,被列为较进步宗教。② 言心哲对江宁县土山镇 286 农家家主调查的结果,宗教信仰分布为:不信者 49 家,占 17.13%;信仰儒教者 13 家,占 4.55%;佛教者 221 家,占 77.27%;道教者 1 家,占 0.35%;其他宗教者 2 家,占 0.70%。③ 蒋杰等人主持的调查中,江宁一镇寺乡 188 农家信教类别分布:不信教者 61 家,占 32.4%;在信的 127 家中,信仰

---

① 李村秀:《41 个残废兵的研究》(1931 年),李文海主编《民国时期社会调查丛编·底边社会卷》,福建教育出版社,2005 年,第 829 页。
② 乔启明:《江宁县淳化镇乡村社会之研究》(1934 年),李文海主编《民国时期社会调查丛编·乡村社会卷》,福建教育出版社,2005 年,第 110—111 页。
③ 言心哲:《农村家庭调查》(1935 年),《民国时期社会调查丛编·乡村社会卷》,第 596 页。

佛教者 109 家, 耶教者 5 家, 道、回等教者共 13 家。对于信教者比例下降的解释, 一是距离都市较近, 与外界接触之机会较多, 民智渐开; 一是江宁自治实验县对破除迷信工作不遗余力, 昔日崇拜偶像者日趋动摇。[①] 此外, 安徽和县乌江农业推广实验调查也有类似结果, 在 82 个家庭 99 位成人中, 信仰佛教者 53 人, 道教者 1 人, 耶教者 1 人, 无宗教者 44 人。调查者以为, 之所以信仰佛教者最多, "盖由于习俗之传统, 以及社会之环境"使然。[②] 在各种调查中, 除被调查者对于信仰问题回答抱有疑虑外, 最大问题就是儒、释、道难分, 不过, 抛开三教合一因素, 从被调查者的自我认同看, 道教作为独立宗教的影响最小。

城市社会也大致如此, 特别是底层社会居民, 对各宗教特质并不十分清楚, 对道教信仰的归属感极低。对北平 1200 贫户的调查中, 宣称信仰佛教者 1121 户, 4568 人; 孔教者 7 户, 28 人; 道教者 1 户, 6 人; 回教者 22 户, 103 人; 基督教者 9 户, 49 人; 无宗教 14 户, 53 人; 未详者 26 户, 117 人。调查者强调, 所谓信仰佛教者, 多"以为信仰'佛爷'即是'好人', 且可享受'佛爷'之种种保佑", 所以信众之多。另外, 在调查对象中, 有满族 393 户, 回族 22 户, 也是有宗教信仰者比例甚高的原因之一。[③] 在南京棚户区居民中, 有宗教信仰者比例明显下降。一项针对 180 个棚户家主的调查, 特别说明信仰佛教者有 40 人, 信仰耶稣教和回教者各只 1 人, 无宗教信仰者 118 人, 不明者 20 人。[④] 另一项对东瓜市及附近 145 个棚户的调查, 宣称信仰佛教者 70 户, 无宗教者 67 户, 耶稣教者 5 户, 儒教者 2 户, 不明者 1 户。调查者刻意强调在信仰佛教者中间也含有普通

[①] 蒋杰编著, 乔启明校订:《京郊农村社会调查》(1937 年),《民国时期社会调查丛编·乡村社会卷》, 第 342—353 页。

[②] 蒋杰编著, 孙文郁、乔启明校订:《乌江乡村建设研究》, 南京: 金陵大学农林新报社, 1935 年印行, 第 264 页。

[③] 牛蒲鄂:《北平 1200 贫户之研究》(1933 年),《民国时期社会调查丛编·底边社会卷》, 第 707 页。

[④] 吴文晖:《南京棚户家庭调查》(1935 年),《民国时期社会调查丛编·底边社会卷》, 第 788 页。

的道教,在统计上把烧香敬神都列于佛教,又强调,"他们所信的佛教显然不能拿来和一般智识阶级所信奉的佛教相提并论,而可以说是一种迷信"①。

抗战时期,大后方的社会调查更为频密,内容也涉及各种特定人群。以成都为例,在一项针对 192 名妇女的调查中,信仰基督教者 72 人,佛教者 16 人,拜祖宗者 13 人,孔教者 14 人,道教者 2 人,无宗教者 38 人,未详者 37 人。② 显然,信仰基督教者比例较高,部分原因是调查者的宗教信仰或活动圈影响到调查对象选择,信仰类别的划分也存在问题,但道教信仰者比例极低却是事实。皇城坝劳工家庭调查的规模相对较大。在总数 1958 人中,信教者 1333 人,占总数的 68.1%;不信教者 625 人,占 31.9%。在有宗教信仰的 1333 人中,信大教(即多神教)者 945 人,占信教人数的 70.9%;佛教者 271 人,占 20.3%;回教者,占 5.9%;基督教者 39 人,占 2.9%。③ 道教被归之于"大教"内,几无独立宗教之地位。在华西坝百个劳工家庭中,无宗教信仰者 53 家,信佛教者 39 家,道教者 1 家,回教者 6 家,基督教者 1 家。调查者依美国标准对结果进行分析,以为信仰佛教者较多是因中国人多"信神说鬼",无宗教信仰者的高比例,"多因知识浅薄,或受生活的折磨,及时代的影响所致"。④ 同样是华西坝劳工调查,在华西、金陵、金陵女子文理学院、齐鲁、东吴等五所大学100 名工友中,有一名天主教信徒,还有两人因工作关系略受基督教熏陶,另有 77 人是烧香纸拜祖先的,并不知自己的宗教派别。调查者以为

① 林玉文:《南京东瓜市与其附近之棚户调查》(1937 年),《民国时期社会调查丛编·底边社会卷》,第 814 页。

②《成都妇女活动调查》,《社会调查集刊》下集,金陵女子文理学院社会学系编印,1939 年 12月,第 22—23 页。

③《成都皇城坝劳工家庭调查结果之分析》,《社会调查与统计》第六号,社会部统计处编印,1945 年 10 月,第 16 页。

④ 张国纬:《华西坝百个劳工家庭生活之研究》(1948 年),何一民、姚乐野主编《民国时期社会调查丛编[三编]·四川大学卷》,福建教育出版社,2014 年,第 188 页。

此种现象就是"愚昧".①

事实上,战乱及剧烈的社会流动,是影响社会底层居民文化生活的重要因素.

六、结论及其影响

本文通过四个方面的描述,展现了一幅近代中国道教转型极不成功的图像,说明其转型的所谓现代性,只是建筑在沙粒之上而已,缺乏牢固的根基.

道教为什么难以在近代转型过程中占据较为有利的发展位置呢?除去无完善经典、源流杂乱、组织松散等传统缺陷,近代国家的抑制、新思想的传播等政治文化因素,均是重要原因,并在各种历史材料中频繁出现,从而形成为一些研究者的所谓定论.但是,道教的发展问题,仍然需要在道教内部寻找答案.

由于缺乏富于改革进取精神的领袖人物,使得道教失去了积极介入近代社会生活的机会,造成组织更新、严格清规的努力流于浮面.于是乎,在一个逐步开放的时代里,道教却愈来愈将自己封闭起来:高道们主要关注于自身的修炼,对于社会服务有所参与但不积极,至少有意识地保持一定距离.地方或基层寺观的道士们极力维护既得利益,即在现有庙产和活动范围中间,占据尽可能大的一块,随之,侵占、盗卖庙产事件频发,清规遭到破坏,修真养性被搁置一旁.道教衰微还直接影响新入道门者的成分,贫寒出身且文化水平低下,成为民国时期道士特征之一,糊口则是充当道士的主要原因.作为一种生存策略,伙居道比重增加,也进一步损毁了传承制度,恶化了清修环境,使得组织化工作更难以推行.如此,道教俨然成了一个主要维护内部神职人员利益的松散、封闭

---

① 《华西坝各大学工友调查》,《社会调查集刊》下集,第16—17页.

性群体,其对信众的服务,仅限于送葬、禳灾、祛病等几类,其中后两者因多无法兑现,广遭社会诟病,而以死亡为主要服务内容的宗教,自然无法取得社会的信任,其负面形象势必不断地扩张、发散。道教在面对强大的外在压力冲击下,却一再自我挤压社会活动空间,几乎成为一种仅具宗教外壳但丧失了宗教基本功能的近代宗教。

这就是本研究所要展示的解释逻辑。

不同于以往的相关研究,本研究使用了多种不同类型的材料,并经过对材料的认真分析解读,试图勾勒一幅较为完整的近代中国道教转型图像,必须说明,在这些材料中,除陈撄宁的相关论著外,其他材料都是从外部对道教的观察和描述,其制作者,诸如作家、记者、社会评论家、报刊编辑、地方志编纂者、社会调查实施者及报告撰写者等等,政治立场不分左右,社会主张无论激进与保守,也不管背景是有官方色彩还是独立之学术研究,或多或少都对宗教持批判态度,尤其对道教更显不遗余力,这是时代的特点,也是从社会的视角观察近代中国道教转型问题必须要处理的材料。从结果上看,本研究内容既有地方概况之叙述,也有具体个案之调查;既有结构性的分析,也有形象化的描写,力图在尊重客观历史环境的前提下展现批判性,基本可以说明整体状况,并支持本研究所阐述的一系列观点。

20世纪上半期的中国社会,深陷于战争与革命之中,主要形式是暴力的由外向内的彻底打破,即由政治制度到灵魂深处同时爆发革命。另外,近代宗教已经基本摆脱了因不可知的神秘主义崇拜的束缚,正在努力与政治附庸角色划清界限并保持独立,力求转变成为一种对真善美的追求和生活方式,通过宗教组织和仪式,使信众得到所需要的安慰与帮助。在此种环境之下,中国社会是否还需要宗教呢?尽管曾经存在强大的反宗教运动,不同宗教的发展都遇到过程度不同的挫折,但都得以生存,而且仍然存在相当的发展空间。那么,问题就应该是:中国社会需要什么样的宗教?道教应该如何适应时代发展,并尽力满足信仰者及潜在信仰者的要求呢?

杜赞奇(Prasenjit Duara)以为,中国社会存在着深厚的民间宗教文化底蕴,不仅在革命时期顽强地抵抗着来自外部的各种政治压迫,甚至在改革开放后出现了复兴之势。"对此现象我们应当如何理解? 我倾向于认为,我们当然不能将之当做某些一成不变的传统来看待,亦不应将之视做现代性主体的反衬的某种原始的、潜意识的反抗。"①杜赞奇的本意,是为偏重政治的、革命的、民族国家的中国近代历史主流叙述,寻找一种替代性叙述方式,从而夸大了所谓民间宗教信仰的力量和作用,并试图以中国与印度相比较。必须注意,所谓具有超强反抗性的民间宗教信仰,大多与道教关系密切,可是,道教在这一时期采取的却是自我逃避、不思进取的生存策略。因此,中国近现代历史出现的一系列现象,与其说是民间宗教的反抗或复兴,还不如说是利用传统习俗惯性争夺地方权利,以及处于急速变革中的社会缺乏有效替代物或寻找替代物的结果。例如,在国家政权式微、社会动荡的环境下,正是由于原有乡村及地方社会组织遭到严重破坏,以及外来压迫过大时,各种拳会、枪会、刀会等会道门组织应运而生,但均不能持久。改革开放后,原有的全能性单位组织和农村社队顿时松解,造成生产、生活的诸多不适应,社会竞争压力加大,心理安慰的需求增加,于是有了向宗教寻求的种种表现,但其中多具功利性,所暴露出的问题,主要是政府所能提供的公共服务滞后,以及严重缺乏横向的社会自治组织。

依据近代西方宗教定义,道教在教义(经典)、仪式、组织、场所等宗教基本要素方面,与西方宗教存在差异。是故,道教是一种宗教或只能算民间信仰? 或是一种哲学和文化? 或干脆只是一种人生态度? 甚至只是一种政治谋略? 存在着众多不同的认识,位置不同,视角不同,其主

---

① 杜赞奇:《从民族国家拯救历史:民族主义话语与中国现代史研究》,王宪明译,社会科学文献出版社,2003年,第104页。

张亦有不同。然而,从另一个角度观察,也许正是由于道教无完善经典、源流庞杂和组织松散等先天弱点,使其更具包容性和弹性,也使其文化解释更容易被赋予新的内容,获得更强劲的生命力,得以在现实社会发挥多方面的影响。

自 1949 年以后,道教便只是官方承认的道教,其他旁支或支流,不是被整合进道教,就是遭彻底取缔。如此,可能限制了道教的活动范围与方式,但也提供了一个新的发展机遇,即道教通过完成自我改造,密切与社会发展需要之联系,为信仰者提供多方面的宗教服务。因此,现实社会道教的发展问题或现象,也能为历史研究提供必要的观察视角。

改革开放后积 20 年之发展,1998 年和 2000 年中国道教文化研究所与江西九江道教协会、庐山仙人洞道院共同组织召开了两次研讨会,可以反映学术界与道教界双方对道教发展问题的一些观点。中国道教协会副秘书长袁志鸿以为,道教发展的主要问题是"人员素质和经济情况",首先是缺乏管理人才,其次则是研究人才,并强调了经济能力在弘扬道教事业中的重要作用。[①] 文章很有见地,也说明近代以来困扰道教发展的核心问题尚无重大改变。不过,作者更为关注如何争取政策优惠,利用历史文化遗产和自然风景从事宗教经营活动。湖南省道教协会副会长、长沙市岳麓山云麓宫主持马勇奇的文章,则暴露出一些道教活动的问题。据称,在湖南民间,道教在节日、庙会、奠基、婚丧、贺庆等活动中,起到了不容忽视的调节和充实作用,"道教活动最普遍的是超度亡魂"。文章承认,超度亡魂的活动,为死人大操大办,耗费钱财,可能造成不良的社会风气,并加重丧家经济负担,社会上存在诸多反对意见,但以为"无需辩驳",且反说,一个人死了,不进行此种传统道教活动,就连一

---

① 袁志鸿:《选择与举措:旅游景区道教场所面临现代社会的机遇和尴尬》,叶至明主编《道教与人生》,宗教文化出版社,2002 年,第 317—320 页。

条狗都不如,甚至影响社会的安定团结。① 道教在强调其重视现世的文化特征时,仍然局限于既往狭小的活动范围内,并且顽固地维护既得利益。

道教发展的一个重要着力点,就是在传统文化的发掘上大做文章。据报道,2008 年 10 月,福建福清石竹山道院以石竹何氏九仙君有"所游之地,祈梦辄应"之美誉,故得名所谓"中华梦乡",遂发起主办"中华梦乡福清石竹山梦文化学术研讨会",同时积极创造条件,力争"石竹祈梦文化"进入省级、国家级非物质文化遗产名录。会上还有学者论证,道教"神仙不死"之梦,有助于克服人们面对死亡时的焦虑痛苦,推动道士发奋努力,以科学精神探索人类生死问题。② 真乃玄之又玄。将得梦飞升或梦得天书等传统道教故事上升为文化,确是近十多年来中国现实社会状况的特殊反映,也是道教创新发展乏力的真实体现。"梦文化"是要进行梦的解析? 还是想探讨梦境中的理想如何成为现实的途径? 其实,何种目标均不重要,倡导者只是继续道教的玄虚,主题既附会现实政治,又回避具体社会问题,文化清谈仍然是重要的生存策略。

最后,再运用近年来文学作品所刻画的民国道士形象,观察时代变迁的烙印。在长篇小说《道士下山》③中,一位入山修道无成的道士,在临近崩溃之时回到尘世,可面对城市生活显得百般不适且无能为力,终于,道家功法抵御不了饥饿的肚肠,只能放下自尊开口行乞。其后,道士有了一系列传奇经历,虽然摆脱了物质上的落魄,但也饱尝人世间的险恶。除惯常的政界、军界、商界尔虞我诈的场景和阴险歹毒的日本特务之外,还有江湖上"教会徒弟,饿死师傅"的勾心斗角,武林中门派之间、同门之

①　马勇奇:《道教礼仪的文化内涵——浅谈湖南正一派道士的活动对现代社会的影响和作用》,《道教与人生》,第 263—267 页。
②　黄永锋:《道教在当代中国的阐扬》,北京:东方出版社,2011 年,第 196—197 页。
③　小说作者声称故事源于"一位老人口述经历",且深谙道家文化,故可视为圈内人讲述的再创作。另外,作者写作动因具有较强的历史批判意味,在此主旨下塑造的民国时期道士形象,可以作为不同时期创作的同类人物的一个比较对象。

间名利场的血雨腥风，以及骗财骗色的假活佛、海淫海盗的真和尚等等，现实社会差不多一无是处。更糟糕的是，就在全面抗战爆发之时，还算是正面角色的灵隐寺主持圆寂了，留下了一个群龙无首的寺庙，有如现实中的中国。

在近代中国如此动荡、混乱的社会环境中，道士可以或应该做些什么呢？或理想的道士形象应该是怎样的呢？小说并未给出答案，便在混沌之中草草结束了故事。不过，作者的心目中，还是有答案的，那就是"逃亡"，"总之，人生有退处，退一步，海阔天空。容许人逃身逃心，才是成熟社会"①。面对现实社会的种种不适，老子的出关之举，仍是道士及准备修道者的不二选择，或是作为及时补充能量以图再度下山②的避祸托辞。诚然，个人面对压力如何"逃亡"，有其选择自由，可将道士的宗教式"逃亡"，作为社会进步现象来解读，多少还是沾有仙学的自辩风格，故作高深，却是"一事不做""徒作大言的空谈家"。③ 宗教的社会责任，宗教家的济世精神，对道教及道士似乎全不相干。

总之，近代中国道教的转型十分艰难，严重影响到道教自身的改造与发展，以致一些发展过程中的旧有问题，在现今仍然会强烈地表现出来。随着社会发展的多样化，心灵慰藉之服务，健康生活之引导，公共道德之提倡，慈善互助之鼓励，为建设和谐社会所必需，也为道教提供了广阔的活动空间。如何能够伴随社会进步推动道教发展，近代历史的经验至关重要。

---

① 徐皓峰：《道士下山》（修订本），北京：人民文学出版社，2014 年，修订版前言《人生可逃》第 5 页。必须指出，作者为了说明当缺乏参政权时逃避机制的重要性的观点，其对明清时期所谓"主动为奴"的"普遍现象"的解释，很大程度上是对历史的曲解。

② 由小说《道士下山》改编、陈凯歌导演的同名电影，在结尾处增加了道士重新上山修炼的镜头。这样的处理，对于故事似乎更完整了，但以下山、上山的循环演绎人生和社会，也失却了许多想象空间。

③ 鲁迅在小说《出关》中，塑造了一个因"无为而无不为"在竞争中失败而被送出关的老子，强调学说的社会应用性，而非简单的柔性反抗。《且介亭杂文末编·〈出关〉的"关"》，《鲁迅全集》第 6 卷，第 540 页。

近代国家神道探源：日本近代化的精神原点

宋成有①

日本近代化始于开港后的幕末改革(1854—1867)，大规模展开于明治年间(1868—1912)，升级于大正年间(1912—1926)，异化并骤然结束于昭和初期(1926—1945)。90余年间，在传统农业社会向近代工业化社会转型的曲折过程中，形成以下几个"日本特色"：(1) 天皇居于顶点的威权体制掌握全过程，"一君万民"体制凝聚了朝野的整体力量；(2) 频繁的对外侵略战争勾勒了武力崛起的轨迹，形成进攻型的近代化模式；(3) 精神元素发挥了超常作用，弥补了发展资本主义的种种先天不足。

支撑战败前日本近代化进程的精神元素大体上可分为两类：一类是文明论、人权论、功利主义论、进化论、君主立宪论、国权论、丛林法则、政党政治、殖民主义扩张理论等欧美舶来品；另一类则是由来已久的"神国论""皇国论""武国论"等传统意识，以及衍生于幕末的"国体论""一君万民论""家族国家论"等日本自创的理论。两类精神元素分别在明治维新"御一新"与"王政复古"相重合的近代化改革过程中，展开互动，对整个进程产生决定性的影响。

---

① 北京大学历史学系教授。

从总体上看,两类精神元素并非静止、对等地作用于近代化整个进程,而是依据不同时期日本的国情、政情和形势的变化及需求,此消彼长,变化不定。从发展趋势上看,外来元素经过多次的选择和变异,渗透于日本的近代化制度建设、技术进步、思想蜕变和社会转型等各个方面,渐次褪色。传统元素在固守其自尊自傲、忠君爱国立场的同时,有意识地披上近代化的外衣,经过一番嬗变,逐渐占据了主导地位,支配了日本近代化的后续进程。追根溯源,传统元素又无不与号称"日本固有"的民族宗教神道关联密切,特别是与近代国家神道的关联相当密切。

自 1868 年启动明治维新,至 1945 年日本战败投降,神道借力明治政府的祭政一致、神佛分离、独尊"惟神之道"的政策导向与民间废佛毁释风潮的推动,进入史无前例的兴旺发展时期。在维新官僚的运作下,以"敬神爱国"为宗旨,突出宣扬"天地人道""拥戴天皇""尊奉朝旨"等教宪的国家神道①,与天皇权威、国家目标和近代化改革挂钩,升格为国教。民间的教派神道和民俗神道无法望其项背,均受其支配。国家神道的神社分成官币、国币、别格官币三大系统,起初叠属神祇官、教务省,后来由内务省神社局等政府机构统一管理。其中,官币神社分成大中小三级,共 90 余处,由皇室或宫内省提供经费。官币大社 60 余处,包括橿原神宫、平安神宫、鹿岛神宫、明治神宫官币神社、热田神宫、出云大社以及朝鲜、台湾、关东神宫与"桦太"、南洋神社等占领地的神社等,构成官币大社的主体。由国库提供经费的国币神社也分成大中小三级,共 100 余处。别格官币神社共 28 处,包括祭祀丰臣秀吉的丰国神社、祭祀织田信长的建勋神社、祭祀德川家康的东照神宫和祭祀阵亡军人的靖国神社等。上述国家神道的神社遍布日本各地,成为宣示传统精神元素的道场,焕发忠君爱国精神的来源地,支配着步入近代化进程的日本人的言行。

---

① 《明治以后神社关系法令史料》(非卖品),1968 年,第 74 页。

马克斯·韦伯通过分析基督教新教伦理与欧美资本主义精神，论证了发源于西欧的资本主义的基本特征和发展模式。与此相似，日本国家神道伦理与追赶型的近代化进程同样存在着内在的逻辑关系。为探明两者之间的互动关系，有必要对近代日本国家神道的来龙去脉，展开探源研究，回溯神道发展的历史脉络。

众所周知，神道在日本文明草创期的绳纹-弥生时代，尚处于萨满巫术的原始宗教阶段，崇拜天体星辰、动植物和祖先神，具有泛灵多神信仰的特点。汉唐之际，儒释道等中国文化要素源源不断地传入日本，对神道的成长提供了不可或缺的精神土壤。720 年成书的首部日本正史《日本书纪》卷二十一载第 31 代天皇用明天皇（在位时间：585—587）"信佛法，尊神道"，"神道"一词首次见载于史籍。① 第二十五卷载 36 代天皇孝德天皇（在位时间：645—654）"重佛法，轻神道，为人柔仁好儒"②。两段记述相隔 60 年左右，反映了隋唐之际，佛教、儒学在日本的影响迅速增强，处于成长期的神道则趋于边缘化的过程。此外，中国道教同样传入日本并产生影响的记载，亦见诸《日本书纪》《续日本纪》等史籍。

在此后的历史发展进程中，神道持续吸吮儒学、汉传佛教和道教的营养，以"记纪"，即《古事记》（712）和《日本书纪》为基本经典，逐渐脱离了原始的形态而渐具规模。至平安时代（794—1192），在对儒释道异质的选择与变异，通过本土化即"国风化"后，神道升格为正规的宗教。此后，又在镰仓、室町、江户幕府等武士政权先后称霸天下，皇室势力衰微的七百年间，神道因对儒释道定位不同而形成诸多教派、教义、教典，日臻成熟。"神国论""皇国论""武国论""尊皇论""日本优越论"等，充斥于伊势神道、唯一神道、复古神道等主流神道流派之中，为近代国家神道的泛起，提供了最基本也是最重要的思想武器。

---

① 《日本书纪》卷第二十一，用明天皇前记。
② 《日本书纪》卷第二十五，孝德天皇前记。

在这个意义上说,要理清近代国家神道的思想源头,有必要对古代神道如何选择并变异中国文化要素的线索,从源头上弄清楚近代国家神道的今生来世。

一、神道对儒学元素的选择与变异

1. 儒学传入日本

先秦儒家"留意于仁义之际","祖述尧舜,宪章文武,宗师仲尼,以重其言,于道为最高",具有"助人君,顺阴阳,明教化"等多重功效。[1] 孔子之后,"有子张之儒,有子思之儒,有颜氏之儒,有孟氏之儒,有漆雕氏之儒,有仲良氏之儒,有孙氏之儒,有乐正氏之儒"[2],形成儒学内部的不同流派。至两汉,董仲舒和刘歆倡今古经文儒学,谶纬学渗入其中。魏晋南北朝时期,魏人夏侯玄、王弼、何晏等以老庄思想释儒,使之玄学化。隋唐时期,经隋文帝尊孔崇经,尚礼重教的过渡,唐初颜师古著《五礼》,孔颖达著《五经正义》义疏儒学章句,一统理解上的歧义;晚唐韩愈、柳宗元、刘禹锡等倡古文,以求儒学道统的复兴。持续传入的汉唐儒学,对始建国的日本影响深刻。

《日本书纪》载,应神十六年(285),自称为汉高祖后裔的百济人博士王仁,携带《论语》等典籍南渡倭国,是为儒学进入日本的最早记载。太子菟道稚郎子师事王仁,习诸典籍。[3] 这一记述是否真实,不妨存疑。但从儒学流经朝鲜半岛而后传入日本的途径,以及百济与倭国来往密切来看,斯说恐为事实的折射反映。至6世纪的继体、钦明两朝,五经博士段杨尔、五经博士王柳贵、易博士王道良等遂奉百济王命,先后赴日。此外,高句丽五经博士高安茂、南梁人士司马达等也来到日本,两汉儒经不

---

[1]《汉书·艺文志·诸子略·序》。
[2]《韩非子·显学》。
[3]《日本书纪》卷十,应神天皇十六年春二月条。

断传入东瀛。东传儒学者多来自祖籍中原的乐浪王氏，并非偶然，基本可信。

604 年，圣德太子制定《十七条宪法》，强调"以和为贵""以礼为本""信是意本""君言臣承""承诏必谨"等①，儒学理念进入日本国家政治生活，用诸构筑以天皇为中心的中央集权体制。大化改新后，天智朝设立大学寮和国学等国家和地方两级教育机构，明经博士教授唐初训诂儒学，五位以上官僚子弟诵读《论语》《孝经》《周易》《礼记》《毛诗》等儒家经典，盛况空前。751 年成篇的《怀风藻》，称颂自王仁启蒙以来，日本"俗渐洙泗之风，人趋齐鲁之学"②，显示了汉唐儒学东传的社会效果。

至平安末期，汉唐儒学随着律令体制的崩溃而急剧衰落，宋儒理再开儒学东传的新局面。邵雍、周敦颐、张载、程颢、程颐等北宋五子另辟理学新径，南宋陆九渊继其学并由朱熹集大成。理学深受佛教精密思辨模式和道教宇宙生成观的影响，儒释道三位一体，将儒学推入理学的新阶段。据《汉学纪源》所说，建久十年(1199)，日本赴宋僧人俊芿，在 1211 年回国时最早带回宋儒理学书籍。1241 年入宋求法六载的禅僧圆尔将儒佛兼容的学风带回日本，并在幕府和朝廷上层开展活动。宋儒理学即朱子学最先以寺院为研修场所，逐渐为贵族官僚所熟悉。1246 年南宋禅僧兰溪道隆率弟子东渡，开辟了中国僧人东传宋儒理学的新途径。随着朱子学的陆续传入，镰仓时代由寺僧或朝廷公卿们研修阐释的理学，在战乱不断的室町时代向社会中下层浸透。经过战国时代的儒佛一体化，由歧阳方秀与桂庵玄树标点和训，加快了理学世俗化和普及化的进程。

至江户时代，理学与权力发生了联系，升格为官学。1597 年得到朝鲜名儒姜沆教诲的藤原惺窝，为幕府官学朱子学的开山之祖。其弟子林罗山悉得师教，阐释幕藩体制构建的原理，得到江户幕府创立者德川家

①《日本书纪》卷二十二，推古天皇十二年夏四月条。
②《怀风藻·自序》。

康的赏识。林罗山参与幕政,起草法令文书,担任将军的儒学侍讲,林家世代拥有朱子学解释权的特殊地位。至五代将军德川纲吉的大力弘扬,朱子学日益兴盛。1690 年纲吉建成规模宏大的孔庙汤岛圣堂,设立了官学的最高学府圣堂学问所(亦名昌平黉)。诸藩大名也竞相在各自的藩校中宣讲、研修朱子学,武士热心尊孔读经。武士的道德规范经过朱子学的伦理升华,成为武士道。1724 年,町人学校怀德堂开塾授业讲授朱子学,遍布全国的寺子屋亦如此,儒学伦理和价值观日益深入民间。

2. 神道对儒学的选择与贬斥

子曰:"唯女子与小人为难养也,近之则不孙,远之则怨。"①标榜父权社会伦理道德的儒学宣扬男尊女卑,用三纲五常将妇女的地位边缘化,限制在三从四德的狭小天地里。表现在神道经典的"记纪"之中,神世七代的伊奘诺尊(伊耶那岐)、伊奘冉尊(伊耶那美)在国土创造过程中,女神伊弉冊尊先打招呼,产下残疾儿;非等到男神伊弉诺尊先开口说话,女神应答后,才顺利地生产了各以秋津洲、伊豫洲、筑紫洲、佐度洲、亿岐洲、佐度洲.越洲、大洲等,合称"大八洲国"以及山川草木。② 儒家的男尊女卑观念被植入"记纪"的建国神话中。

同样,儒学的五伦五常道德理论也被纳入神道经典"记纪"之中。从编制伊弉诺尊洗目生太阳神"大日孁贵"即"天照大神",掌管神界"高天原";"天照大神"又派遣"天孙"琼琼杵尊降临人世间,奉"神敕",持三件神器来统治"苇原中国"即日本;至公元前 660 年天孙的曾孙神日本磐余彦尊东征大和,在橿原宫即位,为传说中的第一代天皇神武天皇。这样,就编造了"神国论""皇国论""万世一系论"等论调的依据。至于相当于中国皇帝传国玉玺的八阪琼曲玉、八咫镜、天丛云剑"三种神器",也被附会为儒家的仁、智、勇三德。儒家修史的内明君臣大义,外辩华夷之别的

---

① 《论语·阳货》。

② 《日本书纪》卷一,神代(上)。

主旨，成为编纂神道经典《日本书纪》的修史思想，为此后历朝修史所继承。神道接受了儒学的理念，对其发展产生了长久的影响。

至江户时代，日本国学者著书立说，宣扬复古神道。国学亦称"皇国学"，主张通过研读《万叶集》《古事记》《日本书纪》等日本和歌或神道典籍，剔除儒学佛教的影响，恢复并弘扬儒佛传入之前的"皇神之道"，因此国学者提倡的新神道得名复古神道。国学者鄙视儒学和儒学者，以贬斥儒学为主要学理立场。其基本特点表现为极端化的偏激立场，凸显了文化自负、自誉的荒谬。

国学的先驱，首推和歌学者、居士下河边长流（1626—1686）。其《万叶管见》《万叶集名寄》《林叶累尘集》等撰述颇得好评，水户藩主德川光圀聘之注释日本首部古典诗歌集《万叶集》。下河边谢世后，其密友、真言宗僧侣契冲（1640—1701）继续注释《万叶集》，著成《万叶代匠记》。契冲强调，中世歌学因参杂了儒佛之学而谬误累累，必须正本清源；强调日本"乃神国也"，"上古之时，惟以神道治天下"，神道足以取代儒释之道；强调《万叶集》等和歌"上可以通道，下可及世间人情"，应切实加以研究，探索神道精神。然而，深受儒佛之学熏陶的契冲面临困扰，对儒释神三学的定位"以神道为本，兼取儒佛"，认知水平相当于吉田神道的水平，承认神道"幽玄"，难以预测。① 在复古神道的发展历程中，契冲等先驱者的探索，尚停留在对《万叶集》等诗歌集的文献研究范围内，尚未涉及《古事记》《日本书纪》等神道经典。契冲等崇尚"神国"、神道，强调探寻儒佛尚未传入日本之前的"古人之心"，摆脱儒释之学禁锢等主张，提出了国学的研究方向和复古神道的基本思路。

继契冲之后，德川时代中后期的"国学四大人"，在把国学的研究和传播推向高潮的过程中，形成复古神道的教义。其中，契冲的弟子神官

---

① 《万叶代匠记总释》，《日本思想大系》39，《近世神道论》，岩波书店，1972 年，第 315、310、311 页。

荷田春满(1669—1736)主张从研究《万叶集》《古今集》等和歌集入手,钻研"神国"日本的固有精神,认为"《万叶集》者国风纯粹,学焉则无面墙之讥;《古今集》者歌咏竞选,不知则有无言之戒"。荷田慨叹"今也,诛泗之学随处可见,瞿昙之教逐日而盛",痛惜儒佛的兴盛而"国家之学废堕""我道渐衰"的现状,对"今之谈神道者是皆阴阳五行家之谈","我神皇之教陵夷一年甚于一年"强烈不满。为此,荷田上书幕府,要求振兴"神皇之教",焕发国乃"神国",道乃神道的精神,较早地提出复古神道的基本观点。①

贺茂真渊(1697—1769)也出身神官,继承了其师荷田的衣钵,主张埋头钻研《万叶集》《古今集》《源氏物语》《古事记》《日本书纪》等古代和歌和史著,肃清仰慕、追随儒释等"外国之道"的风气,发现并弘扬"日本之道"。贺茂将矛头指向儒学,在《国意考》中,贺茂对儒学中的圣人大加贬斥,说尧将天下禅让给历山的农夫舜,并非至善而是"过善为恶";舜又将天下禅让给恶人的儿子禹,禅让中的疑点太多;周文王夸称天下三分有其二引来杀身之祸;周武王伐纣未必被舆论认同;周公灭殷商诸侯四十余家,杀伐过狠;儒者敬奉的孔子对周公灭人之国颇有微词,但儒学传入日本却导致君臣分离和动乱。对称之为"唐国"的中国,贺茂也不无贬薄,声称日本是"人心正直之国,教导虽少但能遵守";"唐国人心险恶","朝闻教,夕已忘之";日本的"复古之道"堪与天地无穷,"唐国之道"不过是一瞬之间而已,如此等等。②

为摆脱儒释之学的影响,贺茂提出"复古之道"的口号,将古道精髓概括为儒释传入之前的"神代之道""皇国之古""我国固有之道""天地之道"等。③ 贺茂强调,"我国从古至今原本是以天地之心治国",太古的风

①《创学校启》,《日本思想大系》39,《近世神道论 前期国学》,岩波书店,1972年,第335、336、333页。
②《国意考》,《大日本思想全集》9,第7—15、31页。
③《国意考》,《大日本思想全集》9,常磐印刷株式会社,1933年,第31、32、34、15页。

习是"从天地之道,天皇为日月,臣子为星辰",君臣"如同星辰守护日月,
凡臣皆守护天皇";贺茂认为,自儒佛传入日本,"产生了忘记我国固有之
道,皆以他国为楷模的谬误"。在贺茂大肆渲染儒佛流毒日本,指责儒教
"不仅搞乱了中国,而且对日本造成巨大的毒害",诸如文武天皇的壬申
之乱、奈良时期的宫廷衣冠调度悉从中国、流放天皇等,"全都是儒道传
入日本的结果";"佛教传入日本以来,超乎想象地恶化了世人之心",云
云。① 经贺茂之手,国学的基本立场更加完整化和系统化,突出了国学也
即复古神道的崇神尊皇、鼓吹日本之道、排佛斥儒等几个特点。

贺茂的弟子、问屋商人出身的本居宣长(1730—1801)在 35 年间耗
尽心血,完成了 44 卷的大部头著作《古事记传》,堪称国学的集大成者。
本居坚称以"天照大神"为主角的神代记述是信史;批判儒学以天命观为
基础的易姓革命说,赞扬日本皇统的"万世一系";称颂效死勤王的忠臣
楠木正成。本居认为,"皇大御国,无需赘言乃贤明神御祖天照大御神御
生之大御国,胜于万国之所由显然首先在于此。可称为国者,无不蒙此
大御神之大御德。大御神之大御手捧持天玺,此即代代相传的表征三种
神宝";强调"皇国神道,乃皇祖神所赐之道",即"世间所有事与物皆系高
御产巢日神之魂所成,世间所有事与物皆始于神祖伊耶那歧大神及伊耶
那美大神,乃由天照大御神传赐之道,是故曰神之道"②。本居将天皇家
的祖神视为国家、神道的源头,通过阐释"神国论""皇国论",夸耀本国的
优越性。于是,儒学自然成为其抨击对象,特别是"汉国之天命说",认为
不过是"其国古时圣人为逃避自身弑君夺国的罪恶,表面上作出的托
辞"③。本居认为贯穿古典名著《源氏物语》的精髓,即为岛国民族所独有
的"物哀"情感。本居解释说,"所谓物哀,首先是怜悯一切细微之物。所
见所闻,心之所感,成叹息之声";"遇当感之事,心无所动,无所感,是谓

①《国意考》,《大日本思想全集》9,第 28、34、16、15、40 页。
②《直毗灵》,《古事记传》卷一,《本居宣长全集》第 9 卷,筑摩书房,1968 年,第 49、58、57 页。
③《直毗灵》,《古事记传》卷一,《本居宣长全集》第 9 卷,第 54 页。

不知物哀，乃无心之人也"①，对日本民族特性进行了有深度的探讨和概括。

对本居执精神弟子礼的平田笃胤（1776—1843），著述百余部，持排斥儒释之学立场。平田对世人崇信"蕃神佛菩萨"，忽视古来的神事愤愤不平；强调儒学流入之后，"人心狡猾"，"模仿唐风威仪的骄奢"之风盛行，造成"朝廷威仪逐渐衰落""古道衰废""淡薄守护诸神""廷臣僭上暴慢""武人跳梁跋扈"等一系列问题②，为阐释复古神道排除障碍。在《鬼神新论》《古道大意》《古史传》《古道大意》《神道玄妙论》《神仙玄妙论》《灵能真柱》等论著中，平田突出复古神道的"神国论"和"日本优越论"。平田认为，"皇大御国乃伊耶那岐、伊耶那美大神生成之国，天照大神庇护之国，皇御孙统治之天壤无穷之国，优越于万国，乃四海之宗国"；天皇熟知君临万国大君之真理，后亦知灵魂之去向"，要求门徒"坚定大倭心"。③ 他将宇宙分成天、地、泉三种层次，"皇国"日本上有天照大神君临的天界，下有须佐之男命神幽居的泉界，居中的"皇大御国，乃万国本御柱之御国"日本居于大地各国之首。同时，平田把神道提高到无以复加的高度，称之为"皇神之道"。平田提出"灵能真柱"的新概念，即筑起牢固的精神支柱，以镇定"学古之徒的大倭心"，即尊皇敬神的自尊自傲之心。

平田毕竟深受儒学熏陶，虽竭力鼓吹"大倭心"，却无法摆脱儒学的羁縻。一方面，平田用神和神道解释人世间的伦理道德，认为儒学的敬义仁智勇这人伦五常，都是神意的体现；现世人的行为均受到幽冥之神的审判，给予善恶的评判；人性由天神赋予，只有除掉私智，人的行为方能符合神代的要求，方能生活在真正的神道世界，即"皇神之道"的世界中。另一方面，平田又用儒学伦理来填充"大倭心"和"皇神之道"，强调

① 《源氏物语玉之小栉》，林屋辰三郎等编《日本史史料大系》5，《近世》2，第320页。
② 《玉襷》，《日本思想大系》50，《平田笃胤 伴信友 大国隆正》，岩波书店，1973年，第15页。
③ 《灵能真柱》上卷，《日本思想大系》50，《平田笃胤 伴信友 大国隆正》，第14页。

"我皇神之道的宗旨是清净为本，避恶污秽，事君亲以忠孝，惠妻子，多生子孙，家族和睦、取信于朋友，怜惜奴婢，思考光耀门庭，乃诸神所传之真道"。儒学伦理占据了"皇神之道"的大半内容，离开儒学理论，平田的"真道"几乎成了空论。① 与此同时，平田攻击佛教是"神敌"，指责释迦牟尼"抛君父""弃妻子"，违反人性而不足为训。②

当然，斥儒排佛依然是平田的基本立场。他引述服部中庸《三大考》对"天竺国之说"（佛教）和"汉国之说"（儒学）的抨击用语，认为有关天地国土生成最初状况的认知，"无论是佛还是圣人，皆以其心与智考量，确定或编造出必须遵循的道理。其中，天竺国之说如同欺骗世间女童，妄说且不足一论；汉国之说皆深思物之理，即使编造亦听来诚然令人信服，但若深思熟虑，此说也皆为妄说"。③ 虽然在抨击的程度上，斥儒与排佛有所不同，但皆为"妄说"却是对儒释之学的最终定论。

在当时的历史条件下，国学或曰复古神道思潮具有一定的积极意义。其一，国学从排佛斥儒的批判立场出发，对幕府实行思想控制的两大工具，即佛教和朱子学展开了猛烈攻击，客观上削弱了幕府的思想统制。其二，国学的复古主张，反映了农民、町人对幕藩领主政治腐败与搜刮盘剥的强烈不满情绪，反映了社会矛盾日益不可协调。其三，国学极力推崇"皇神之道"，并对"神代"世界加以刻意渲染，鼓吹神道外衣包裹下的尊王攘夷意识，从而成为幕末政治斗争思想武器的又一个提供者。在政权更替的关键时刻，复古成为维新的旗号。明治政府发布的第一个政府政令即曰《王政复古大号令》。与此同时，国学或复古神道恣意宣扬日本文化的神秘性乃至鼓吹极端的民族优越意识，有百害而无一利。

当然，国学或复古神道的历史积极意义只是相对而言。其复古的主张，表达了社会大众，尤其是町人和农民要求摆脱幕藩领主统治的意

---

① 《玉襷》，《日本思想大系》50，《平田笃胤 伴信友 大国隆正》，第202页。
② 《玉襷》，《日本思想大系》50，《平田笃胤 伴信友 大国隆正》，第191页。
③ 《灵能真柱》上卷，《日本思想大系》50，《平田笃胤 伴信友 大国隆正》，第13页。

愿。实际上,国学的主要研修者,也多半来自町人和农民。本居宣长和平田笃胤的大多数门徒为町人、农民、神官。换言之,国学研修者的多数成员,均为幕藩领主统治的被损害者,同时也是时代的落伍者。他们对现状不满,却看不到未来发展的明朗前景,只能在向后看的历史回忆中,乃至在"皇国""皇神"的极端自我夸大和陶醉中,寄托自我满足的虚幻憧憬。作为反映没落社会群体的没落情绪和向往的国学,其价值取向复杂,甚至是相互矛盾的。随着时代的进步,国学的积极作用迅速减少并走向反动。

二、神道对汉传佛教元素的选择与变异

1. 汉传佛教传入日本

一般认为,东汉永平十年(67 年),汉明帝自西域迎来迦叶摩腾与竺法兰两位高僧,以白马驮佛像和佛经入洛阳,汉译《四十二章经》为佛教东传中国之始。建和元年(147),刘志被迎为桓帝,在"宫中立黄老、浮屠之祠",百姓中信佛者"遂转盛"。[1] 当年,月支国高僧支娄迦谶(支谶)来洛阳,译出《般若道行品经》《首愣严三昧经》《般舟三昧经》等大乘佛教经典 14 部 27 卷,开始了汉传佛教的传播过程。

在朝鲜半岛,百济第十五枕流王即位的 384 年,"胡僧摩罗难陀至自晋,迎置宫中礼敬。明年乙酉。创佛寺于新都汉山州,度僧十人,此百济佛法之始也"[2]。至第 26 代国王圣王(523—554),遣使将汉传佛教引入日本。

在日本,对佛教通过官方渠道传入的具体时间,有宣化三年戊午(538)、钦明六年(545)前后、钦明七年戊午(546)、十三年壬申(552)等不

---

① 《后汉书》卷八十八,《西域列传》第七十八,《天竺国》;《后汉书》卷三十下,《列传》第二十下,《襄楷》。

② 《三国遗事》卷第三,《兴法》第三,《难陀辟济》。

同看法。其中,《日本书纪》载:钦明天皇十三年(552)冬十月,百济圣明王遣使"献释迦佛金铜像一躯、幡盖若干、经论若干卷",并在表文中盛赞佛法"于诸法中最为殊胜,难解难入,周公孔子尚不能知","能生无量无边福德果报"。钦明天皇"闻已,喜欢踊跃。诏使者云:朕从昔来,未曾得闻如是微妙之法,然朕不自决"。[①] 经过一番争论,钦明命宿祢大臣苏我稻目迎入并兴隆佛教。与《日本书纪》同时代成书的《上宫圣德法王帝说》《元兴寺伽蓝缘起并流记资财帐》等,皆记载钦明七年戊午 10 月、12 月百济圣明王遣使送来佛像、幡盖和佛经。尽管在佛教传入的年代上记载有异,但综合以上诸说,佛教来自百济,传入时间为 6 世纪前半期等说法,是基本可信的。

佛教传入日本之初,引发宫廷贵族集团的政争。最终,崇佛派苏我氏战胜排佛派物部氏,佛教逐渐传播开来。至圣德太子摄政时期(593—622),派遣隋使引进中国佛法,建法隆寺、四天王寺等寺院,又亲著佛教经典义疏,制《宪法十七条》强调"笃敬三宝",被尊为日本佛教的始祖。至奈良时代(710—794),唐朝的三论、成实、俱舍、华严、律宗等传入日本,称南都六宗。僧侣注重研读佛教经典,掌握各宗教义。至平安时代(794—1192),自唐归国的最澄奉《法华经》为经典,在比睿山开设天台宗;空海奉《大日经》《金刚顶经》为经典,开密教真言宗于高野山。天台、真言两宗均为大乘佛教,笃信口颂佛咒,一心悟佛,则恶人亦可成佛,受到贵族的欢迎。

在镰仓时代(1192—1333),佛教日益本土化,涌现了法然开创的净土宗、亲鸾创立的净土真宗(一向宗)、一遍创立的时宗、荣西创立的临济宗、道元创立的曹洞宗、日莲创立的日莲宗六家新佛教。镰仓佛教宗派林立,在反映武士和庶民不同精神追求的同时,也表明日本佛教已达到堪与中国佛教媲美的新水平。在室町时代(1336—1573),幕府仿照南宋

---

① 《日本书纪》卷十九,钦明天皇十三年冬十月条。

的官寺制度,在京都建万寿、天龙、建仁、东富、相国寺五大禅院,号称"京都五山";在镰仓,建圆觉、建长、寿福、净智、净妙寺五大禅院,号称"镰仓五山"。寺僧们热衷创作阐发禅文化的"五山文学",研修从中国传来的宋明理学。至江户时代(1603—1868),佛教成为幕府统治的工具。幕府设置寺社奉行,掌管全国寺社事务及僧侣、神官;颁布《诸宗寺院法度》,以法律手段管理佛教各宗派;实行寺请制度,使所有庶民均成为寺院的檀家信徒,肃清天主教的影响,佛教的宗教地位受到削弱。

2. 神道对汉传佛教的定位与贬斥

汉传佛教传入日本之初,在"神佛习合"框架下,采用模糊、混合的方法,协调新传入的佛教与存在既久的神道之间的相互关系。在奈良时代初期,神社比照建筑宏伟的佛寺,开始营建鹿岛神宫、贺茂神社、伊势神宫等国家级神社,各地方级的神社也随之建造起来。奈良时代流行佛主神从观念,认为神道诸神为佛法的护法神,佛法可以解脱诸神的烦恼。在神社内建造神宫寺,在神前诵读佛经等现象司空见惯。面对教典完整、教仪规范、教理深奥的佛教,尚处于成长初期阶段的神道难以望其项背,只能降格以求,借助汉传佛教的推动,加快成长的步伐。

在平安时代,随着遣唐使的停派,"国风化"盛行,宗教自尊意识也在增强,认为西方的佛为普救列岛众生,显化为日本的诸神,佛与神对等。平安时代的"本地垂迹说"刻意淡化神与佛之间在神格上的差异,神即佛,神佛合一。至平安后期,缘起最澄仿效隋代浙江天台山国清寺以道教山神元弼真君为镇山之神,奉比叡山延历寺的地主神日吉山王权现为护法神,山王神道兴起。同时涌现的神道,还有依据空海真言宗密教的《金刚顶经》与《大日经》两部经典教义的两部神道,将神佛合一推向极致。真言宗僧人通海等人创两部神道,视伊势内宫的天照大神为胎藏界的大日如来、伊势外宫丰受大神为金刚界的大日如来为一体,伊势神宫则整体显现大日如来;将《日本书纪》神代中的国常立尊、国狭槌尊和丰斟渟尊三代神,解释为密教本尊大日如来的法身、报身、应身,三神合一即为如来。可见，山王神道选择了天台宗祖庭的山王护法意识，形成教派；两部神道则依据真言宗的经典，将神代三神与大日如来三身对号入座，完成了对汉传佛教的变异。

在镰仓时代，神道的新宗派不断涌现，教典、教理、教仪的水平明显提高，宗教自主意识大为增强。蒙元的两次入侵皆因大风暴的袭击以失败告终，笃信"神风"庇护"神国"的思想盛行。伊势神道摈弃神道对佛教的依附，发展势头兴旺。受此刺激，山王神道推出教典《耀天记》《山家要略记》等教典，丰富了神道的教理，促进了道徒的组织化。在宗教信仰领域，佛教依然保持着传统优势，山王神道的教理仍旧以本地垂迹说为依据。

至室町时代后期，京都神道家吉田兼具创立了包罗万象，思想庞杂，持反本地垂迹说的吉田神道。在对抗佛教的伊势神道因支持南朝而失势后，吉田神道取而代之，成为神道的主流。吉田兼具在创教的过程中，广采儒释道及阴阳道诸学，特别是对儒学和汉传佛教的选取，堪称至关重要。吉田兼具在展现天地开辟、神代缘起、天皇系谱的论述中，以浸透儒学伦理和道教观念的《旧事本纪》《古事记》《日本书纪》等三部书为据，其解释三才灵应、三妙加持、三种灵宝的《天元神变神妙经》《地元神通神妙经》《人元神力神妙经》三部《神妙经》，大量选择了道教和汉传佛教的思想素材。在对儒释神三者关系的论述中，吉田兼具用"神道乃万法之根本，天竺佛教、震旦儒教乃枝叶和花果"的比喻[1]，道出了吉田神道对儒学和汉传佛教的选择与变异的要谛。

至江户时代，朱子学升格为官学，独占思想统治的最高地位。在元和偃武、宽永锁国和明清更替的国内外大环境下，日本人以更加自我、自恋乃至自负、自傲的心态挑剔外来文化要素，在有意无意之中促进了民族文化高度发达。江户时代层出不穷的新神道在对待儒学和汉传佛教

---

[1]《唯一神道》，《国史大辞典》第 14 卷，吉川弘文馆，1994 年，第 249 页。

的立场上,选择性极其鲜明。

其中,持排佛尊儒立场的新神道,主要有吉川神道和垂加神道两派。其中,吉川惟足(1616—1694)创立的吉川神道力主排除吉田神道中的佛教元素,保留朱子学的君臣伦理学说,强调尊皇忠君,凸显了尊儒排佛,对儒释两学褒贬不一的选择性。吉川神道宣扬的君臣名分论得到幕藩领主的支持,会津藩主保科正之接受其说教,实施藩内的神社制度,并将其举荐给幕府第四代将军德川家纲,出任幕府的神道方。

山崎闇斋(1618—1682)创建的垂加神道同样尊儒排佛。山崎幼年入寺为僧,青年学儒,还俗后编《辟异》,从理学立场抨击佛教,独尊朱子学;又招徒开讲,倡导讲究义理的"崎门学风",声名鹊起。会津藩主保科正之聘其为宾师,与吉川惟足相识。山崎从吉川学神道,兼修伊势神道,学问汇集儒释神三学,为创立新神道未雨绸缪。山崎自伊势神道经典《镇座传记》《宝基本记》和《倭姬命世纪》中,取"神垂以祈祷为先,冥加以正直为本"句,创垂加神道,以"神垂祈祷、冥加正直"为"我愿守之终身"的信条。[1] 在山崎所著《神代卷风叶集》《中臣祓风水草》《垂加草》中,山崎以天照大神"大日孁贵之道"为基础,运用朱子学的"理气说"和"五行说"来阐释诸创世、建国神话,宣扬"神国论"和君臣大义名分。

三、神道对道教元素的选择与变异

1. 道教传入日本

道教源出中国远古先民的鬼神崇拜、先秦神仙信仰和长生不老之术,春秋老子与战国庄子的道家之学不断拓深学说源泉。至西汉初期,汉帝奉黄老无为、休养生息为国策,成就文景之治。至武帝弃黄老而独尊儒术,开疆辟土成一代明君。东汉末年,天下大乱,中国原创的道教应

---

① 《垂加社语》,《山崎闇斋全集》第 1 卷,塘鹅社,1978 年,第 4 页。

运而生。蜀地张陵（道陵）、张鲁祖孙奉老子为教祖，创天师道（"五斗米道"），制符箓，祛病疫，济世救民，信者日众。布道江南的琅邪于吉著《太平经》（《太平青领书》），启发巨鹿人张角创"太平道"，医病除灾，解民困苦，道众遍布大河南北。184年，张角自号"大贤良师""天公将军"，发动黄巾起义，加速了东汉的灭亡。

至魏晋时期，太平道因黄巾起义失败而衰落，天师道盛行。丹阳句容人道士葛洪（284—364）著《抱朴子》，内篇论神仙养生，外篇谈儒学处世，在完成道教的神仙信仰、方术系统化的同时，将儒学忠孝仁信等伦理纲常引入道教，道儒合二为一，扩大了道教发展的空间。通过与佛教的竞争和吸纳，道教形成具有自身特点的经典、消灾除厄之法和符箓章醮祭仪，至《上清经》《灵宝经》《三皇经》问世，表明道教成长为成熟宗教。

至南北朝，北方的寇谦之（365—448）与南方的陆修静（406—477）、陶弘景（456—536）全面提升天师道教义、规制、修炼方法，道教的地位持续上升。至隋唐时期，隋文帝父子兼容道释，道观香火兴旺；李渊父子尊奉老子为李唐始祖，道教日隆且一度独尊。唐高宗尊封老子为"太上玄元皇帝"，居儒道释三教之首。经历武周崇佛之后，夺回皇权的李唐皇帝愈加尊崇道教。唐玄宗亲注《道德真经》，以其为开科取士读本之一；又给老子追加"圣祖大道玄元皇帝""大圣祖高上大道金阙玄元天皇大帝"等封号，遍造道教宫观庙宇于各地，引道士、女冠为皇室宗亲，编成首部道藏《三洞琼纲》。在李唐皇权支持下，道教之盛堪称空前。

汉唐之际，正值中国周边国家形成发展时期，高句丽、百济、新罗等海东三国和日本急切输入儒释道三大中国文化元素，推进制度建设。推古天皇十年（602）"冬十月，百济僧观勒来之，仍贡历本及天文地理书，并遁甲方术之书也"；推古朝廷选派三四名书生师事观勒，"皆学以成业"。[1]百济僧人观勒传入并传授的书籍，包括道教的"遁甲方术之书"。此条记

---

① 《日本书纪》卷二十二，推古天皇十年冬十月。

事当为道教图书传入日本的最早记录。

百济最先成为道教书籍传入日本的桥梁的基本原因有二：其一，处于高句丽、新罗挤压的百济力图结盟日本，构成对抗丽罗的犄角之势，维护国家安全。处于文化交流上游地位的百济向大和朝廷中传输中国先进文化，成为巩固济倭联盟关系的重要手段。其二，魏晋南北朝时期中国道教书籍源源输入百济，使之具备继续道教东传的条件。《三国史记》载：百济近仇首王元年（375），百济世子率军在半乞壤大破高句丽军，欲乘胜追击。将军莫古解说，"尝闻道家之言，知足不辱，知止不殆。今所多矣，何必求多"①。世子纳其言，收兵回营。莫古解所说的"知足不辱，知止不殆"，来自老子《道德经》的"知足不辱，知止不殆，可以长久"②。可见，道家思想已浸润百济君臣头脑，制约其行动。刘宋文帝元嘉二十七年（450），毗有王上表"求《易林》《式占》、腰弩，太祖并与之"③。借助百济的传入桥梁，道教要素源源不断传入日本。

众所周知，道教尚紫。紫色由代表阴的蓝色和代表阳的红色融合而成，内含了道教阴阳相济的理念。《修真后辩》《道法会元》等道教经典均以修炼呈紫色的纯阳之气为最佳意境。在道教的神话传说中，教祖老子骑青牛西出函谷关化胡，视"紫气东来"为祥瑞景象；仙人居地为"紫海"，饮水处为"紫泉"等，均同紫色有关。在中国，道教的尚紫与王权相联系，古代君主自称天帝之子，自比为"紫微星垣"。《广雅·释天》曰："天宫谓之紫宫。"于是，君王居住的宫殿亦称为"紫极""紫禁城""紫垣""紫宫""紫宸殿"，将王权神秘化和神圣化。此种王权尚紫的观念先传诸百济，进而传入日本。

推古十一年（603），圣德太子参照或模仿了百济官位十六品制度，颁发《冠位十二阶》，确立诸臣的位阶制度。《日本书纪》载："始行冠位，大

①《三国史记》卷二十四，《百济本纪》第二，近仇首王元年条。
②《道德经》第四十四章。
③《宋书》卷九十七，《列传》第五十七，《东夷·百济国》。

德、小德、大仁、小仁、大礼、小礼、大信、小信、大义、小义、大智、小智并十二阶"；十二年春正月，"始赐冠位于诸臣，各有差"①，各以的浓淡两色的紫、青、赤、黄、白、皂六种颜色标志，与百济朝臣分为大小两个系列，官员绶带分别为紫、青、赤、黄、白、皂六色的冠带制度相同。

至天武朝，《日本书纪》称开创者大海人皇子"生而有岐嶷之姿"，及壮，则"雄拔神武。能天文遁甲"，号称"天渟中原瀛真人天皇"。② 自幼聪慧的大海人成年后，能"遁甲"，号"瀛真人"，颇类日本道士。673年登基后，举朝盛行遁甲之术，设置阴阳寮、占星台，道教法术成为增强王权的工具。684年，下诏"作八色之姓，以混天下万姓。一曰真人，二曰朝臣，三曰宿弥，四曰忌寸，五曰道师，六曰臣，七曰连，八曰稻置"③。其中与道教关系密切的"真人"居其首，"道师"地位也在"臣""连"之上。天武天皇尊崇道教诸神、以紫为尊的观念，在其后诸朝中得到遵循。701年其孙文武天皇临朝大典的仪式是"于正门树乌形幢，左日像青龙朱雀幡，右月像玄武白虎幡，蕃夷使者陈列左右"；此后由道教诸神值守的"文物之仪，于是备矣"。④ 708年，元明天皇为迁都平城京而纠结，在诏书中自称"朕祇奉上玄，君临宇内。以菲薄之德，处紫宫之尊。常以为作之者劳，居之者逸。迁都之事，必未遑也"⑤。敬奉上天的元明天皇，称其居所称为"紫宫"并非个别孤立的现象。721年元正天皇在诏书中，也自称"身居紫宫，心在黔首"⑥。至少至奈良时代，天皇继续信奉推古朝以来尚紫的道教观念。至于在藤原京遗址出土的记有"道可道，非常道"等《道德经》起篇文字的木简⑦，以实物见证了道教经典传入日本。

---

① 《日本书纪》卷二十二，推古朝十一年十二月、十二年春正月条。
② 《日本书纪》卷二十八，天渟中原瀛真人天皇前记。
③ 《日本书纪》卷二十九，武天皇十三年十月条。
④ 《续日本纪》卷二，文武天皇大宝元年正月条。
⑤ 《续日本纪》卷四，元明天皇和铜元年二月条。
⑥ 《续日本纪》卷八，元正天皇养老五年二月条。
⑦ 新川登龟男：《日本古代与道教》，《特集·反映在日本文化中的道教》，勉诚出版社，1999年，第15页。

至平安朝,在宽平三年(891)藤原佐世编辑的《本朝见在书目录》(《日本国见在书目录》)中,收入包括《老子化胡经》《太上老君玄元皇帝圣化(记)经》《抱朴子》《太上灵宝经》《淆魔宝真安志经》《六甲神符经》《三五大禁咒禁诀》《六甲左右上符》《大道老君六甲秘符》《赤松子玉历》《神仙传》等大量道教经典。① 与纺织、工艺制品等器物类舶来品不同,图书对人们的思想意识产生直接的影响。伴随着道教经典图书的陆续传入,道教观念广泛渗入日本宫廷文化、社会生活。

至江户时代,据自元禄八年(1695)以来的《商船载来书目》记录,1445年初版的明代道教经典集大成的《道藏》,清代的《太上感应篇绘传》、《太上感应经》、《关圣帝君觉世真经灵应篇》、《吕祖全书》30卷、《文帝全书》50卷等道教图书陆续输入日本,影响江户时代的学术思想。安藤昌益的《自然真营道》《统道真传》中向往"自然世""自然之子""真人",强调"吾道无争",认为自然具有金木水火土五行的物质属性等观点,显示了道家乃至道家理念的强烈影响。

2. 神道经典创世篇和天皇崇拜中的道教要素

成书于8世纪初的《古事记》和《日本书纪》(合称"记纪"),均有诸神创世篇、神界篇和人世篇,解释了宇宙的生成、国家建立、天皇系谱等,被视为神道的基本经典。

中国古人的宇宙观、历史观对"记纪"编纂,产生影响。在"记纪"的神代创世篇中,以大同小异的文字,刻画了诸神创世的过程。太安万侣在《古事记·序》中对天地初分的理解是:"夫混元既凝,气象未效,无名无为,谁知其形。然乾坤初分,叁神作造化之首,阴阳斯开,二灵为群品之祖。"②这段文字,与《淮南子·精神篇》的"古未有天地之时,唯象无形,窈窈冥冥,有二神混生,经天管地,于是乃别为阴阳,离为八极"③的说法,

---

① 《本朝见在书目录》(《日本国见在书目录》)。
② 《古事记·序》。
③ 《淮南子·精神篇》。

大同小异。

同样,《日本书纪》的创世篇曰"古天地未剖,阴阳不分,混沌如鸡子,溟涬而含芽,及其清阳者薄靡而为天,重浊者淹滞为地,精妙之合博易,重浊之凝难,故天先成而地后定,然后神圣生其中焉"①。上述记载,也与三国时东吴徐整所著《三五历纪》中的"天地混沌如鸡子,盘古生其中。万八千岁,天地开辟,阳清为天,阴浊为地。盘古在其中,一日九变,神于天,圣于地"②,不仅思路雷同,而且用语也多有相似之处。

崇拜天皇祖神天照大神以及历代天皇,是神道的重要内容和特点。从战前开始,日本学者开始下功夫搜寻天皇崇拜中的道教要素。实证史学家黑板胜美梳理神道经典《日本书纪》《续日本纪》,发现若干踪迹,例如景行天皇朝讨伐东夷的日本武尊死后羽化为天鹅;圣德太子救助过的饥者"尸解"成仙;雄略天皇游猎葛城山时路遇道教仙人;齐明朝在田身岭修筑了"号为两槻宫,亦曰天宫"的道观。黑板认为,在河内松冈山古坟的船史王后墓、大和葛城郡大冢村新山古坟中出土的神兽镜中,出现"东王父""西王母"等道教神像的纹样和铭文,以及《延喜式》所载宫廷祭祀仪式的祝词等,可以佐证道教传入日本的事实。黑板认为,"神祇祭祀具有道教色彩不是偶然的",与道教的长期浸润有关。③ 如其所言,《延喜式》所载祝辞的确原封不动地引用了道教咒语,即"谨请,皇天上帝、三极大君、日月星辰、八方诸神、司命司籍、左东王父、右西王母、五方五帝、四时四气,捧以录人,请除祸灾,捧以金刀,请延帝祚。咒曰:'东至扶桑,西至虞渊,南至炎光,北至弱水,千城百国精治,万岁,万岁,万岁'"④。

文化史学家津田左右吉认为,古代日本君主在七世纪初期由"大王"改称"天皇",与道教的传入不无关系;强调星相为紫微垣北极星的大帝

---

① 《日本书纪・神代》上。
② 《三五历纪》,《太平御览》卷2。
③ 野口鉄郎编:《道教的传播与古代国家》,《选集 道教与日本》第1卷,雄山阁出版,1996年,第41、46、48页。
④ 《延喜式》卷八,《东文忌寸部献横刀时咒》。

太一(泰一、太乙)与天皇结合,成为天皇大帝,天皇因而具备了天帝的宗教含义,成为神道教的信仰对象。津田的结论是:"可以毫无疑义地说,天皇的称谓直接来源于道教。"①

自20世纪90年代以来,日本学者对道教与天皇崇拜的研究取得重要进展,其广度和深度均超过战前。福永光司认为,"天皇大帝"称谓、与"天皇"有关的"真人"、天皇居住的宫殿"紫宫"(紫色的宫),以及象征天皇绝对权威的两种神器——镜和剑、日本国号使用的汉语"大和"一词,"都源自中国古代的宗教思想,具体说就是道教或原道教思想"。②

同样的研究课题,也引起中国学者的兴趣。王金林认为日本京畿和地方祭祀纳入皇室管辖的范围、682年设置神祇官、将天皇称为"明神"("现世神")等现象,是早期神道教形成的三个主要标志。在神道发展过程中,"中国的道、儒和诸子思想中的许多内容,有益于日本传统信仰的宗教化"。这一结论,可以通过在佐贺县古贺和吉野里遗址出土的水银、奈良县牧野古坟出土的桃核,以及在北九州古坟中出土的玉玦、玉管、勾玉和京都、奈良、福冈古坟遗址出土的铜镜等大量的实物得到验证。③

3. 道教与神道的互动

在佛教初传的飞鸟时代,崇佛的苏我氏最终战胜排佛的物部氏,为汉传佛教的发展清除了政治障碍。奈良时期"本地垂迹说"的佛主神从,至平安时代演化为神佛对等。至镰仓时代后期,伊势神道外宫神官度会行忠、家行提出反本地垂迹说的"神本佛迹说",创立了强调神主佛从立场的伊势神道。度会行忠参与了伊势神宫大神《镇座次第记》《镇座传记》《镇座本纪》《宝基本记》《倭姬命世纪》伊势神道经典《神道五部书》的整理编辑,提出外宫祭祀中心与神主佛从观念。度会家行选取道家、易、

---

① 津田左右吉:《天皇考》,《津田左右吉全集》第3卷,岩波书店,1986年,第490页。
② 福永光司:《鬼道和神道——中国古代宗教思想和日本古代》,杨曾文、源了圆主编《中日文化交流史大系4·宗教卷》,浙江人民出版社,1996年,第38页
③ 王金林:《日本人的原始信仰》,宁夏人民出版社,2004年,第215、216、204、174—190页。

阴阳、谶纬等中国思想,引用《老子》《老子述义》等典籍的思想,推出《类聚神祇本源》《神道简要》《神祇秘抄》等经典,将伊势神道的教说体系化。在天地生成、神祇观念和神与人关系等方面,伊势神道与道教相通。以此为起点,利用中国道教的思想来对抗汉传佛教,成为反本地垂迹说神道的新动向和鲜明特点。

至室町时代后期,出身京都神道世家的吉田兼具(1435—1511)创吉田神道,将神道首位提升到新高度。吉田兼具参照中国道教奉最高神元始天尊先于太元即宇宙存在的"原始说",强调其神道中的"神"并非一般意义上的神灵,而是"先于天地而定天地,超越阴阳而声称阴阳"的宇宙本源,即太元尊神①,凸显了批判佛主神从的立场。吉田兼具摄取《老子》《庄子》《太上玄灵北斗本名延生真经》等经典,完成《神明三元五大传神妙经》《唯一神道明法要集》《神道大意》等著述,强调神道为宇宙本源的教理。其中,在祭祀礼仪方面,伊势、吉田神道采出自道教的《北斗经》;在《玄灵符法》中,原封不动地引用了道教的符咒,制成《神祇道灵符印》。吉田兼具自称神道长上,获得室町幕府第八代将军足利义政夫人日野富子的资助,建成太元宫,以礼敬国常立尊的名义,祭祀道教的元始天尊。吉田神道得到皇室、宫廷贵族和幕府将军的支持,长时期保有社家神道主流的地位,直至明治维新。

江户时代复古神道家的排佛斥儒,同样利用并强化了道教元素在神道中的地位。例如,贺茂真渊(1697—1769)的《国意考》以"儒者之愚"开篇,从各个方面将儒学贬斥得一无是处,唯独对老子情有独钟,称赞老子是"学识渊博之人",认为"老子的道法自然才是世间之道";据此,贺茂强调日本的古道精神在于"顺从天地之道",出于自然;认为儒学的单方面说教是毫无生命力的"死物","通行天地,生于自然的道理才是活生生

---

① 《唯一神道》,《国史大辞典》第 14 卷,吉川弘文馆,1994 年版,第 249 页。

的"。① 同时,将道教的"贵真""贵直""贵柔"等思想纳入复古神道,视之为日本古道、大和魂的基本属性。本居宣长(1730—1801)借助玄学神仙之学,即道教思想展开复古神道的阐释。平田笃胤熟(1776—1843)读《云笈七谶》,并在其著作中大量引用《老子中经》《太宵琅书》《真诰》等道教经典,排佛斥儒,将复古神道之学系统化。

4. 道教对与神道"沾亲带故"宗教的影响

近年来,增尾伸一郎、山下克明、小坂真二、高桥正男、高桥美由纪、菅原信海、宫家准、永井义宪等学者围绕道教对日本阴阳道、密教、修验道、庚申信仰、风水说的多重影响展开研究,取得重要成果。

(1)阴阳道与密教中的道教影响。在古代律令制时代,中务省下属的阴阳寮,由阴阳、天文、历、漏刻四个部门组成,掌管天文、气象观测、占定和澡历,阴阳道悄然萌发。自9世纪空海将中国的密教引入日本,创真言宗,与阴阳道相互影响。10世纪开始,阴阳道进入体系化时期,增添了太一、雷公、遁甲、六壬四种占术,举行消除灾厄祭祀,并向天皇提交天文密奏,明显具备了咒术宗教的特征。平安时代后期,阴阳道祭祀的主管福禄寿现世福神泰山府君和主管冥府阴曹、地府、水官、北帝大神、五道大神、司命、司禄、六曹判官等冥道十二神,大量接受道教诸神。此后,道教的星辰信仰与密教混淆习合,衍生了祭祀北辰、北斗的妙见信仰、御灯信仰。

(2)修验道规仪中的道教要素。修验道的开山鼻祖役小角,7世纪末期在道教一度活跃的大和葛城山一带修炼,招收信徒。从镰仓时代到室町时代,以近畿、东北、九州的大峰山、吉野山、羽黑山、月山、英彦山等山岳为灵山的修验道逐渐组织化,开展祈祷、巫术、咒符祈福和镇魂等宗教活动。其入山仪式上的咒文、斋戒、祭祀、辟谷等与《抱朴子》记载入山仪礼相共通,只是道教强调个人入山修炼、采药,修验道突出集团入山,

---

①《国意考》,《大日本思想全集》9,常磐印刷株式会社,1933年,第27、28、16页。

即身成佛。

（3）基于道教三尸说的庚申信仰。在平安时代贵族社会和镰仓、室町武家社会,继续以庚申会的形式被继承下来。其所依据的《老子守庚申求长生经》(《庚申经》),逐渐混入佛教要素,形成《庚申缘起》,成为庚申会的经典。至江户时代,修验道的山伏和密教僧侣将庚申会发展为庚申讲,在各地组成庚申堂,修建庚申塔。①

上述研究说明道教在传入日本的过程中,融入神道、阴阳道、修验道等宗教之中,虽然未构成纯粹的道教宗教团体,但以某种异化的形式,存活于其他教派和教团的日常活动中,对日本的社会生活不无影响。

5. 变异:神道经典中对创世神的描述

在"记纪"中,代替盘古的,是创世神"天之御中主神"②,或者是"开辟之初"最早化为神的"国常立尊"。③ 另外,对于天地、人世间和国土形成的解说,也不尽相同。在中国的创世神话中,盘古死后,"气成风云,声为雷霆,左眼为日,右眼为月,四肢五体为四极,血液为江河,筋脉为地里,肌肉为田土,发髭为星辰,皮毛为草木,齿骨为金石,精髓为珠玉,汗流为雨泽,身之诸虫,因风所感,化为黎甿"④。在"记纪"中,男神伊耶那歧(伊奘诺尊)和女神伊耶那美(伊奘冉尊)结为夫妻,生产了名曰"大八洲国"的国土和海神、水神、木神、山神、土神、火神等 35 尊神,伊耶那歧又在洗左目时,生出太阳神"天照大神",洗右目生出月神,由此确立了与儒学排斥鬼神截然不同的"神国观"。⑤

在连接神世与人世方面,"记纪"的创意在于:编纂者对外来理念加以活用,用"天神观"取代中国儒学的"天命观"。于是,太阳神"天照大神"成为天皇的祖神,"天孙"琼琼杵尊奉"神敕",持镜、玉、剑等"三种神

---

① 增尾伸一郎:《道教在东亚的传播》,第 141—146 页。
② 《古事记》上卷。
③ 《日本书纪·神代上》。
④ 《五运历年记》,《绎史》卷 1。
⑤ 《古事记》上卷。

器",降临九州筑紫国高千穗峰,统治"苇原的中国";再至天孙之孙"神日本磐余彦",渡海东征,进入大和,在辛酉年(公元前 660 年)即天皇位于亩傍山橿原宫,即传说中的第一代天皇神武天皇①,实现从神代到人世间的过渡。

在"记纪",特别是《日本书纪》的编纂中,编纂者援用了中国君臣大义的名分论和劝善惩恶的春秋笔法等修史观,同时,用"万世一系"理念代替五德终始观,编制了自神武天皇肇始的"皇统",刻意宣扬日本"国体"的独特性,与中国"有德者王"的"易姓革命"史观区别明显。可见,道教被古代日本人引进、改造和活用的过程,是日本在吸收"异文化"时,采取了典型的自行选择、为我所用方式的典型范例。

结论

1. 汉唐以来,儒道释三大中国文化元素源源不断地传入日本,但吸收和变异的过程及结果却不尽相同。儒学对日本的国家制度建设、王权巩固和确立伦理道德举足轻重,内化为日本政治文化、社会生活的价值观念和行为准则;道教则浸润皇室至百姓的精神信仰和心灵世界,与儒学相同,在传入过程中未遭到抵制。佛教在传入之初,遭遇排佛派上层贵族集团的抵制,酿成苏我氏与物部氏的政治对决。物部氏失势后,在王权的庇护下,佛教以压倒优势传播开来,镇护国家,传播文化,从总体上提高了日本宗教文化水准。

此外,儒学、佛教在东传日本的过程中轨迹清楚,经典、礼仪、学派或教团构成、寺庙等线索均有据可查,日本受众屡屡引以为豪。相形之下,从观念、经典到规则、法式,道教同样源源不断传入日本,却如同渗入沙漠的水,难以看到清晰的踪迹。大多数日本人对道教的传入讳莫如深,

---

① 《古事记》上卷。

态度暧昧。换言之，道教经典、教理、教仪等虽然可以在神道中寻觅其轨迹，但由于多种因素的综合作用，日本是否存在道教，或者神道是否为中国道教在日本的异化，成了值得探讨却无意作为的难题。其原因，与道教在日本异化后的神道直接连接天皇王权的奥秘，涉及民族意识的核心构成密切相关。换言之，承认道教在日本人皇权和心灵世界的妙用，等于击碎了皇权神秘性与民族自尊的最后底线。于是，抹煞道教的东传，成为唯一的选择。

2. 儒释道等中国文化元素与神道、近代国家神道形成何种互动架构。综上所述，神道在其发展进程中，得到儒释道等中国文化元素的滋养；强调民族主体意识的两部神道、伊势神道、唯一神道、复古神道为近代国家神道提供了基本经典、教义、仪规和道场，一源既出，分流多岐。众所周知，中国儒家重仁义，道家尊道德。孔子不语怪力乱神①，倡克己复礼，主张己所不欲勿施于人，要求弟子"入则孝，出则悌，谨而信，泛爱众而亲仁，行有余力，则以学文"②。老子提倡道法自然，悟道求真至善；庄子主张顺从天道，天人合一、清静无为。道教学理大家魏晋葛洪虽主张道本儒末，但仍以为"欲求仙者，要当以忠孝和顺仁信为本。若德行不修，而但务方术，皆不得长生也"③。同时，葛洪强调祛恶扬善，即"善不在大，恶不在小也"，强调行善积德的重要，即"积善事未满，虽服仙药，亦无益也"。④ 可见，无论是儒学、道教，包括强调普度众生、舍己利他的汉传佛教，均强调劝人为善、和为贵及四海一家的和平、和谐意识。

在神道之"源"的儒释道等中国文化元素中，并不存在近代国家神道为对外侵略扩张导向的内在冲动，与近代化进程中的日本政府之所为格格不入。那么，作为儒释道在日本之流的"神道"乃至国家神道何以会异

---

①《论语·述而》。
②《论语·学而》第一。
③《抱朴子·内篇》卷三，《对俗》。
④《抱朴子·内篇》卷三，《对俗》。

化至此,数典忘祖？其中一个重要原因在于,随着神道的成熟,儒释道等中国传统文化元素已经在吸收过程中发生错位或嬗变,形似而神异,似是而非了。也就是说,中国文化元素在被神道吸纳过程中变了味道。至日本民族文化成熟化的江户时代,国学所倡导的神道独尊、"皇国"独大、排佛斥儒等论调,更是试图以日本文化元素取代中国文化元素,另立一套。

3. 实际上,在中日两国存在着对某些汉字理解上的巨大差异。例如,神道的"神"字即为典型的一里。汉语的"神"字,在日语汉字中记作"迦微"或"神",训读为"かみ"(kami)。复古神道的集大成者本居宣长在《古事传记》的开篇之作《直毗灵》中,对"神"的解释是:"凡称迦微者,以古典中所见的诸神为始,祭祀之神社亦称作御灵;人又云,鸟兽草木之类山海等等,凡具有不同寻常、优秀之德的可怖之物均称为迦微。"所谓"优秀","并非仅指尊贵、善良、有功等优秀者,亦指凶恶者、奇怪者"[1]。在本居看来,"皇国"的神道优秀无比,"既灵又奇,优于外国之道"[2]。其依据,来自日本神道与中国神道在理念上的差异。本居认为,日本的神"仅指其物,与其事其德无关。在汉国,所谓神不仅指物,亦指其事其德"[3]。

本居宣长敏锐地注意到中日两国对"神"的理解,存在"物""事""德"三方面的明显差异。在中国,"神不仅指物,亦指其事其德",三者兼而有之;日本的神"仅指其物,与其事其德无关。"仅具其一。本居说得很坦率,值得就此作进一步思考。中国的儒释道等文化元素均讲究"物""事""德"三者的统一,强调仁义、行善、和顺,并以三者并重的立场看待诸神。日本神道只认"物",忽视对"事"和"德"的关注。此种缺失行为责任与道德规范的认知方式颇具特色,从中不难发现某些日本人心灵世界的隐秘。

---

[1]《直毗灵》,《古事传记》卷一,《本居宣长全集》第九卷,筑摩书房,1968年,第125页。
[2]《直毗灵》,《古事传记》卷一,《本居宣长全集》第九卷,第56页。
[3]《神代一之卷》,《古事传记》卷三,《本居宣长全集》第九卷,第126页。

"国家神道"的宗教性质及其语言结构特点

——读岛薗进的《国家神道与日本人》

王永平①　杨红军②

前言——《国家神道与日本人》引起的问题

在日本,"国家神道"似乎是一个永久争议的话题。之前,著名的日本宗教学学者村上重良对此概念早已作出了论断,它似乎无可非议乃为社会之公论。然而,时隔数年数月都会有一些"新论"重新出现。它好像是在日本人本来已经忘却的、当年"国家神道"所造下的那些创伤上,再加上一把盐,至于日本人是否疼痛与否,则不屑一顾。岛薗进《国家神道与日本人》中的某些新提法就是其中一例。

村上指出,"国家神道是近代天皇制国家编造的国家宗教,在从明治维新到太平洋战争日本战败为止约八十年间,对日本人民进行了精神统治。

"19 世纪后半叶出现的日本这个新的国家宗教,是把神社神道与皇室神道结合起来,以宫廷祭祀为基础,将(伊势)神宫和神社的祭祀拼凑

---

① 日本东洋精神文化研究所所长,北京大学客座教授。
② 洛阳师范学院。

起来而形成的。"①

岛薗针锋相对,他说:"关于国家神道这一概念的具体含义………简而言之,国家神道包含了两个层面的意思:一是把天皇和国家神圣化,用于统合日本国民;二是指和日本人对各种神灵的崇敬结合在一起的神道形态。"②

如此,国家神道在岛薗那里,显然并非宗教,更谈不上是什么国教,它仅是战前的日本人的一种"敬仰模式"。如此一个国家神道的非宗教说,也并非什么"新论",因为过去谓之同样提法比比皆是,岛薗的说法只不过显得更生动一些罢了。他又说:"国家神道,是指把皇室祭祀和以伊势神宫为顶点的神社及神祇信仰放到非常高的位置上,把继承神的系谱的天皇神圣化,保护以天皇为中心的国体并将之发扬光大的信仰和实践的体系。"③

一改村上重良的"被编造的宗教"的国家神道论,岛薗把国家神道变成了一种暧昧的、淡化型的、非宗教的模式。仔细推敲岛薗的这种新型的国家神道论,会发现其重要特点,他永远强调一种自下而上的信仰,即国家神道是来自民众对神、对天皇的幻想、崇敬心情、信仰等,而闭口不谈国家神道向下施行的、对日本人民的精神统治、迫害,以及向外侵略性之扩张等。

岛薗在暗示国家神道的非宗教性质基础的问题上,时而又加以调和,他也暧昧地称它为"类宗教信仰",即像宗教又非宗教,比如儒教。岛薗从此也得出结论,国家神道即是"大家难以自我觉察其为'宗教'。而且,他又说这种'类宗教信仰'中影响力最大的是'国家神道'"。它只不过是在接受学校教育的过程中"习惯了国家神道"。

尽管如此,这还不能称上什么"新论",岛薗的新论则出现在他的《国

---

① 村上重良:『国家神道』,岩波新书,1970 年,序説第 5 頁。
② 島薗進:『国家神道と日本人』,岩波新书,2015 年,はじめに第 2 頁。
③ 同上,第二章第 54 頁。

家神道与日本人》的尾章:"现实生活中有各种各样的政治、宗教、文化团体,还有已经在国民之间广泛流传的天皇崇拜及国体论式的思维方式、心理,受这些支撑,**国家神道在战后一直存续到今天**。"①(旁线——笔者)

岛薗的这个"新论"一经发表,引起日本各学界、各媒体的极大关注,如同当年小泉纯一郎参拜靖国神社一般,大有"一石激起千层浪"之势。对此为之震怒者也不乏其人,学界之震怒者,莫过于大阪大学名誉教授、著名思想史学者子安宣邦。他在他的《困惑的国家神道论——对岛薗进〈国家神道与日本人〉一书批判》的论文中,竟然宣称,岛薗的观点如同"粪食",可见事态之严重程度。

关于国家神道的种种争论、研究文章可以说车载斗量,特别是村上重良等学者的著名著述,以及与此关联的、诸学者的学术论文更是被人熟知。如此般的话题,也非本研究笔墨能所及,不过,笔者仅想换一个角度来看待这个问题,即在考察国家神道的宗教性质的基础上,从语言结构常识方面着手参加讨论,以便以此方法找到国家神道在历史中的准确位置,也使"国家神道"这个近一个世纪之争的话题能画上一个句号。

此外,在本研究的小结中,特以日本的文化背景为前提,对国家神道形成的根本原因及其影响做必要的说明。

有关本研究末节中出现的、以语言结构的表现去把握国家神道概念的论法也并非由笔者独创,日本宗教学学者菱木政晴(1950—   ,同朋大学教授)早就对此有过精湛研究。菱木的理论特点是,他首先从对一些忽视语言结构常识现象的,以及忽视语言结构诸现象的宗教的批判着手,然后,对那些暧昧语言的宗教概念,比如针对国家神道论的"悖论"等,菱木以其宗教学比较法,以及文化人类学之方法等做了各种有力的批判和驳斥。

---

① 岛薗进:『国家神道と日本人』,岩波新書,2015 年,はじめに第 192 頁。

国家神道论的"悖论"的两个相反向命题是,(1)它是宗教,(2)它不是宗教。其论点是,在国家神道产生背景中,首先,明治时期大日本宪法第28条规定国民有信教自由,但政府又宣布"神道教"不为宗教,而且同时又将"神道教"(国家神道)放置于其他宗教之上而并不违背宪法。

菱木在他的"比较宗教学方法"以及"文化人类学"的方法中,用那些已经形成定论的语言结构去解读它们。具体方法,他首先去把握国家神道概念内已包含的、带有宗教性质语意的,如"圣战教义""英灵教义""显彰教义"的概念等。例如"英灵教义"一词,它无疑显示了被祭祀的英灵是"为圣战而死的、则会成为神"等意念,再用其宗教性质方面进行对比,很顺利地证明了国家神道即是地地道道的宗教。

本研究所采取的语言结构的考察方法,与菱木的方法略为不同。本研究主要依照宗教历史名词、命题的"特殊性"意义上的"一次性"表现性质等,去证明宗教历史名词、命题的不能还原性。比如岛薗主张的"国家神道在战后一直存续到今天"的命题,无论去如何还原它,它决非"从明治维新到太平洋战争日本战败为止约八十年间"国家神道的本来意义的概念。在此基础上,进一步根据"特殊性"与"普遍性"的原理,去解明多元体性的"国家神道"概念的、"特殊性"的各个特点的本质所在。

1. 国家神道的宗教政策措施

大教宣布诏书与国家神道义务　明治3年(1870年2月3日)所下达的大教宣布诏书可谓地道的宗教性文件。因为它明确地表明了天皇被升格为神、神道教被升为国教、确立了祭政一致等项政策。从此以后,它与藩的儒教,以及佛教、基督教的对立化逐渐升级,国民的尊皇、遵从国家神道等也均成为义务。

在大教宣布诏书下达之前,明治元年(1868)下达的"神佛判然令"则成了大教宣布诏书下达的前奏。"神佛判然令"即"神佛分离令",它是1868年明治政府为实现"王政复古""祭政一致",所采取的神道国教化(国家神道)的方针。最初设想只是神佛分离,然而"神佛判然令"一经下达,一发不可收拾,全国上下掀起了"废佛毁释",全国各地寺院及拜佛道具也均遭破坏,加之,地方神官与国学者之煽动,"腐败不堪"的佛教一时大有被"破门"之势。

神道国教化的形成有一个较长的过程。佛教初传入日本时,虽遭神道教信徒反对,但仍获有大陆渡来之苏我氏等氏族的支持。反对佛教拥护神道教的则是本土氏族,即物部氏和中臣氏等。由于佛教僧侣拥有大陆先进知识,天皇也因此而转向支持佛教,一时神道教大有失势之势。8世纪末,佛教僧权力的亢进愈加明显,天皇又进而转向制止佛教势力,神道教再度得势,两种宗教势力互相混合,互相竞争,至明治时期,两宗教百姓信仰显于平衡,佛教寺院和神道教的神社两者也浑然而立。与此不同之处,供奉天皇的祖先的伊势神宫则属古神社。论其起因,在江户时代末期,国学派神道理论家已经宣称,其两者不能相混。明治初年,"废佛毁释"兴起时,神道教成为国家的宗教。尽管明治政府承认信教的自由,但崇拜神道教已成为日本国民的义务,成了统治国民之手段,此即为"国家神道"。

所谓国学派神道理论家,指复古神道理论家。德川后期,由荷田春满发起,中经贺茂真渊、本居宣长,至平田笃胤逐渐形成复古神道。他们依据《古事记》《日本书纪》等日本古代典籍阐明神道教义,反对神道教依附儒、佛理论。但为使复古神道理论理想化,复古神道也采纳某些儒释道教义,甚至基督教的理论,进一步解释神道教义,充当神道教祭祀礼仪及其祝词。他们鼓吹以日本为中心,重新建立以神道教为统治思想的世界秩序。

国学派复古神道理论家,按照津田左右吉考察,他们的初衷并非有意推翻幕府之嫌,"德川时代的神道家或是国学者,曾经以美好的语言,赞美过德川家族,也在理论上肯定、支持过幕府政治的存在,认为是神道的实现"。[1] 按照津田左右吉的说法,在幕府政治动摇、人心浮动、政治开始崩坏之下,其中一部分复古神道者便与倒幕潮流融合,"可见是世情人心的动摇使得国学者改变了态度"。[2] 也正是因其国学者态度之改变,而能够被政府利用,其后,被利用的"复古神道",一方面完成了"大政奉还",推翻了幕府,另一方面则助成了一神教的国家神道的确立,同时也为日后留下了后患。

维新政府成立后,政府内部变革思想势力逐渐壮大,"表现为王政复古思想的一个侧面","形成于德川时代的思想上的神道说,便认为得到了实现其理想的机会。其中最主要的,是水户派的神道说和平田笃胤的门徒们,二者的结合,构成了维新政府的神道政策"。[3] 于是,维新政府的神道政策,也即国家神道政策便逐渐得到确立与巩固。

按照津田左右吉,初期的明治政府在水户学平田派之国学思想的影响下,极度推行维新之宣传政策(祭政一致,政教一致),设置宣教师、教导师等,神祇官一时置于太政官之上。由此,以推行王政复古、神武创业为基本精神的大教宣布诏书终于被发布。

由于大教宣布诏书推行"惟神之大道"教化之思想,国民的教育政策则成为:奉神道(国家神道)为国教、尊天皇为神等皆为义务。进而,为神而进行的扩张侵略战争也变成了"义务",最终导致了以完成"神之国"使命,去"指导""保护"亚洲,以及施行对世界"圣战"之义务。"惟神之大道"教化思想的宣传和具体施行则是由宣教师等去执行。

面对国家神道的这种十足的、对外扩张的宗教性质,岛薗的《国家神道与日本人》则不去正视,相反,而是去极力淡化国家神道的宗教性质,或不承认其为宗教。如同上述,国家神道在岛薗那里,它只不过是一种

---

[1] 津田左右吉：『日本の神道』,岩波书店,1964 年,第 274 頁。
[2] 同上。
[3] 同上。

自下而上的、来自国民对天皇的崇拜,或是来自对日本诸神的崇拜心,是一种"对以天皇为中心的国体的维持"等。

"神社合祀令"与靖国神社　明治元年(1868)的"神佛判然令",以及明治3年(1870)的"大教宣布诏书"之后,明治39年(1906)年又颁布了"神社合祀令"。

所谓"神社合祀令",即"神社整理"。它是国家神道支配下、维护国家神道权威、紧缩财政、整顿神社的政策。"神社合祀令"自1906年颁布到1914年间,全国二十万神社中的七万社遭破坏,其中三重县受害最大,总神社数的百分之九十被毁灭。一方面,全国上下、怨声载道,尤其是南方,敬神思想减弱、人情变得淡薄,民众之间的友好气氛一时被冷却、传统史迹失传现象也相继发生。但是,另一方面,政府的财政得以紧缩,天皇集权制得以巩固。接下来,它有力地促成了天皇政府的神社创建。

天皇制支配下的神社创建,其基本目的是为进一步加强天皇崇拜制度、体现国家权力。其宗旨,它是以国家神道思想为基准,对以伊势神宫为首的那些神社的内容和结构进行本质的、人为的改造。其结果是:"从明治维新到太平洋战争失败约八十年间,神社神道增添了不符合历史传统的、新的因素。"①

所创建神社的数目尽管不算多,但其权利甚大。它们分别由四个体系构成。(1)为近代天皇制国家而战死者的祭祀的神社(靖国神社、招魂社、护国神社);(2)南北朝时代的南朝"忠臣"祭祀的神社(凑川神社、阿部野神社等);(3)天皇、皇祖祭祀的神社(橿原神宫、平安神宫、明治神宫);(4)殖民地、占领地所创建的神社(朝鲜神宫、建国神庙,朝南神社等)。

关于靖国神社,它的创建不仅使亚洲人怨声载道,也使日本国民伤

----

① 村上重良:『国家神道』,岩波新書,1970年,第148頁。

透了脑筋。因为,在国家神道思想指导下所创建的靖国神社,它从根本上违反了日本民族传统上祭祀活动的意义。

按照《古事记》,神道有两处发源地,一处是为祭祀祖先神即天照大神的伊势神宫,另一处是祭祀大国主命的出云大社。由于大国主命在权力争斗中被天照大神子孙所灭,传统日本神道因此既是祭拜祖宗,也去祭祀被灭掉的敌人。相比之下,日本人更重视对后者的祭祀。依照神道传统思想,对于死在自己手中的敌人,若不诚心祭祀,就会变为冤魂,而成为冤魂的野鬼,就会出来作祟添乱。为了使冤魂安息,须安排更好的神社加以祭奠。因此,在规模上,祭祀战败者的出云大社要大于伊势神宫。

历史上,日本在祭祀自己敌人的事例上可以说比比皆是。13世纪日本人为祭祀战死的中国元兵,曾修建过寺庙;16世纪丰臣秀吉也为祭祀战亡的朝鲜人,特意在京都修建耳冢等。所以,正宗的传统日本神道,则是去镇那些被自己杀死的人的冤魂。如果按此宗教传统,今天在靖国神社中被供奉的,有人推算,它恰恰应该是3 500万死于日本侵略战争的中国人、朝鲜人和东南亚人的冤魂。但与此相反,现在被祭祀的却是杀死这1 000万人的元凶。这种祭祀它只能扩张军国主义,正如村上所言,"靖国神社供奉阵亡的护国英灵,蒙受天皇参拜的'殊遇',每当战争,国民之间推行崇拜天皇和军国主义方面起到绝大的作用"。[1]

因此,村上又称,"靖国神社对已在国民的宗教意识中扎根的慰灵传统有了本质的改变"。[2] 针对一个如此与日本传统背道而驰的靖国神社的祭祀,岛薗竟然漫不经心地说,大家都会遥拜伊势神宫和皇宫,前往靖国神社和明治神宫参拜,向天皇的圣象和教育敕语低头行礼。岛薗还强调说,这即是所谓的国家神道,在这一时期,可以说大多数日本人都在接

---

[1] 村上重良:『国家神道』,岩波新書,1970 年,第 151 頁。
[2] 同上。

受学校教育的过程中习惯了国家神道。

国家神道的天皇制祭祀 日本的天皇祭祀制度的存在,可以说它是一神教国家神道的形成的重大原因。因为天皇在祭祀时,扮演着双重身份,既是"人"又是"神",祭祀合一。为此,村上在《天皇的祭祀》一书中曾敲响了警钟:"天皇祭祀的存续,它是天皇制的复活、国家神道复活的终极的思想根源。"①

日本的天皇比起霸主的中国皇帝,比如隋朝、唐朝皇帝等有所不同,日本天皇乃是祭祀王。日本最早的祭祀王卑弥呼出现于公元3世纪。据《魏志》记载,"(卑弥呼)事鬼神道,能以妖惑众"。日本的记纪神话(《古事记》《日本书纪》)将《魏志》(倭人传)加以创造:"(卑弥呼)乃神功皇后,特扮演巫女以来传达神的语言"。《日本书纪》中记载得更加详细:(祭祀时)"皇后(卑弥呼)择定吉日,入斋宫,以神主自定"。因此,日本的祭祀王一开始便是女帝,日本皇室共诞生8位女天皇,可以说与祭祀王的卑弥呼不无其因。

推古天皇三代之后孝德天皇之时,根据《日本书纪》记载,有一天,苏我石川麻吕向天皇奏谏:"要先祭祀神祇,然后再理朝事。"可见,天皇之第一重要事乃是祭祀。这些祭祀中最重要的是大尝祭,指以新谷祀天照大神为首之众神的大尝祭。它是日本天皇登基的祭祀,一代天皇只有一次。所谓祭祀王,乃指天皇必须实行登基的大尝祭,如果不祭,天皇则只能是半个帝王。(参照《帝王编年记》)按祭祀之规定,它必须用"主基"和"悠基"两神圣斋田的初穗来制作神馔,用作祭祀皇祖神为首的天地神祇,象征神统治国家的天皇已得到众神的认可。作为天皇登基祭的大尝祭,其规模与程序在平安时代已经定型,中世曾中断200余年后,到江户时代第113代东山天皇再开举行。

关于古代天皇制的起源,村上在《天皇的祭祀》一书中作了详细的阐

---

① 村上重良:『天皇の祭祀』,岩波新書,1977 年,序説第Ⅲ頁。

述。古代祭祀王的天皇,起始是新尝祭的稻穗祭祀的祭祀王,而后经转变成为大尝祭的祭祀王。12世纪末,近世天皇制时期,为了适应其封建制度需要,古代天皇制祭祀的特点仍然被保留。到了15世纪后半叶,祭祀王的权利逐渐缩小,它仅限于皇室范围以内。17世纪末,根据江户幕府政策改变,天皇祭祀再次复兴。

　　随着幕末维新政治斗争蜂起,倒幕王政实现,以及近代天皇制中央集权国家的成立,天皇祭祀的神格化一时登峰造极,这种祭祀形式最终导致了日本近代的"一神教"的国家神道。在明治天皇的大尝祭中,天皇则作为"现人神"出现,集国家、军事、宗教权利为一身。村上指出,"根据大日本帝国所制定的宪法,历史传统上的、属性为人间的祭祀王的天皇,变为了一神教的现人神"①。

　　面对作为国家神道思想根源的天皇祭祀,岛薗则极力避免其宗教性质的叙述,在他的国家神道论中,当涉及"人"与"神"融为"一体"之祭祀的"现人神"时,则引用新田均的观点,借而用之,重复了新田的说法,即祭祀中的天皇的"现人神"仅仅是一种信仰的"幻想"而已。

2. 国家神道的宗教思想

国家神道的神国史观　论起日本神国史观,须从日本人的崇神思想谈起。日本人之崇神,它主要指对天照大神的崇敬。被奉为日本天皇始祖的天照大神(天照大神(《日本书纪》)或称天照大御神(《古事记》)、照坐皇大御神、大日孁贵,是日本神话中高天原的统治者与太阳神。"万世一系"论则是由天照大神崇拜论演化而来。

　　根据记纪神话的记载,当天照大神来到高天原,开始传授开垦、养蚕、织布术,因治理得方,使诸神都能过着安逸和平的生活。后来,天照

---

① 村上重良『天皇の祭祀』,岩波新書,1977年,序説第Ⅱ頁。

大神派天孙琼琼杵尊等去掌管苇原中国(即日本国)(所谓天孙降临神话)。从此以后,天照大神的子孙就一直治理日本。因此,日本天皇被称为天照大神万世一系之神裔。

按照《古事记》的记述,祭祀祖先神即祭祀天照大神,祭祀地是伊势神宫,以八咫镜为神体。关于天照大神出身,《日本书纪》与《古事记》记载各不相同。据《日本书纪》,男神伊耶那岐与女神伊耶那美(日本神话传说中,在大地还未成形,如油脂漂浮不定时代,日本神世七代里面最晚生成的一对神就是男神伊耶那岐与女神伊耶那美)他们正式结婚生下了天照大神。但《古事记》的记载则是,从黄泉国回来的伊耶那岐,在日向国的橘小户阿波岐原洗刷污秽时,洗刷左眼时生出一女神,出生时光辉耀天照地,故送名天照大神,送她八坂琼曲玉,并命其司理高天原(诸神所居之处)。然后,伊耶那岐的右眼生出了月读,又用他的鼻子生出了须佐之男。此所谓日本神话三贵子的传说。

上述天孙琼琼杵尊之曾孙磐余彦则为日本初代天皇"神武天皇",自神武天皇开始到现在的日本天皇王室皆无变更,此乃所谓万世一系国体论。在国家神道论中依这些神话为根据,形成了日本神国史观。正是这种神国史观所表现的"万世一系"国体论思想,它成为国家神道宗教思想的根源之一。"皇祖天照大神肇造治国",日本被称作"贯古今而不易,万邦无与伦比之国体"。1889年所颁布帝国宪法明文规定,超宗教的国家神道之祭祀乃置于佛、儒、基督之上。

国家神道的神国史观在日本近代之早期,它已逐渐开始形成。明治前就有什么所谓神话的"科学证明"法被抛出,即以科学来证明日本神话的"科学性"。比如,明治前的佐藤信渊(1769—1850)早期就在日本神话的"科学性"上做文章。他试图以他自己的"科学"方法来说明日本神国史观的可靠性。他力图去证明所谓"太初产灵大神搅拌而生的一元气"之"科学性"。按照佐藤,"记纪"神话中所记载的、在伊耶那岐和伊耶那美二神用天矛搅动海水后,而由矛滴下的海水即形成了岛屿,再根据其

"科学证明",又声称它象征了神如何创生了世界。

佐藤信渊的"科学"方法,毫无疑问,他志在证实一个问题,即作为日本祖神后裔的天皇"皇祚连绵无穷,与天地共悠久,是万国的根本"存在的合理性。最终,佐藤的"科学证明"方法竟然成了国家神道向外扩张的依据,他制定的侵略中国先侵略中国东北的计划,日后也被日本政府采纳。

而岛薗的国家神道论不去谈国家神道的神国史观的宗教成分,以及其扩张侵略的行径,他总是停留在日本神话引发的、"万世一系"传统的信仰部分上做文章。岛薗指出,国家神道乃是天皇国家神圣化思想,以及国民对神的敬仰形态;"战前绝大多数日本人均生活在国家神道的影响之下,也习惯了这些敬仰模式"。①

国家神道的天皇家族国家观 日本近代以来,把"爱国心"教育与学校德育中的修身教育密切结合。1872 年,明治政府颁布《学制》,设立修身科,开展国民教化运动。1880 年,文部省颁布《改正教育令》,修身科正式置于各科之首位。

1890 年《教育敕语》的颁布,标志修身教育方针确立。此后,无论节日、聚会、庆祝典礼,学生都要向印有天皇和皇后照片的"御真影"鞠躬行礼,高呼万岁,奉读敕语。学生每天要背诵《教育敕语》,稍有懈怠,便被以"不敬罪"论处。弹压内村鉴三拒绝向教育敕语行礼的、所谓"不敬事件"就是其中的一例。

那么,如此一个神乎其神的《教育敕语》,其天皇制主义教育思想的根本目的究竟何在?

岛薗在他的《国家神道与日本人》第一章中说:"《教育敕语》中间部分内容是臣民必须遵守的道德规定,开头和结尾部分则是天皇和臣民神圣一体性的由来及臣民的神圣义务。在国家神道框架内,要求臣民遵守

---

① 岛薗进:『国家神道と日本人』,岩波新書,2015 年,はじめに第 2 頁。

的这些道德规定与儒教的德目相对应,在某种意义上是具有普遍意义的道德规范。"①

然而,事实并非像岛薗所说的那样简单。在《教育敕语》公布之前,元田永孚的《教学大旨》(1879 年)也突然对仁义忠孝大放厥词:"教育之要,在于明仁义忠孝","徒以洋风是竞,恐将招至不明君臣父子之大义亦不可测"。

这种突如其来的、一下子重视儒教的忠孝思想,不免使人莫名其妙。儒学思想,早在平安时代已经传入日本,高潮时期应该是江户时代阳明学派的"全孝心法",也曾从未有过来自天皇亲授的、宣讲孝德的诏书之事。幕府末之复古神道,尽管利用儒学思想,但实际上也只是讲究国粹,排儒而用之。

《教育敕语》的公布是在甲午战争之前四年,1890 年由内阁总理山县有朋策划,再经天皇之口发表。为打赢甲午战争,山县有朋明言"不可欠缺的第一是军备,第二就是教育"。《教育敕语》的目的,这时才昭然若揭,其根本目的只不过使教育变为一种宗教而服务于日本的对外扩张政策而已。

昭和年间,《教育敕语》变得越发绝对化与神圣化。学生不仅被强制去背诵它,学校也必须兴建特别的奉安殿去安置《教育敕语》。1938 年日本通过《国家总动员法》后,《教育敕语》明显成了军国主义的教典。

因此,不难看出《教育敕语》中的"忠孝",是"忠于天皇""忠于神国日本"的宗教思想,而决非岛薗所言的,它仅仅是简单地"要求臣民遵守的这些道德规定与儒教的德目相对应""普遍意义的道德规范"等。村上称《教育敕语》为"国家神道的教典",就在于它体现了国家神道的天皇家族国家观,以及它包含的思想是"基于儒教的封建的忠诚观念

---

① 島薗進:『国家神道と日本人』,岩波新書,2015 年,第 36—37 頁。

与扎根于日本人宗教传统的崇拜祖先观念的结合"。[1] 它更不是像岛薗所言,《教育敕语》只是孩子们的"修身课",它是典型的宗教性产物,比如,在特别的奉安殿放置的《教育敕语》若万一闪失,或被火灾所毁等,校长必须要去"自裁"。《教育敕语》的"神圣"程度,使基督教的"圣经"所不能及,它难道仅仅还是"修身课"?

国家神道的日本主义思想　日本主义,是基于日本的神国史观的宗教思想。它集中表现于"八纮一宇"说。"八纮"出于《列子·汤问》:"八纮九野之水,天汉之流,莫不注之,而无增无减焉。"它经日莲主义者田中智学改造,以"八纮一宇"所示"道义上的世界统一",首次出现在 1915 年《国柱新闻》的《神武天皇的建国》文章中。

根据《日本书纪》第三卷,神武天皇在即位前曾下达的"掩八纮而为宇"诏书中,记载过所谓"完成征服世间的四面八方,置诸民族于一个屋顶之下"的使命,"日本是神国"等。因此,"日本民族是世界上最优秀的民族",全世界要以日本为核心合并成一个大民族,也即世界一家的大国家,日本天皇则为世界最高君主,也是世界统一宗教的"教主"。此乃八纮一宇的宗教主义狂想。

1940 年,日本发动太平洋战争的前一年,也是日本神话传说中的神武天皇登基 2600 周年纪念日。日本举国庆祝,并进行全民总动员,修建"八纮一宇塔",借宣传神武天皇的神话,将国家神道的日本主义思想发展到顶峰。"八纮一宇"成为日本主义向外扩张的格言。国家神道通过各地神社、神宫极力宣传其对外扩张思想,称之谓"普及天照大神之圣德"之"圣战",侵略兵则为之"神兵",战死兵乃为"军神"等。

1869 年,明治天皇发布御笔信,"开拓万里波涛,宣布国威于四方",解放贫穷的东亚人民。日本政府在"东方会议"(1927 年 6 月东京)上,特别讨论了日本的侵华方针。内阁总理田中义一给天皇拟稿秘密奏折:

---

[1] 村上重良:『国家神道』,岩波新書,1970 年,第 113 頁。

"惟欲征服支那,必先征服满蒙,欲征服世界,必先征服支那。支那完全被我国征服,其他为小亚细亚及印度南洋等异服之民族,必畏我而降于我,使世界知东亚为日本之东亚,永不敢向我侵犯,此乃明治大帝之遗策,是亦我帝国存亡上必要之事也",此乃赤裸裸的"八纮一宇"的日本主义之狂想。

鼓动八纮一宇理论的、日本军国主义者北一辉竟在《国家改造大纲》中狂妄声称日本乃是统治世界的强大国家。他说,"东方和西方的历史,不外是封建国家经过一个时代的内战后取得统一的记录。唯一可能的国际和平,是经过这个时代的国际战争后取得的封建式的和平。这种和平将由于出现一个可以统治世界各国的强大国家而实现"。

1940 年(昭和 15 年)7 月 26 日,"八纮一宇",这个作为侵略战争的精神指导根本方针、对外扩张的"格言"被写进了《基本国策纲要》之中(第二次近卫内阁在 1940 年[昭和 15 年]7 月 26 日制定)。也因此,日本投降后它在各种官方文件中一律被禁止使用。

所以岛薗避开了"八纮一宇"的日本主义的、向外扩张的一面。在他的《国家神道与日本人》第二章中,附和了新田均的《"现人神""国家神道"的幻想》书中的关于"八纮一宇"观点。他主张说,"'现人神''八纮一宇'的观念明治以来并非一直存在着",还说,在"'现人神''八纮一宇'出现之前,日本就已经有很多'尊皇'的方式。"意指尊皇不等于"八纮一宇"。按照岛薗,还有其他多种崇仰天皇的方式,不必重唱"八纮一宇""现人神"等这些"旧词"。岛薗和新田的这种说法无非是想要"绕过"追究战争责任的问题而已。这些对于岛薗最有效的方法当然是,第一要谈崇皇的形式多样性,第二则是谈这种敬仰永远是自下而上的。至于已臭名昭著的、国家神道所宣传的、被写在《基本国策纲要》的"八纮一宇"则更不能提,否则,它一定会引发追究战争责任的问题,也一定会追到世界统一宗教的"教主"日本天皇那里,这对于岛薗等人来说当然永远是一个"禁区"。

3. "国家神道"概念的语言结构特点

以上,我们讨论了国家神道的宗教政策措施以及其宗教思想,但是,如果要想从根本上消除那些历史名词、命题给我们带来的错觉、误会,仅仅依靠以上的说明还远远不足。针对这个长期纠缠不清的、暧昧的"国家神道"概念,我们必须从其语言逻辑常识和其哲学原理上作进一步的解释。

首先,欲弄清"国家神道"概念的语言结构,必弄清"普遍性"与"特殊性"的哲学原理。我们知道,老子《道德经》所言"道可道,非常道"中的第一个"道"字与第三个"道"字,乃谓之普遍性意义上的"道",而第二个"可道"的"道"字,可谓动词,则为特殊性意义上的"道"。比如"茶道""书道"等,它们谓之"道"的一种,已经脱离了"常道",而谓之特殊的"道"。

"名可名,非常名"皆同。第一个与第三个"名"字的意义相同,乃指普遍性意义上的"名"。若"可名",则变为特殊之"名",比如"对天皇主义的'信仰'""对天照大神的'信仰'"已经脱离了普遍性意义的"信仰"。

而这些脱离"常道""常名"的"特殊性"的事物,它们恰恰又是由多元体性的要素所组成。比如特殊性概念的国家神道,它由多种要素所组成。即,国家神道是八十年间支配日本人精神的工具,它是向外战争扩张的机器,它是日本人对天皇、诸神的信仰模式……

关于岛薗所说的国家神道的定义,尽管它不准确,但也并非与国家神道概念完全沾不到边,因为岛薗所说的内容,它总之包含了其中的一个要素,但它又决非国家神道概念的全部意义。换言之,它无外乎是这些要素的其中之一而已,如岛薗所说,国家神道是一种对天皇、一种对各种神灵的敬仰模式。它如同我们说苏格拉底(Socrates)的定义时说"苏格拉底是一位男人"的说法一样不充分。或者我们说"苏格拉底是一位希腊人",也都不全面,因为苏格拉底的定义是由多种要素所组成,它包括"苏格拉底是一位早期的希腊的天赋人权哲学家、一位勇敢的希腊公民、一位哲学幽默大师"等诸要素。

其次,我们从《老子》"特殊性"原理中可进一步导出另一个重要原理,即"凡世界上两件事情不可能完全相同",正如德国哲学家莱布尼茨留下的名言"世界上没有完全相同的两片树叶"。①

由于世界万物中两件事情不能完全重复,我们也可以理解莱布尼茨的原理为事物的"一次性"表现的原理,如同一个画家,无论其技艺如何精湛,他们都不可能画出两幅完全一样的作品。

作为历史命题,它们被"一次性"时空的限制性更是一目了然,它决非能够完全还原和完全复制。其他所有名词皆是如此,比如"纳粹冲锋队""9·18事变"等概念。所以,如果说岛薗的"国家神道在战后一直存续到今天"的命题成立的话,它如同说凯撒时代的"古罗马大帝国",希特勒的"纳粹冲锋队"一直存续到今天一样荒唐可笑。

我们知道,1945年日本战败后,美国驻日盟军总司令发布了《神道指令》,国家神道随即也已经被解体。因此,无论现在怎样去议论国家神道的概念,它只能是明治以来八十年间的、支配日本人精神的那个"一次性"出现的国家神道概念。

"一次性"表现的、制限性的历史命题既然如此,在辨别它时,为什么一些人往往还会陷入迷惘,误入歧途?比如上述的、在辨别表现"一次性"性质的国家神道的概念时岛薗等所误入的歧途。

维特根施坦(L. Wittgenstein)为我们指明了这种弊病的根源所在,并告诉我们如何去弄清一个单词或者一个命题的真实意义。他说,在我们判断一个词或命题时,"不要去想,而是要去看"②。

岛薗判断一个命题的方法恰恰是犯了维特根施坦所指责的弊病,因

---

① 参照"莱布尼茨与苏菲 C. U. H. Sophie 对话"1679 年。
② 维特根施坦(L. Wittgenstein)著,李步楼译:《哲学研究》第 66 段,商务印书馆,1991 年。

为他总是在"想"一个命题,而不是去"看"。按照岛薗,由于受着国民中的天皇崇敬思想及国体论心理支撑,"国家神道在战后一直存续到今天"。这种方法正是被维特根施坦批判过的、典型的"想"的方法。"想"一个命题的判断法,它只能导致你错误地走向主观主义的误区。因为,无论你怎样去"想"着"国家神道在战后一直存续到今天"存在,它已经失去了该命题在当时被用时的背景,在现实中它也被《神道指令》解体,已经不复存在,它是一个无意义的命题。

所谓对一个命题要去"看",按照维特根施坦,如上述,它是观察这个词,这个命题在其特殊的、该命题发生时的背景和状况中如何被使用。反之,则是由人为的"想象"而杜撰出来的命题,而非本意义上的命题。

其他的概念、命题皆是如此。比如"卢沟桥事变",我们"观察""卢沟桥事变"的概念时,知道它被使用过的背景是,1937 年 7 月 7 日,日本打响了全面侵华的第一枪。这个概念永远不能与它被使用时的环境分开,换言之,它已经被这个时空、内容的环境锁定,即使你怎样主观想象在卢沟桥发生一个其他什么事件,比如,假如在卢沟桥上发生一场恐怖事件,或者其他事件等,皆不能称其为"卢沟桥事变"。

小结

1. 日本人的深层宗教心理

依照上述,无论从历史现实中去证实,或是从语言结构常识上去分析,"国家神道在战后一直存续到今天"都是一个伪命题。因为,岛薗所说的现在存续的"国家神道"并非其本意上的国家神道概念。那么,岛薗为什么还要提出?这好像必定有它一定的社会基础。即使岛薗不提出这样的问题,在日本,类似这样的命题再被人提出的可能,我们认为它并不是不存在。那么,其原因,或者说其社会基础又是什么呢?

如果我们再回到维特根施坦的理论,问题似乎容易被弄明白。如前述,按照维特根施坦,当人们去识别一个命题时,往往由于对一个命题首先总是容易陷入一种"想像",才会陷入错误。而且,不同背景的人、不同民族习惯的人,由于其心理倾向的不同其想象也会有所不同。比如日本人"想象"的倾向性与德国人"想象"的倾向性就大为不同。德国人对其战争的侵略行为总是直言不讳,公开谢罪,而日本人却总是躲躲闪闪,拐弯抹角,极力去"掩盖"一些丑恶的心理意识。日本人总是容易陷入那些能够"掩盖"罪恶感的命题,像我们谈到的,如"日本没有发动过侵略战争""国家神道在战后一直存续到今天"的命题的想像之中。

为什么?日本人难道就是一个完全不愿认错的民族吗?这个回答好像也不能完全说服人。

你如果到过日本,会发现无论是男女老少,他(她)们都彬彬有礼,循规蹈矩,他(她)们施行礼仪程度似乎连礼仪之邦之中国也都望尘莫及。他们每天说"抱歉"的次数比美国人都要多,因为日本人感谢你的时候也都在说"抱歉"。但是,偏偏对于侵略中国这件事的"抱歉"却难以启口。这是为什么?也有人说日本人不愿让天皇承担战争责任,而特地要绕过这个被批判的"禁区"。这个提法不全无其道理,但仍然并未击中日本人宗教心理意识的深层。我们认为,正是日本人的一种独特的宗教意识,它才是岛薗的命题("国家神道在战后一直存续到今天")之所以能够存在的重要的社会基础。

日本记纪神话(《日本书纪》《古事记》)与中国神话相比,不尽相同。比如,当我们叙说太上老君时,乃为神话传说中之人物,或说老子是被神格化的,或许很少人认为神话完全是事实。而日本神话中的"天照大神",对于日本人,似乎她就是真实存在的神,尤其是在日本的近代以后,它更加如此。某种意义上,日本的记纪神话就是日本的历史。比如我们前节提到的,关于佐藤信渊对待日本神话的"科学证明"法就是一例。佐藤曾经以科学来说明伊耶那岐和伊耶那美二神的"神力",以此来制定现实中的"征服"世界计划,以二神的天矛搅动海水的神话等,竟然还真有人相信。

《古事记》中能够对日本人意识的形成产生巨大影响的,莫过于须佐之男"大闹天宫"的一段神话。根据《古事记》记载,须佐之男与姐姐天照大神在一次打赌中胜出时,骄心横起,肆无忌惮。须佐之男在高天原随意作乱,破坏田地,并在宫殿中大小便。尽管众神愤慨万分,但天照大神对自己的弟弟则一味放任。最难饶恕的恶作剧,则是须佐之男将马皮制品丢进织女的窗户中,而使织女神受到惊吓,一不留神阴部撞上了丝织机而遭死亡一事。

在众神愤怒之下,天照大神躲藏进了天之岩户洞。顿时天界与人界一片漆黑,诸路凶神借机四起,各种灾难连绵发生。接下去乃是八百万众神如何商量对策,将天照大神骗出山洞,重见光明的故事。

这里,天照大神宁愿自己永远躲进山洞,也不愿斥责弟弟须佐之男的恶作行为的意识,她愿撒谎也不愿证实弟弟的"恶行"、不愿去"伤害"弟弟,相反,天照大神把弟弟须佐之男的"恶行"美化为"善意"。正是天照大神所造下的这种深层的"情结",它深远地影响了整个日本的民族意识。

这段神话,被记载在《古事记》第 15 回"天照大御神与须佐之男命"中。当姐姐天照大神看到弟弟须佐之男在殿堂中的粪便时,她说,"非粪便也,此乃我弟酒醉吐槽之物,更非弟弟之恶意";甚至须佐之男破坏田埂,掩埋水沟一事,天照大神仍说,"它乃弟弟惟恐地面不平,而善意所做也"。由于姐姐的这种指黑为白的祖护,使得须佐之男的恶行不仅没有被制止,反而变本加厉。这才造成上述的织布神女惨死在须佐之男之手的结果。这段神话故事,它无疑对形成日本人不具备"罪恶感"的心理意识施加了重大的影响。

这段神话中所寓意的善与恶中,一方,天照大神代表着慈悲,另一方,须佐之男则代表着罪恶、暴力。天照大神的慈悲达致极端时,与其说是其丧失理性、是非不分,不如说她故意地以"赦"来对待"罪"。在《古事记》的这种善与恶的逻辑中,我们会看到,须佐之男的"罪"越是被天照大神的"赦"怂恿,须佐之男的"罪"就越发不可收拾,他也越加意识不到自己的"罪恶感"。

这种姐弟之间的"情结",它深深地蕴藏在日本文化之中,无论在日本小说或是日本的电影、文艺作品中皆可察觉得到。不可思议的是,大多数日本人的现实生活也都与这些艺术作品中的"情结"一模一样。他(她)们也都在这种"情结"中扮演着各自不同角色。比如,大多数日本男性都喜欢与比自己年长的女性恋爱、结婚。婚后的日本妻子,她们视自己丈夫如同自己的"弟弟须佐之男",自己则扮演天照大神,以无限宽赦的态度来对待自己的"弟弟",即使他犯下了滔天大罪。比如,一方面,即使丈夫在外面如何"红颜外遇",甚至杀人放火,妻子也总是以"赦"代替"罚"。另一方面,丈夫也会在这种"赦"中得到一定"满足",进而再去作恶。在这种"赦"之下,"罪恶感"就会被忘却,或者说,一开始"弟弟"就不具备这种"罪恶感"。

日本人的这种不具备"罪恶感"的意识,使他们意识不到自己侵略战争的行为,他们所能意识到的只是"天照大神"的"溺爱"。

2. 日本为什么会失败

1945 年日本战败,日本在形式上国家好像还存在,但它已经沦为"被保护国",试问,一个被日美安保条约所锁定的国家,你怎样去想像它的独立性?

日本为什么会遭此失败? 欲弄清此问题,必须首先弄清古代东、西方的两个大国——中国和罗马帝国。两个大国虽然一同崛起,结果却一存一亡。为什么? 答案十分简单。中国历史上只因没有出现过一神教,所以存在了下来,罗马帝国引进了一神教,所以灭亡了。众所周知,公元313 年,当君士坦丁宣布米兰赦令,引入一神教基督进入罗马的一刻起,罗马帝国已经注定了其灭亡的命运。

明治政府编造了一神教国家神道,同样也导致了日本的灭亡。日本历史上,每当神道教与佛、儒和睦相处之时,不说它风调雨顺,也相安无事。然而随着一神教的国家神道登场,日本国内,"废佛毁释"运动、两次迫害大本教事件、惩处"不敬罪"相继发生。对外,发动侵略朝鲜、侵略中国战争,偷袭珍珠港等,这一连串"一神教"的恶行,它如同被施加上了一种惯性,再也停不下来,没有其他宗教、其他势力去与它抗衡,去使它停止,直至国家灭亡。

中国历史上的各个朝代中,尽管对儒、释、道偏颇有所不同,但它们一直相辅相成,共同发展。"儒道互补",是促进中国文化发展的最好写照。按照冯友兰所论,中国在三四世纪时,有些道家的人试图使道家更加接近儒家,即魏晋玄学派的儒家;在十一、十二世纪也有些儒家的人试图使儒家更加接近道家,这里的道家则是指那些宋明道家。冯友兰把这些道家的人称为新道家,把这些儒家的人称为新儒家。因此,新儒家、新道家的诞生标志着儒道互补理论的合理性。

佛教自东汉传入中国以来,尽管争议颇大,但儒、释、道最终还是形成了"三教鼎立"局面。在这种局面中,特别是在魏晋南北朝以后,它又以儒为主体、佛、道为辅,互相渗透、互相影响,推动着整个中国文化的发展。中国历史上最大的、所谓"一花独秀"时期,莫过于董仲舒推行的"废黜百家,独尊儒术"的汉代。但它决不因此使其他教派被消失,儒、释、道仍然相继并存、不断发展。

唐代时期、尽管韩愈尽全力排除佛学影响,但佛教也不因此而被消灭。到了宋明的儒家们那里,相反,佛学的精髓得到了进一步应用。尽管宋代的儒家们与韩愈同样担心着佛教文化在中国的"暴走",但他们所采取之方法却截然不同。相反,他们更加深入地去研究佛学,借佛学原理充实自己的学说,究佛教精髓融汇本身造诣。自北宋五子(周敦颐、邵雍、张载、程颢、程颐)起,经南宋的朱熹、陆九渊,特别是到了明代的王阳明,他更是融儒、释、道于一体,独树一帜,世为阳明学。由此,宋明学者利用佛学原理独创出了一整套崭新的理学、心学体系,它推动了中国文化的发展,也极大地影响了日本文化。

与此不同的是,日本在反对一种宗教形态时,较容易隔断各教派之间的相互联系,特别是在江户时代的后期。

日本进入江户时代(1603—1867)时,逢一阵儒学热时,佛教的联系就被割断,此时则出现了神儒结合的神道现象。朱子学派的代表人物藤原惺窝,糅合神道与儒教为一体,他的学说被林罗山继承,在提倡朱子学排斥佛教的同时,又加入理与神道相一致说,比如他所主张的"神道即理也,万事不在理外,理是自然之真实,心得此理叫神道"(《神道授受》)。此外,还有主张彻底排佛的、主张道德主义的"垂加神道"等。强调忠君之道的"理学神道"的吉川神道,它对日本社会影响相对较大,吉川神道虽以神道教为主,但还是有力地联合了儒教、佛教。

随着国学派的本居宣长和平田笃胤的"复古神道"的兴起,排除其他各教的倾向越发明显。因此正如在第一节中所提到的,关于"复古神道"在历史上所起到的不同的、两面性作用的问题。一方面"复古神道"在推翻幕府上有着不可低估的作用,另一方面它又酿成了一神教的国家神道确立。"复古神道"也犹如一把"双刃剑"。"一刃"用在推翻幕府的同时,"另一刃"则造就了一神教的国家神道,结果则是"咎由自取",灭亡不可避免。

"复古神道"与生俱来的性质完全注入进了国家神道,即"复古神道"主张从日本古典出发去探索古代纯神道,以及用它的方法把古道作为国家的立本之道,因此神道不仅仅只是祭祀,而且还是政治、道德本身,以及一切事物之大本。也因此它成了这种祭祀合一的、支配一切的神道。明治维新后,日本确立了一神教的国家神道。村上所谓的国家神道是"近代天皇制国家编造的国家宗教"的意义,正是指国家神道乃是根据"复古神道"变形而来的、祭祀合一的、支配一切的神道内容被编造的国家宗教。

那么,进一步追问,对于这样一个被编造的国家神道,它究竟是在一

个什么样的具体历史条件下而得以形成? 或者,它又是如何顺应日本的
"文明开化"社会而能被编造出来? 我们可以在前面论述的基础上归结
为以下三点。

第一,崇神思想演化出来的"万系一世的天皇"论。它可谓国家神道
的思想基础。尽管如此,本研究认为,仅凭此点,不足以使这个一神道的
国家神道得以形成。因为,一个近代"文明开化"的社会开拔时,其国家
的精神支柱如果仅仅为"万系一世的天皇"论,它未免有些迂腐落后。若
仅依此点立论,岛薗的论点即可成立。岛薗会说,所谓"'万系一世的天
皇'论,它是传统意义上的统合国民的、天皇神圣化的国体思想",它又怎
么可能由这种国体思想一下子变成"一神教"思想?

第二,从传统神道教内容中提取"礼仪"的部分,以组成以天皇为中
心的祭祀制度,它成为国家神道的主核。这些神道教的异常严厉的"礼
仪",可以说是国家神道的精髓部分,但它在被国家神道利用时,这些被
编造过的神道教内容(以天皇为中心的祭祀制度)并不被视为宗教,因为
"文明开化"时代不允许政教合一。因此,所谓的国家神道非宗教说,只
不过是表面现象而已,骨子里施行的却是政教合一、天皇独裁的一神教。

针对以上的问题,岛薗在他的《国家神道与日本人》的第二章中特列
出专题(《以"神社神道"为国家神道基础的观点》[1])来对村上进行批判。
岛薗批判村上说:"村上重良的国家神道论,还有一种重大缺陷。即认为
国家神道首先是神社、神祇的组织。"[2]

这里的争论焦点是,岛薗认为,明治中期神道被分裂成"教派"和"神
社","神社神道"意即"神社",而"教派神道"则是"教派"。按照岛薗,"神
社神道"是一个仅仅在近代才出现的概念。换言之,"神社神道"在近代
之前不存在。于是,问题集中在"神社神道"是否为日本传统的神道教?

---

[1] 島薗進:『国家神道と日本人』,岩波新書,2015 年,第二章第 65 頁。
[2] 同上。

如果是,国家神道即是宗教。村上的观点是,神社神道为传统神道的主体。

村上主张,"国家神道是在 19 世纪后半以来约八十年间,把日本民族宗教的特点复活起来,再现出来的宗教性的政治制度。民族宗教是集体的祭祀,在这一点上宗教集体和社会集体是一体的,所以对宗教集体的参加,既是自然形成的,也是强制的。

"国家神道是把承袭集体祭祀传统的神社神道和皇室神道结合起来,利用皇室神道重新组织、统一而建立的。"①

子安宣邦在他的《困惑的国家神道论——对岛薗进〈国家神道与日本人〉一书批判》的论文中,给予了村上有力的辩护。他驳斥岛薗说,岛薗的关于"作为'神社神职'的神社神道的理解只不过是一种狭义上的、近代法制史上的理解罢了,而村上的理解才是国家神道形成的最大原因,即从它形成的、在于作为民族宗教的神社神道方面去看待的。'神社神道是神道的主体,国家神道的形成,由于有了民族宗教的神社神道,才成为可能'"。②

村上在论述广义神道时,对于融合神道系(或习合神道系))的创唱宗教讲得更加清楚。他说,"幕府末期,在神职中出现了参加政争集团,朝廷陆续恢复了宫中祭祀的神社神事。以神道的兴盛为背景,山岳信仰神道化了,产生了融合神道系的创唱宗教,形成了明治维新后教派神道的主流"③。

因此,尽管神社神道、国家神道是日本近代史上出现的概念,但它与传统的日本神道并不能割裂开。此外,只要它牵涉天皇祭祀,也必牵涉从神道教内容中提取"礼仪"的部分,而作为民族宗教的神社神道又成了神道的主体,被编造的国家神道也必然是神社、神祇组织。换言之,国家

---

① 村上重良:『国家神道』,岩波新書,1970 年,第 179 頁。
② 村上重良:『国家神道』,岩波新書,1970 年,第 18 頁。
③ 村上重良:『国家神道』,岩波新書,1970 年,第 52—53 頁。

神道形成的前提亦为神社、神祇组织,国家神道的宗教性质也因此不容否认。

第三,全面排除多神教。它也是一神教的国家神道形成的重要历史条件之一。随着"文明开化",生活习惯上,天皇以身作则模仿西方人喝牛奶、吃牛肉等。而在一神教之模仿上则有过之而不及,以否定日本传统的多神教文化为代价,而与西方基督教的一神教同调。

我们知道,根据《日本书纪》,在天孙降临之前,日本是一个皆为草、木、鱼、虫的泛神论形态的社会。而由于"文明开化",这些泛神论、泛灵论皆被维新政府视为"弱者",视为不能抗衡西方基督教,不能作为日本向外扩张的"精神支柱"的"弱者"。至于"佛""神",它们也更不被视为一神教的基督教之敌手。在"文明开化"的时代,日本迫切需要一个更"强盛"的宗教。于是,在排除其他一切宗教的基础之上,天照大神被装置在"天之御中主神"这个抽象概念之中,一个一神教的国家神道在明治时期最终被确立。所以日本最终会失败。

主要参考文献

日文文献

島薗進:『国家神道と日本人』,岩波新書,2015。

島薗進:『日本人論と宗教』,東京堂出版社,2001。

島薗進:「国家神道と近代日本の宗教構造」,《宗教研究》329 号。

島薗進:「国家神道・国体思想・天皇崇敬—皇道・皇学と近代日本の宗教状況」,《現代思想》第 35 巻第 10 号。

島薗進:「『国家神道と日本人』への批評について——とくに子安宣邦氏の論説に応答する」,《にタヂイルーム》2010.10.18。

島薗進:「日本人与宗教——"无宗教信仰"与"类宗教信仰"」,《日本NET》2014.6.17。

村上重良:『国家神道と民众宗教』,吉川弘文館,2006。

村上重良:『国家神道』,岩波新書,1970。

村上重良:『近代日本の宗教』,讲谈社,1980。

村上重良:『天皇制国家と宗教』,日本评论社,1986。

子安宣邦:『国家と祭祀——国家神道の現在』,青土社 2004

子安宣邦:「怒りを忘れた国家神道論——島薗進『国家神道と日本人』批判」,《にタヂイルーム》2010.10。

津田左右吉:『日本の神道』,岩波書店,1964。

菱木政晴:「国家神道の宗教学的考察——顕彰と謝罪——」,京都西山短期大学《西山学報》42 号,1994 年 3 月,

菱木政晴:『市民的自由の危機与宗教改憲・靖国神社・政教分離』,白澤社,2007。

菱木政晴:『非戦と仏教』,白澤社・現代書館,2005。

荷田春満:『神道大系論説編　23 復古神道　1　荷田春満』,菟田俊彦校注,神道大系編纂会,1983。

平田篤胤:『平田篤胤全集』,名著出版,2013。

远藤润:『平田国学と近世社会』,株式会社 BELIKAN 社,2008。

本居宣長:『古事記伝』,村岡典嗣校訂,岩波文庫,全 4 卷。

宇治谷孟:『日本書紀』,讲谈社学术文库,1988。

安丸良夫:『日本の近代化と民衆宗教』,青木書店,1974。

桂島宣弘:『幕末民衆思想の研究——幕末国学と民衆思想』,文理閣,1992。

高木宏夫:『日本の新興宗教』,岩波書店,1959。

阪本是丸:『国家神道形成过程の研究』,岩波書店,1994。

新田均:『近代政教关系の基础の研究』,大明堂,1997。

新田均:『「現人神」「国家神道」の幻想』,PHP 研究所,2003。

小沢浩:『生き神の思想史』,岩波書店,1988。

中文文献

村上重良:《国家神道》,聂长振译,商务印书馆,1990。

岛薗进:《国家神道与日本人》,李建华译,社会科学文献出版社,2015。

冯友兰:《中国哲学史》,重庆出版集团图书发行公司,2009。

津田左右吉:《日本的神道》,邓红译,商务印书馆,2011。

莱布尼茨:《神义论》,朱雁冰译,生活·读书·新知三联书店,2007。

莱布尼茨:《人类理智新论》,陈修斋译,商务印书馆,1982。

《老子》,郭店竹简,1993。

王新生:《日本简史》,北京大学出版社,2005。

王新生:《战后日本史》,江苏人民出版社,2013。

维特根施坦(L. Wittgenstein):《哲学研究》,李步楼译、陈维杭校,商务印书馆,1996。

张大拓:《宗教体制与日本的近代化》,宗教文化出版社,2006。

近代日本的新宗教与国家治理

王新生[1]

　　日本学术界最近将近代以来出现的新兴宗教统称为"新宗教"[2],根据《新宗教事典》的解释,"新宗教"一词出自 1951 年作为新宗教教团联合体的"新日本宗教团体联合会"(新宗联)成立过程中,该团体是由"新宗教团体联合会"和"日本新宗教联合"两个团体合并而成,但作为学术用语则是在 70 年代以后。"新兴宗教"一词广泛使用是在 50 年代到 60 年代,高木宏夫的《日本的新兴宗教》作为岩波新书出版是在 1959 年。"新宗教"及"新兴宗教"在战前也出现过,但更多使用的是"类似宗教"词汇,最早出现在 1919 年文部省宗教局部颁布的"宗教及类似宗教行为者的行动通报"文件中。在发给警视厅及都道府县的该文件中出现"进行不属于神佛道基督教等教派、类似宗教行为者"的字样,通常认为这是"类似宗教"用语的最初出现。[3] 1935 年到 1937 年,陆续出现"第二次大本教事件"和"人之道教团遭起诉"等宗教相关事件,大众传播媒介频繁使用"类似宗教"词汇,实际上带有"邪教"的涵义,因而"类似宗教"用语

① 北京大学历史学系教授。
② 井上順孝:『現代日本の宗教社会学』,世界思想社,2012 年,第 166 頁。
③ 島田裕已:『戰後日本の宗教史──天皇制、祖先崇拜、新宗教』,筑摩書房,2015 年,第 56 頁。

比"新兴宗教"更带有否定的意思。

本研究主要从宗教社会学的视角分析近代新宗教出现的社会背景及其影响,也就是"通过探讨宗教的社会结构和社会功能,来研究宗教与社会的相互作用及其对人的日常生活的影响",换句话说,即"通过研究人类自身与人类赖以生存的社会之间的互动关系,来认识与把握纷繁复杂的宗教现象"。[①] 新宗教通常集中出现在社会不稳或动乱时期,概括地说,近代有两次新宗教高潮,即幕末明治前期及大正末昭和初期。

一、社会变迁与新宗教

近代第一次新宗教出现高潮是在江户时代末期和明治时代前期,即19世纪中晚期,其原因是幕末时期的动乱及明治前期的诸多改革。在江户时代末期,德川幕府面临内忧外患的严重局面。一方面西方列强逐渐接近日本,首先是沙皇俄国不断向东扩张到白令海峡,18世纪末沿千岛群岛南下,直接窥探虾夷地(北海道)。1792年,俄罗斯使节拉克斯曼到达根室,要求通商,但遭到幕府的拒绝,其后双方在北方经常发生摩擦。1807年,幕府将松前藩及虾夷地区全部作为直辖领地,同时设松前奉行,以对抗俄国的入侵。在南方,因英国船只经常靠近日本港口并引起纠纷,幕府在1825年颁布《驱逐夷国船只令》,要求各藩驱逐靠近日本港口或近海的外国船只。

因经营虾夷地区与将军子女婚姻的费用惊人,为弥补幕府财政的严重亏空,大量铸造称为"化政小判"的恶币。尽管幕府因此得到550万两的利润,但引起物价的急剧上升,结果进一步推动了商品经济的发展以及商人力量的壮大,并出现了以城市民众为中心的"化政文化"。与此同时,农民的分化与贫困造成社会治安上的严重问题,幕府专门成立了"关

---

① [美]菲尔·朱克曼著,曹义昆译:《宗教社会学的邀请》,北京大学出版社,2012年,第5、7页。

东取缔出役"机构,加强对犯罪活动的打击。

另一方面,从1830年开始,农业连年歉收。1832年到1833年,全国的农产品收获量减少一半。饿死者无数,社会动乱不稳,农村地区的暴乱与市民的捣毁运动接连不断。在大阪地区,富商们趁机囤积居奇,市政官员不仅不救济百姓,反而勾结奸商哄抬物价。信奉阳明学的大盐平八郎本是维持治安的下级武士,因对幕府腐败不满而辞职,开办洗心洞私塾教授学生。1837年初,大盐忍无可忍,率其门徒发动武装暴动,横扫五分之一的市区,捣毁富豪住宅及米店等房屋万余间。尽管在幕府大军的镇压下很快失败,但大盐平八郎作为武士出身并在被称为"天下厨房"的大阪发动暴动,同时提出改革幕藩体制的要求,因而对幕府产生了较大的冲击。

在接下来的半个多世纪内社会一直处在混乱、动荡状态。首先是因"黑船来航"引发政治的大变革,幕府大老井伊直弼发动"安政大狱"镇压反对开国者而遭到维新"志士"的暗杀,其树立幕府专制统治的企图破产;老中安藤信正为缓和朝廷与幕府的矛盾打出"公武合体"的旗号,天皇之妹下嫁将军,共同面对内外困境,也因"尊王攘夷"浪人的暗杀导致挂冠而去;萨摩藩主岛津久光主导的"强藩联合"也因各方的矛盾未能如愿,一直从事"尊王攘夷"的各藩下级武士因两次局部战争——"下关战争""萨英战争"而将目标转向"尊王倒幕",萨长联合通过一场规模不大的内战更换了政权,即1868年的"明治维新"。尽管普通民众没有直接参与这一政治变革过程,但"这不很好吗"的狂欢活动还是反映了动乱年代期望改朝换代的心情。

明治政权进行的诸多改革反而加剧了社会的不稳和动乱,地税改革并没有减轻农民的负担,强制性服兵役和义务教育进一步增加了其负担,将这一主要社会阶层卷入精英分子发动的自由民权运动中。明治宪法颁布后开设的国会更是成为土地所有者的政治代表与政府斗争的舞台,甲午战争的爆发终于使国家认同得到实现。从创设教团的顺序上看,这一时期出现的新宗教团体主要有1814年的黑住教、1830年的楔教、1838 年的天理教、1857 年的本门佛立宗、1859 年的金光教、1871 年的丸山教、1877 年的莲门教、1880 年的国柱会、1892 年的大本等。

近代第二次新宗教出现高潮是在大正年代后期到昭和年代初期,即 20 世纪二三十年代。这一时期有两方面的原因使社会处在不稳定状态,一个是城市化背景下的追求政治、社会发展,一个是持续的经济危机。从 1912 年到 1925 年的大正年间,随着工业化、城市化的急剧发展,市民阶层逐渐形成。1903 年,日本总人口 4540 万,1925 年达到 5974 万,农业人口从 70％降到 50％。1903 年 5 万以上人口城市有 25 个(不包括殖民地),其人口为 555 万,约占日本本土总人口的 12％,到 1925 年增加到 71 个城市,人口为 1213 万,约占日本本土总人口的 20％。[1] 在以东京为首的大城市中,政府部门、公共设施、商贸公司等逐渐采用钢筋混凝土的高层建筑,个人住宅也盛行美国风格的"文化住宅"。城市中煤气及上下水管道普及开来,农村也开始使用电气。1923 年 9 月 1 日,以东京、横滨为中心发生"关东大地震",绝大部分建筑物毁于一旦,死亡及下落不明者高达 14 万人,受害者 340 万人。政府以此为契机,重新规划城市建设,数年后东京焕然一新。

联结城市间的铁路线扩展到全日本,大城市郊区也因住宅建设而开设铁路支线。在大车站建有百货商店,便于乘车者购物和就餐。在城市中心地带,交通工具除电车外,公共汽车也开始运营,并出现了出租车及私人轿车。在事业单位就职的工薪人员大量增加,特别是职业女性的增加,这些属于中间阶层的成员主导着社会时尚,例如人们越来越多地穿戴出行方便的西装、女性发式西方化等。在城市化、市民化的过程中,诸如劳资纠纷、失业救济、交通住宅等社会问题逐渐显露出来。为此,政府在内务省设置社会局、城市计划局等部门,并制订了《职业介绍法》《健康保险法》《租借土地住宅法》等法律。

---

① 佐藤信ほか:『詳説日本史研究』,山川出版社,2008 年,第 425 頁。

作为大众文化基础的教育及传媒在大正年间也获得迅速发展。1918年,政府全面改革学校教育体制,制订了《大学令》,许可成立单科大学、公立及私立大学。同时修改《高等中学校令》,允许成立公立、私立高等中学以及兼有初中的七年制高等中学。这些措施推动了中学教育的普及,1900年时职业学校以上学校的在校学生仅有2.5万人,到1925年增加到13万人。① 1920年,在适龄儿童的小学就学率方面,男女均达到99%。与此同时,出现了批判政府教育统制措施、主张尊重学生个性与自主性等自由教育运动的呼声,同时也出现了成城小学校、自由学园等实践自由教育的学校。

到20世纪20年代,传媒的发展更为迅速。《大阪朝日新闻》《大阪每日新闻》《东京朝日新闻》《东京日日新闻》四大报纸每天的发行量均在百万份前后。这些大型商业化大众报纸在文化普及以及政治民众化方面起到重要的推动作用,同时在煽动民族主义情绪方面也起到推波助澜式的较大影响。在杂志方面,除《中央公论》《改造》《文艺春秋》等综合杂志外,还有月发行量超过百万份的月刊杂志和周刊杂志。1925年,在东京、大阪开始出现无线电广播,第二年成立了日本广播协会。

随着工人人数的急速增加,工人运动再次活跃起来。尽管第一次世界大战刺激了日本经济的高速增长,但通货膨胀带来的物价上升未能改善工人的生活环境,俄国"十月革命"和国内"米骚动"也推动了工人运动的高涨。1917年发生了398次工人斗争,1919年增加到2388次,参加人数高达34万人。特别是在八幡制铁所、神户三菱造船所、川崎造船所等大企业,均爆发了大规模罢工活动。与此同时,工会组织增加迅速。1914年共有49个工会组织,到1919年增加到187个。1912年,铃木文治等人组成"友爱会",初期采取劳资协调的方针,但在1919年改称为"大日本劳动同盟友爱会"后,提出确立八小时工作制、

---

① 佐藤信ほか:『詳説日本史研究』,山川出版社,2008年,第427頁。

禁止雇佣童工、实施普选等要求;1921 年改称为"日本劳动总同盟"后,明确提出阶级斗争的主张。1920 年,日本工人举行了历史上首次"五一节"示威游行。

在 20 世纪 20 年代上半期,农民运动也活跃起来,其主要表现为佃农斗争。1917 年佃农斗争发生 83 次,1921 年达到 1680 次。广大佃农不仅各自要求地主减轻地租,而且联合起来组成"佃农协会"共同斗争,从而发展成要求减轻地租、确立耕种权的农民运动。1919 年有 298 个佃农协会,到 1921 年增加到 732 个。1922 年 4 月,在贺川丰彦等人的积极推动下,联合组成"日本农民组合",起到领导农民运动的作用。在其压力下,政府在 1924 年制定《佃农争议调解法》,规定法院对地主佃农间的纠纷给予调解。

随着更多的女性走向社会,要求扩大女性权利、改变女性从属地位的妇女运动也开展起来。1911 年,以平塚雷鸟等人为中心组成争取女性解放的"青踏社",同时发行机关杂志《青踏》。在其创刊号上,平塚写道:"原始社会女性是太阳,是真正的人,现在女性是月亮,必须恢复太阳的面目。"其呼吁女性觉醒的姿态引起较大社会反响,杂志发行量很快从 1000 部增加到 3000 部。1920 年平塚雷鸟、市川房枝等人组成"新妇女协会",从事妇女参政运动。在其活动压力下,1922 年,政府修改禁止女性参加政治活动的治安警察法第五条,允许女性参加政治演说会。1924 年,"新妇女协会"发展成"争取女性参政权期成同盟",明确推动女性参政运动的发展。另外,山川菊荣、伊藤野枝等人在 1921 年组成"赤澜会",站在社会主义的立场上开展女性运动。

尽管明治初年政府废除"秽多""非人"等贱民称呼,将他们与过去的农、工、商统称为平民,但他们聚居在特殊部落中,生活条件十分恶劣,被称为"部落民",在就业、生活及婚姻等方面仍受到严重歧视。1919 年,全日本共有 5000 多个特殊部落,近 88 万人。部落民中的农民交纳特别高的地租,其他部落民只能从事制革、建筑、清道夫、搬运工、人力车夫等行业,绝大多数部落民没有政治权利。第一次世界大战后,在工农运动不断高涨的影响下,争取政治经济权利的"部落解放运动"也开始兴起。1919 年,部落民工人较多的皮革业、制鞋业、竹木制品业经常爆发罢工活动,从事农业的部落民也掀起要求减轻地租的斗争,同时各地陆续出现部落民解放组织。1922 年 3 月,各地部落民代表 2000 人在京都举行集会,成立"全国水平社",作为统一的部落民解放组织。其纲领为争取部落民的彻底解放、争取彻底的经济与职业自由、实现人类最高目标等,并出版机关杂志《水平》。

尽管存在以上不同形式的运动,但社会各个阶层有一个共同的目标,即争取没有财产资格限制的选举权,也就是"普选运动"。一方面,自从开设帝国议会以来,选举权的财产资格不断降低。1900 年,选举权的纳税额限制降到 10 日元以上,具有选举权者从 45 万人增加到 98 万人,占总人口的 2.2%。第一次世界大战后日本社会中的民主主义风潮再次兴起,以市民为中心的争取普选运动随之高涨。因此,1919 年国家再次将选举权的纳税额限制降到 3 日元以上,具有选举权者增加到 307 万人,占总人口的 5.5%。尽管以宪政党、立宪国民党等在野党均在自己的纲领中写有争取实现普选的主张,并不断在议会中提出普选法案,但因执政的立宪政友会在议会中的席位超过半数,普选法案屡遭否决。1925 年 3 月,国会两院通过《普通选举法案》,废除选举权的财产资格限制,规定年满 25 岁以上的男性臣民均有选举权。选民人数增加到 1241 万,约占总人口的 20.8%,但女性仍然没有选举权和被选举权。与此同时,为防止苏联影响下的社会主义运动激化,国会两院还通过了《维持治安法》,对那些参加"变革国体"或"否认私有财产制"的运动者给予严厉的惩罚。

另一方面,第一次世界大战结束后第二年,日本对外贸易转为入超,欧洲产品对日本重化工业以沉重打击,1920 年股票市场暴跌,棉纱、生丝等价格下降一半。1923 年的关东大地震再次严重打击日本经济,许多银行不能兑现持有的票据。1927年全日本再次出现取款风潮,结果五大银行之一的十五银行倒闭。在此次金融危机中,共有37家银行停业,28家银行倒闭。1929年10月爆发的纽约股市大暴跌引发了世界性经济危机,持续萧条的日本经济遭受到更加严重的打击。紧缩财政使社会需求更加减少,产业合理化使失业队伍更加庞大,恢复金本位制后汇率上升带来的物价下降使危机时期已经出现暴跌的物价更加低落。在经济危机的打击下,中小企业因无法维持生产纷纷倒闭,结果进一步推动了失业工人的增加。到1930年中期,破产企业达到830家,减资企业311家,失业者达到300万人,很多人挣扎在饥饿线上。尽管1930年日本农业空前大丰收,但出现"丰收饥馑"的怪现象。1929年9月每包60公斤的生丝价格是1330日元,1930年10月已降到540日元,下跌率达到60%。[①] 农民迫于生计只好逃荒或卖儿卖女。

军队中来自农村的下级士官生们,面对城市达官贵人灯红酒绿、荒淫无耻的生活,想起自己家乡的悲惨情景,很容易被法西斯势力的"反权门""反资本""救济农村"的口号吸引,因而积极要求实施"改造"乃至"革命"的"昭和维新"。在国内,右翼实施的暗杀行动不断,甚至出现了"五一五""二二六"等军事政变,在国外出现了1928年出兵中国山东和关东军炸死张作霖事件、1931年"九一八事变"等侵略行为。

这一时期出现的新宗教团体主要有1924年的人之道教团(后PL教团)、1925年的圆应法修会、1928年的神佛真灵感应会、1929年的解脱会、1930年的松绿神道大和山、生长之家、灵友会、创价学会,1935年的大日本观音会、1936年的立照阁(后真如苑)等。据相关统计,1924年新宗教团体98个,1930年414个,1935年急增到1029个。[②]

---

① 安藤良雄等编集:『昭和经济史』,日本经济新闻社,1976年,第53页。
② 孝本贡编:『論集日本仏教史·9·大正昭和時代』,雄山閣,1988年,第24页。

二、新宗教主要特征

尽管新宗教在教义上与传统宗教有继承的侧面,即一方面新宗教在各个方面受到传统宗教的影响,从形式上看,有些是从神道教发展而来,例如黑柱教、金光教、大本教、生长之家等;有些是从佛教发展而来,例如创价学会、立正佼友会、灵友会等;或者同时接收神道教和佛教的影响,日本学术界将其称为"诸教",例如天理教等;另外,近代以来随着基督教在日本传教解禁,也有从其发展而来的新宗教团体,例如 1927 年成立的灯台社等。从教团的数量来看,源自佛教或神道教的新宗教团体大致相等,但从信徒数量上看则以佛教团体为多,佛教新宗教大多数是日莲宗乃至法华信仰教团,例如创价学会、立正佼成会、灵友会等大教团均为日莲法华派,其他有真言(密教)派,例如解脱会、真如苑等。

另一方面,称为新宗教雏形的在家教团实际上在江户时代已经存在,即"讲"。所谓讲是指具有特定信仰的人们聚集在一起的宗教组织,例如伊势讲(以参拜祭祀天照大御神的伊势神宫为目的的讲)、稻荷讲(以维持地区稻荷神社为目的的讲)、法华讲(法华宗,即今日的日莲宗)、寺院独特信仰的讲,另外还有以富士山信仰为基础的富士讲、以御岳山信仰为基础的御岳讲等。新宗教中的天理教创始人中山美伎呼吁信徒组织讲,信徒们也自发组织讲开展传教活动。

就差异而言,新宗教与传统宗教的区别主要有以下几个方面:第一,新宗教的创始人通常是普通的社会人士,基本没有经历过任何宗教信仰的训练,身体欠佳或家庭不幸,大多具有一定的神奇能力,创始人去世后教团容易发生分裂。例如天理教创始人中山美伎是农村妇女、金光教创始人金光大神是农民、丸山教创始人伊藤六郎兵卫是雇员、灵友会奠基人久保角太郎与小谷喜美均为下层劳动者、大本教创始人出口直与奠基人出口王仁三郎均为贫苦劳动者、生长之家创始人谷口雅春是下层工薪者、立正佼成会创始人庭野日敬与长沼妙佼均为小商人、人之道创始人金田德光是小商人、创价学会创始人牧口常三郎与户田城圣分别是出身农家及渔民的小学教师等。①

另一方面,创始人大多身体欠佳或家庭不幸。例如创建黑柱教的黑住宗忠家族本来是神社的神职人员,而且宗忠也在 31 岁时继承其职,但其父母相继染流行病去世,他自己也患上结核病,依靠非凡的信念恢复健康,并在 1814 年冬至朝拜日出时感到天照大御神附体,因而将这一天作为黑住教的创建之日;天理教创始人中山美伎丈夫过度挥霍导致家庭没落及长子患病、大本教创始人出口直家庭贫穷及女儿患精神病等;立正佼成会的创始人更是如此,日敬出生在新潟县,18 岁时到东京,曾服役海军,最初在咸菜店工作,结婚后自己开店。长女患耳疾治疗不顺利,接受劝说成为灵友会的信徒,结果女儿痊愈,因而热心传教,在其过程中结识妙佼。妙佼出生在埼玉县,在东京结婚两次,经营小商店,孩子去世,自己也有女性病,本来信仰天理教,后转到灵友会,与日敬组成搭档进行传教。1938 年成立立正佼成会,本部设在日敬商店的二楼,会员实施冷水浴的"寒修行"。

实际上,对于新宗教创始人来讲,具有某种神奇能力是创造新教团并吸引信徒的最重要因素。近代社会学奠基人韦伯特别强调这一点,"卡里马斯(神奇魅力)是一种附着于个人的神秘力量,能够吸引并感染人们,令人们个人服从其意愿。有时候具有魅力性人格者被认为有着与生俱来的神秘天赋。韦伯相信,这种状况就是宗教的起源"②。"对于韦伯来说,所谓卡里马斯是指个人的魅力和非凡人格,一切宗教先知都是卡里马斯(超凡魅力)式人物。卡里马斯的概念包含几个维度:首先,卡里马斯确认了一种特殊的个人超验经验,令先知们超然高踞于普通人之

---

① 高木宏夫:『高木宏夫著作集·1·日本の新興宗教』,フクイン,2006 年,第 110—111 页。
② Gregory Baum, *Religion and Alienation*, *P*. 148. 转引自范丽珠等著《宗教社会学:宗教与中国》,时事出版社,2010 年,第 85 页。

上,卡里马斯作为来自神圣世界的命令或使命,这是易于接受的维度;其次,个人超凡的经验或神召对于其他人来说,即为先知所显示的非凡个人力量的证明,这是卡里马斯的行动力的维度;最后,还有卡里马斯的社会维度,那就是,一个社群将先知的超人天赋作为权威性接受下来,而新的启示或使命就成为合法性的来源。"①

新宗教创始人大多具有神灵附体的经历,并通过预言或治病获得信徒。正如日本学者村上重良指出的那样:"江户中期……相继出现一些标榜能满足民众现世切身利益的欲望,自称是神灵附体的活神,能显示出超人灵验力的民间宗教活动者。这些活神一般都采用一定的手法,呼唤神灵使之附体,向人们传达神谕,在当时人们的宗教意识中,认为神或特定动物之灵附体。不是什么罕见之事,相信神灵附体者具有凡人所没有的灵能,能治疗疾病,实现现世利益。幕末时期,在这些活神中产生了倡导新体系教义、许愿救济民众的教祖。"②例如黑住教创始人黑住宗忠通常将手放在小腹上获得"阳气"的咒语,将其解释为日常生活关注的语言教化民众,获得许多信徒;中山美伎长子秀司在前一年患足疾,请巫师治疗,作为其助手的美伎突然神灵俯体,其后经常神灵附体,命令家人将家财施舍他人,从 1850 年开始传教后以治病为中心;久保角太郎曾养母精神错乱,请法师祈祷治疗,其后与法师组成"灵友会",但进展不顺。1925 年久保角太郎发现兄妻小谷喜美有宗教家的能力,与其共创"大日本灵友会"。在角太郎的指导下,喜美通过修行获得与灵界通话的能力。1930 年在东京正式成立教团"灵友会",四年后会员超过 1000 名。

既然教祖依靠神奇魅力吸引信徒,所以随着教祖发生问题特别是教祖去世后教团容易分派。例如灵友会由于积极支持政府的对外侵略政策,因而在战时教团规模发展非常迅速,1937 年信徒达到 20 万人,1941

---

① 范丽珠等:《宗教社会学:宗教与中国》,时事出版社,2010 年,第 86 页。
② 村上重良:《宗教与日本现代化》,张大柘译,今日中国出版社,1990 年,第 8 页。

年迅速增加到84.4万人。[1] 但由于喜美不擅长法华经的内容，导致分派较多，例如1935年理事冈野正道离开后成立孝道会(今孝道教团)、1936年高桥觉太郎成立灵照会(今日莲诚宗三界寺)、1938年井户清行的思亲会等，1944年久保去世前后再次分离出许多新的教团；生长之家的教祖谷口雅春本来是大本教的信徒，天理教也有几个分派，但均继承了天理教创始人中山美伎的思想，即各自对甘露台的理解。

第二，扩大再生产式发展信徒，信徒大多是自觉进入教团。"在20世纪后半期，理性选择理论在宗教社会学领域内逐渐发展成为一套强势的研究范式，无论是对旧有的研究论题还是对新的宗教现象，宗教社会学的学者逐渐习惯并倾向于从一种宗教供求和个人理性决策的角度进行分析、讨论。……学者们基本上达成共识的基本点是：个人行动背后具有理性动因以及某种程度上人们的宗教活动和市场活动之间具有可类比性(comparability)。这也就是假设人们在进行宗教活动的时候同样采取了一种理性的计算态度，去选择利益最大化和成本最小化的宗教活动类型。"[2]其实这种理论也适合于日本近代，即根据需求可以选择成为某一个宗教团体的信徒，也可以转为其他宗教团体的信徒。

另一方面，新宗教积极传教，尽管有时带有强制性色彩，但基本上通过教义吸引信徒。例如1928年天理教第二代教主中山正善曾对12480名传教者进行过实际调查，最多的是因自己或亲人的身体患病而入教约占61％，其次是父辈的信仰传承约占20％，第三位是受教义影响约占12％，第四位是因家庭不和、经济失败、人际关系等约占2％等。六成以上人员因疾病加入天理教说明该教团关于人是神的"借贷物"、神通过身体障碍告知本人犯错的观点吸引众多信徒，而且当时民众最大的苦难是疾病的困扰。在其基础上，天理教获得迅速发展。在1878年设立第一

---

① 张大柘：《新兴宗教与日本近现代社会》，天津人民出版社，2003年，第341页。
② 胡安宁：《宗教社会学：范式转型与中国经验》，社会科学文献出版社，2013年，第10—11页。

个讲社"真明讲",即信徒修习"神侍奉"、互帮互教的基层组织。其后数量不断增加,1880 年有 12 个,1882 年发展到 33 个,到 1895 年进一步发展到 894 个。1908 年获得政府的认可后,信徒发展更为迅速。据 1929 年道友社所编的《天理教纲要》,1928 年天理教已拥有 409 万之众,教会总数上升到 1.4 万个。①

因时代、教团、教义等,信徒加入教团的动机也各有差异。例如在知识分子、城市中间阶层拥有较多信徒的大本教方面,在 1916 年到 1921 年 85 名入教者中,因患病、贫困、家庭问题等入教者 20 名,参加农村救济运动遭受挫折者 1 名,难以接受近代思想、文化者 6 名,寻求新民间宗教者 35 名。由此可见,大本教的入教者除疾病是最大原因外,通过探索神灵现象的合理解释解决社会急速过渡时期精神上的不安也是其重要因素。②

第三,适合现实需求的简明、易懂的教义,也就是说,传统宗教追求来世,新宗教追求现实利益,而且其教义通俗,大多是教祖的言语录。例如黑住教以崇拜太阳、竭力感谢之情的教义为中心,其经典是宗忠遗留的 300 多首短歌、260 封书信及七条组成的"每日在家修行之事"。天理教的教典主要是创始人留下的《御神乐歌》、《御指图》及《御笔先》。《御神乐歌》宣扬一心一意依靠神的力量获取不可思议的救济,实现"今世极乐"的思想;《御指图》是中山美伎和后继教祖的语录集;《御笔先》是中山美伎叙述的 1171 首和歌体诗词,讲述神创造人间世界的过程,预言当"时""所""人"三因缘和合时,亲神将附中山美伎之身,救济全人类,实现"阳气"的理想生活。1883 年金光教创始人去世后,其弟子与政府合作,1887 年纳入神道本局,1900 年成为独立教团。主要教典《金光教典》由《金光大神觉书》、《金光大神理解》和《启示事觉帐》三部分组成,但为获

---

① 张大柘:《新兴宗教与日本近现代社会》,天津人民出版社,2003 年,第 394 页。
② 渡部雅子:『現代日本新宗教論——入信過程と自己形成の視点から』,御茶の水書房,2007 年,第 146—147 頁。

得政府的许可而不断增加新内容。其传教方式主要以"转达"形式进行，即倾听来访者的诉说，通过祈祷转告天地金乃神，聆听神的启示，然后再讲解给求助者。

由于新宗教团体的教义与政府政策、国家意识形态存在矛盾，因而新宗教常常遭到政府的取缔或镇压。例如明治初年政府大力推进"文明开化"政策，将民间的巫术等作为迷信而加以禁止。早在1874年6月教部省发布告示强调"取缔以巫术祈祷妨碍医药者"，将巫术祈祷看作是传统的民间偏方治病，其方式妨碍近代医学的普及认识。但当时医疗体制、保险制度均未建立，普通民众特别是穷苦人难以求医问药。正因如此，许多人趋向新宗教，因为当时的新宗教团体大多通过治病作为获得信徒的主要手段，代表性宗教团体是天理教及莲门教。

天理教主张"坚决拒绝医生，完全相信神灵"，实施祈祷和巫术式的信仰治疗。所谓信仰治疗是指通过信仰神灵将心情导向良好状态而恢复健康状态，直接反映了天理教的病理观念，即心情状态与病因密切相关，患病是来自神灵的警告。莲门教是以北九州小仓的岛村光津为教祖的新宗教，当初在小仓传教，1882年到东京，当时霍乱流行，宣扬"神水"治病而信徒大增，1894年时达到100万人，成为支部遍布全日本的大教团。但因用"神水"治病而遭到政府的取缔，尽管因非科学违反法律容易受到镇压，但其在事关人命的医疗行为上极容易出现问题，以《万朝报》为中心的媒体也攻击其为"邪教"，莲门教势力很快减弱。

天理教更是屡遭政府的压制，从1874年到1886年，创始人中山美伎共遭拘捕18次之多。1896年内务省曾指示各地府县政府限制天理教，"近来天理教信徒汇集一堂堂正，男女混杂容易出现风俗问题，或者赠与神水神符，骗人愚昧，废医药，或鼓励胡言乱语，且有逐渐蔓延之势，给予压制是今日最重要之事"[1]。尽管天理教不断修改教义迎合当局，终

---

[1] 岛田裕已监修：『あなたの知らない日本の新宗教』，洋泉社，2014年，第22页。

于在 1908 年获得认可,但依然列在政府监视取缔对象的名单中,1938 年内务省责令该教团自行销毁原始教典。

特别是有些新宗教过于追求现实利益,甚至为此出现改造社会的言行,势必与当局产生冲突而遭到镇压。例如大本教否定明治维新,提倡"神政复古",第一次世界大战爆发后提出"大正维新"口号,打破现状,重建世道,废除"金钱为本的经济"。昭和初年大本教再次提出"昭和维新"的口号,主张改造国家政体,开展救济农村、废除议会政治等运动,并组成政治性团体"昭和神圣会",结果遭到两次镇压,教团也名存实亡。

第四,较为发达的组织机构,在家传教修行,讲师也是普通信徒,巨大建筑物多为集体活动的场所。例如天理教的最高领导机构本部设在天理市,本部下设大教会、分教会、直属教会、部属教会和一般教会,各级教会由教会长负责,定期组织宣讲教义、教化信徒、各种庆典仪式等活动,每一名信徒必须隶属教会,有维护本教会和促进其发展的义务。作为横向组织,天理教按都道府县设置教区以及下属的支部和组,与此同时,会员按照性别、年龄分别编在妇人会、青年会、少年会和学生会中。①

三、国家治理与新宗教

进入明治以后,为建设近代国家,日本政府全面引进西方"制度"进行改革,但在宗教领域却是一种特殊过程,即通过太政官通知、内部训令、指令等加以管理。虽然起到法律的作用,但属于政治与法律尚未分离的行政指导。值得注意的是,与江户时代将佛教御用宗教化政策不同,明治新政府是将神道作为天皇制的思想基础,具体政策就是神佛分离、神道国教化,即利用国家权力在可能的范围内控制宗教,形成建设近代国家需要的精神支柱乃至意识形态。

---

① 张大柘:《新兴宗教与日本近现代社会》,天津人民出版社,2003 年,第 403 页。

　　在明治元年的 1868 年 1 月,设置宗教行政的具体机构——神祇官。同年 3 月,明确建立以天皇为中心的祭政一体政体,为此颁布了一系列法令致力于神道国教化以及建立神社神道。例如规定所有神社从属神祇官,新政府控制所有的神社及神职人员,但宗教界依然是传统的"神佛习合"(即神道教与佛教混杂、神社从属寺院、神为佛的本地垂迹),因而政府随即颁布神佛分离令,同时调查、没收寺院的领地,结果引起"排佛毁释"大众破坏运动,其中也有江户时代严格的"寺请制度",即寺院对民众的严厉控制及其腐败行为导致民众对佛教强烈不满的因素。

　　为使神社神道成为国家统制国民的手段,1871 年太政官布告提出氏民规则,即国民须在神社登记并得到有关证书,但因户籍法的实施该政策失去意义。与此同时,管理宗教的行政机构将寺院、神社区别对待,管理寺院的是民部省社寺科,1870 年 10 月改为寺院寮,1871 年 7 月再次变为大藏省户籍寮社寺课。管理神社的行政机构最初是神祇官,在 1871 年降格为神祇省,同时采取割裂神社与宗教的政策,宣布"神社乃国家祭祀,并非宗教"。之所以出现与现代国家原则相矛盾的宗教政策,实际上正如村上重良所指出的:"只要将天皇的宗教权威作为统治人民的有力思想武器,那么,近代天皇制政府就有必要创造出违背时代发展的天皇制政教合一主义。"[1]

　　1872 年神祇省与寺院管理机构合并,专门设置教部省,下设大教院管理教导员,利用神、佛、儒教化民众。教导职不仅包括神职人员、僧侣,也有诗歌人士等,但教导员未能取得实效。一方面,明治政府继续采取严禁基督教的政策,对其教徒也给予严厉镇压,但西方国家对此提出抗议,政府考虑到禁止基督教可能对修改不平等条约不利,同时为建设近代国家而大力标榜"信教自由""政教分离",因而在 1873 年撤除禁止基督教的布告牌;另一方面,佛教团体反对神佛合流,具有较大实力的净土

---

[1] 村上重良:『近代日本の宗教』,講談社,1980 年,第 58 頁。

宗表示不再担当教导员,1877 年内务省寺社局成为管理宗教团体的行政机构。

在这一期间逐渐形成神社等级制度,即在 1870 年 2 月向 29 个神社派遣奉币使,将敕祭社划分为大、中、小三个等级,后来将其扩大到所有的神社。1871 年 5 月,太政官布告宣布规定官社的等级,即规定神社经营费政府负担制,神职人员政府任命制,明确国营或府、县经营的神社,管理神社人员逐渐政府官员化,作为神道国教化具体措施。到战败为止,全日本共有神社 109712 座,其中官国币社 218 座,府县社 1148 座,乡社 3633 座,村社 44934 座,无格社 59997 座。① 教部省在 1877 年取消,其事务转移到内务省社寺局,同时设置神道事务局继续监督指导国民的教化。

由于神社神道过去不从事布教或教化的宗教活动,而且政府主张"神社非宗教",结果产生了"教派神道",即以神道家为中心向信徒传播其宗教观点及宗教教义的神道系新宗教教团。具体地说,神社神道是"以国家祭祀为中心、彰显天皇专制统治的国家神道,高居于所有宗教之上",教派神道是以人为中核,"和神道传统教理相对接,在吸纳其神祇观、神学理论及宗教仪礼的基础上加以改造,形成了各自的风格"的信仰团体。② 明治时代公认的教派神道系教团有 13 个,首先是 1867 年的神道修成派,1882 年的黑柱教,其后陆续出现大社教、实行教、神习教、大成教、扶桑教、御岳教、神道本局、神理教、契教、金光教、天理教,称为"神道13 派"。

在传统佛教方面,明治政府在颁布神佛分离令时禁止修行,以虚无僧著名的佛教宗派普化僧及在山野修行的修验宗没有得到国家认可。其他佛教宗派法相宗、华严宗、律宗、天台宗、真言宗、融通念佛宗、净土

---

① 薗田稔编:『神道:日本の民族宗教』,弘文堂,1988 年,第 278 页。
② 张大柘:《宗教体制与日本的近现代化》,宗教文化出版社,2006 年,第 125 页。

宗、临济宗、净土真宗、曹洞宗、日莲宗、时宗、黄檗宗 13 宗、56 派得到认可。政府在 1872 年颁布壬申户籍,以前显示身份语言的"僧侣"成为正式职业名称,另外在同年颁布太政官布告,僧侣可自由肉食、娶妻、蓄发。其后传统佛教对政府的内外政策,甚至在对外侵略扩张政策方面大多采取支持、配合的立场,在很大程度上扮演了御用宗教的角色。

一方面,1889 年颁布的大日本帝国宪法第 28 条规定,"日本臣民在不妨碍安宁秩序及不违背臣民义务的范围内享有信教的自由",政府对该条款的解释为:"任何宗教均不具有为供奉神明而在法律之外逃避臣民对国家义务的权利",而且外部行为也受到法律上的限制,所谓外部行为包含礼拜、仪式、传教、演说、结社、机会等宗教行为,因而认可内心信教自由的部分非常有限。另一方面,有关宪法第 28 条的"信教自由"与神道教关系,对此政府解释为:"对神社崇敬的基础在国民道德,在现行制度下神职及神社是国家机构、国家设施,因此,神社进行的祈祷等以及神社设施不是宗教行为与宗教本身"。①

一方面,1900 年内务省社寺局分离为神社局和宗教局,神社局在 1940 年升格为内务省外局的神祇院。1913 年 6 月,撤销内务省的宗教局,在文部省中设置宗教局,宗教行政由广泛管理内政的内务省转到管理教育与艺术的文部省,管理除神社神道以外的所有宗教团体。另一方面,明治初年的宗教行政大多通过随时颁发的通知,因而存在许多法规、政令,但宗教界存在各种各样的复杂事情,使用相同的法规加以管理极其困难。在这一时期,社寺、教会、讲社等的行政管理由教部省、内务省社寺局制定了社寺管理规则,也制定了有关社寺财务、财产保护、代理、取缔等规则,但这些规则无论在性质上还是在内容上均十分复杂。为进行宗教行政有必要实施法律性规则,为实现其目标,并对宗教团体、组织

---

① 内务省在 1929 年第 56 届帝国议会贵族院宗教团体法案特别委员会上的答辩,转引自藤原究:『宗教団体法の発展と展開』,『早稲田大学大学院法研論集第 134 号(2010)』,第 305—306 頁。

进行监督和指导,宗教管理需要法制化。

1896 年制定《民法》时,有关公益法人规定,"与祭祀、宗教、慈善、学术、技艺等公益相关社团或财团、不以赢利为目的者经主管部门许可后可成为法人",但 1898 年《民法实施法》中第 28 条规定,"民法中有关法人的规定目前不适用神社、寺院及佛堂",即民法不适用宗教相关团体,该规定本身也意味着将制定相关法律。因此,第二次山县有朋内阁在 1899 年 12 月将第一次宗教法案提交第 14 届帝国议会。该法案不包括神社,规定设立寺院和教会必须得到主管部门首长的许可,变更"寺院规则"和"教会规则"时也需要许可,召集宗教有关集会时须在 24 小时之前向行政机构提出目的、场所、时间等的申请报告。[①] 但这样一来,宗教团体的所有活动均处在政府监督之下,包括大日本佛教徒同盟会在内的佛教界强烈反对,法案在贵族院遭到否决。

尽管文部省设置宗教局后法制化再次提出,但直到 1926 年第一次若槻礼次郎内阁时才在文部省内设置宗教制度调查会,按照文部大臣的要求调查、审议宗教制度相关的重要事项并提出建议。调查会委员除政府官僚外,还有宗教者及学者。随后调查会审议宗教局提出相关宗教法案,文部省进行修改后作为第二次宗教法案在 1927 年 1 月提交第 52 届帝国议会贵族院,但审议未了成为废案。1929 年田中义一内阁时将相关法案从宗教法案变为宗教团体法案,也就是说,法律的对象不是"宗教"而是"宗教团体",同年 2 月第一次宗教团体法案提交第 56 届帝国议会贵族院,仍然审议未了成为废案。冈田启介内阁在 1935 年 2 月再次咨询宗教制度调查会有关宗教团体法纲要,但没有提交帝国议会。

在上述法制化过程中,政府依据其他法律打击新宗教。内务省在 1920 年以不敬罪和违反新闻法罪颁发取缔大本教的命令,警察袭击教团本部,捣毁神殿,逮捕主要负责人及其他干部,出口王仁三郎等遭到起

---

① 島田裕己:『戦後日本の宗教史——天皇制、祖先崇拝、新宗教』,筑摩書房,2015 年,第 83 頁。

诉,后因大正天皇葬礼而获大赦。1925 年政府颁布《维持治安法》,其目的是取缔变革国体或否定私有财产为目标的组织,新宗教团体也成为其打击对象。1928 年天理教分派天理本道创始人大西爱治郎因否定天皇、否定战争的言论致使该教团遭到取缔,大西等 180 人以不敬罪遭到起诉,但以大西为"精神病患者"免于起诉。1935 年发生"第二次大本事件",许多该教团设施被破坏,出口王仁三郎等 61 人因"组织变革团体结社、企图推翻现政权"违反《维持治安法》和不敬罪,被判重刑。1938 年天理本道教团再次遭到镇压,大西等 238 人因违反《维持治安法》和不敬罪被起诉,大西作为政治犯判处终身监禁。许多新宗教团体也成为取缔的对象,据统计,1920 年至 1936 年发生镇压新宗教的主要事件 12 起,涉及团体 11 个,其中 7 个教团的领导人和骨干成员以不敬罪和违反《治安维持法》的罪名被逮捕、判刑,1 个教团被宣布为邪教而遭到取缔。另外有746 个新宗教团体作为"类似宗教团体"在内务省备案,其中神道教系386 个,佛教系 317 个,诸教系 43 个,1937 年又增加了基督教系的 27 个教团。[①]

1938 年 1 月,第一届近卫文磨内阁的文部大臣荒木贞夫咨询宗教制度调查会,并提出宗教团体法案要纲,经过法制局的修改后,平沼骐一郎内阁的文部大臣荒木贞夫在 1939 年 1 月提交第 74 届帝国议会贵族院,法案通过贵族院,3 月通过众议院,法案成立。《宗教团体法》由 37 条组成,从形式上看具有三个特征:第一是完善现行法规,明治以来先后颁布三百多项诸如布告、通知、省令、训示等有关宗教的法令,但法令之间缺乏相关性并相互矛盾,因而宗教团体法将其统一起来;第二确立宗教法规,不仅是形式上的完善,而且内容也加以充实;第三强化了对宗教团体的保护和监督,使其成为对外侵略战争的支柱性工具,正如荒木贞夫所言:"为使诸宗教更有效地与战争合作,国家应对宗教事实监督、统制、保

---

① 井上顺孝:『新宗教の解読』,筑摩書房,1993 年,第 104 頁。

护与培育。"①

《宗教团体法》适用于"宗教团体"和"宗教结社",前者指文部大臣或地方行政长官认可的宗教组织,包括传统佛教教团、教派神道、基督教教团。宗教结社是此前没有得到认可的"类似宗教",此类教团必须在结社后 14 日内向地方长官提交名称、场所、财产、活动内容、代表者等内容在内的申请报告。该法第 16 条规定,"宗教信仰或教师宣布教义、执行仪式及宗教活动时,若妨碍安宁秩序或违背臣民义务,主管大臣有权加以限制、禁止直至取消认可资格",同时第 22 条规定,"宗教团体依据法令免除所得税(当时法人税包含在所得税中),寺院领地及教会领地依据法令免除地税"。②

1940 年 4 月,《宗教团体法》《宗教团体法实施令》《宗教团体法实施规则》等同时实施,过去的教派、宗派得到认可,即神道教派 13 个,佛教宗派 56 个。政府推动教派、宗派的合并,教派神道仍然为 13 个,但佛教宗派从 56 个减少到 28 个。基督教首次被认可为教团,但仅分为天主教的日本天主公教和新教的日本基督教团,后者原为 28 个团体。另外在颁布《宗教团体法》的同时,"社寺领上知令"(1871 年)以来无偿借贷的国有地在宗教活动必要的范围内寺院在特定时间申请则无偿借贷,1939 年颁布了无偿借贷国有财产给寺院等法律。

一方面,《宗教团体法》的实施不仅有利于政府对宗教团体的管理,而且对社会发展也起到一定的积极作用。例如在内务省警保局发行的《社会运动状况》中有"宗教犯罪及其他行为起诉取缔状况调查"项目,其中因违反宗教法规而遭到起诉、取缔事件 1939 年为 182 件,1940 年为 135 件,1941 年为 52 件,1942 年为 108 件,总的来说是一种下降的趋势。即使在《特高月报》中对未经许可宗教行为(未经许可在家聚众礼拜、未

---

① 村上重良:『近代日本の宗教』,講談社,1980 年,第 131 頁。
② 島田裕己:『戦後日本の宗教史——天皇制、祖先崇拝、新宗教』,筑摩書房,2015 年,第 83 頁。

经许可颁发护身符及神符、未经许可募捐、不具备祈祷师资格者率众祈祷等行为)的取缔件数上也是如此,从在特高警察中设置宗教警察的1935年起,对未经许可宗教行为的取缔1936年为5件,1937年为246件、1938年为311件、1939年为788件、1940年为222件、1941年为6件、1942年为9件、1943年为1件。[1]

　　另一方面,新宗教仍然遭到严厉的监督、限制乃至镇压。1939年6月当局借口灯台社教理含有蓄意变革国体的企图共逮捕教团干部及信徒116人,其中53人以违反《治安维持法》被起诉,判处创始人明石顺三10年徒刑,其他人员也遭判刑,教团被迫解散;大自然天地日之大神教、菩提堂、忠孝阳之教等新宗教创始人等也遭到逮捕、起诉及判刑。1941年12月8日太平洋战争爆发后,严格限制新教团的成立,宗教统制进一步加强。1943年6月,创价教育学会的领导人牧口常三郎、户田城圣因违反《维持治安法》及不敬罪被捕,组织呈现毁灭状态,其他如天照日今上皇大神教团等新宗教团体也遭到严厉的镇压。为求生存与发展,新宗教团体不得不改变自己的教理以适应战时体制的需求,甚至支持政府的对外侵略政策。例如天理教在战时将教义中“劳动奉献”的对象从该教神明转为国家,不仅积极响应军部的号召移民中国东北地区,建立数千人规模的天理村,而且战争末期每天有万名信徒进入煤矿劳动,支持政府的决战计划。[2]

---

① 小島伸之:『信教自由に対する宗教団体法実行の影響』,『東洋学研究』,東洋学研究所50周年記念号(46)2009年,第199—202頁。
② 永岡崇:『新宗教と総力戦』,名古屋大学出版会,2015年,第1頁。

地震宗教学
——1923 年红卐字会代表团访日赈灾与大本教[1]

孙 江[2]

一、引言

1923 年 9 月 1 日,日本发生了震惊世界的关东大地震。翌日,在上海发行的《申报》立刻报道了地震消息。[3] 第三日后,有关地震的惨状不断传至,中国舆论对日本灾民的不幸表达了极大的同情。[4] 震灾给险象环生的中日关系带来了转机。9 月 3 日,北京政府内阁会议做出决议:慰问、调查灾情、捐助二十万元、动员各省绅商捐助、运送救援物资、派遣中国红十字会去日本,等等。[5] 9 月 6 日,对立的政治派别、军阀聚集一堂,成立"救济同志会",商讨救灾问题。[6] 清朝末代皇帝溥仪多次前往日本驻华大使馆捐赠财物,京剧名角梅兰芳在上海的连场义演更为引人注目。

---

① 本文为关于大本教研究专著之一章。
② 南京大学历史学院教授・学衡研究院院长。
③《日本地震大火灾》,《申报》,1923 年 9 月 2 日。
④《日本大震灾》,《晨报》,1923 年 9 月 3 日社说。
⑤《中国军民救济恤民》,《盛京时报》,1923 年 9 月 7 日。
⑥《段张竞因日灾会合》,《盛京时报》,1923 年 9 月 8 日。

在各方开展的赈灾活动中,迄今未被注意的一幕是中国红卍字会的赈灾活动。同年11月,世界红卍字会中华总会派遣会员侯延爽等三人,携米二千石、美金五千元,赴日本慰问灾情。这段故事,在红卍字会的历史自述当中虽然经常被提及,但无论当时还是今天,所有记述均语焉不详,并且颇多舛误。① 红卍字会代表团访日目的并不仅仅是赈灾,还有着传教布道的动机。原来,在日本,一个名为大本教的新宗教宣称红卍字会的赈灾之举乃是受到其"笔先"——神明的启示,"早有预言暗示"。

1921年,大本教因"不敬"罪遭到大正政府的弹压,教祖出口王仁三郎被捕,后虽被保释,仍获徒刑五年,正在上诉之中。② 关于大本教遭到政府弹压的消息,中国媒体多有报导,且均沿用了日本政府和舆论的说词,称大本教为"邪教""谋反"。③ 一个正在成长的中国宗教慈善团体难道不知道大本教在日本被弹压的事情吗?④ 何以要犯难冒险和大本教连手呢? 以下,本研究首先追溯红卍字会和大本教之邂逅,其次考察红卍字会的赈灾活动以及红卍字会与大本教合作关系的建立,最后简要评析中日民间宗教携手的意义。

二、邂逅

促成红卍字会和大本教连手的人物是日本驻南京领事林出贤次郎。地震发生一个月后,10月8日,林出贤次郎给外务大臣伊集院吉彦发去

---

① 比如最新的数据集,参阅世界红卍字会中华总会编,《世界红卍字会史料汇编》,香港,2000年,第133页。

② 参见大本七十年史编纂会:《大本教事件史》,京都:天声社,1970年。

③ 参见林可彝:《日本大本教谋反事件》,《时事月刊》1921年第1卷第5期;幼雄,《世界的秘密结社:日本大本教的始终》,《东方杂志》1922年第19卷第19期。

④ 1921年冬,红卍字会成立。1922年10月,红卍字会以慈善团体向北京政府内务部申请登记,内务部以"该会章程以促进世界和平,救济灾患为旨趣",予以批准。参见前揭世界红卍字会中华总会编:《世界红卍字会史料汇编》,第5页。关于红卍字会的研究,参阅酒井忠夫:《近·现代中国における宗教结社の研究》,东京:国书刊行会,2002年。

了一份函件,这里将其全文粗译如下:

关于此事,一如前电第六五号所呈,北京世界红卍字会中华总会寄送我方之震灾救恤米二千石获本地督军及省长特别许可后,于当地购得,九月三十日交与下官(一袋一百四十斤装,计二千袋)。此后,在本地税关,以神户邮船会社致东京震灾救护局名义办理出关手续。十月六日,承载救恤米之日清汽船南阳号前往上海,上海至神户间输送事宜则得上海总领事馆之助。该米发送之时,世界红卍字会中华总会派代表侯延爽、杨承谟、冯阅谟三氏欲前往视察灾害情形。按,该世界红卍字会,系数年前于山东济南兴起之新宗教团体,现置其总部于北京,名世界红卍字会中华总会,于支那各地设分会,曰道院,本地则有南京道院、江宁道院两分会。究其宗旨,为信奉至圣先天老祖之神意(在神前,以扶乩之法获得神谕),统一儒教、回教、佛教、道教及耶稣教之五教,促进世界和平,广施慈善救济。此外,还设有灵学与宗教二研究机构,从事专项研究。信徒对内修行,犹如禅宗之坐禅,在师傅指点下,于神前默坐,累积内省工夫。对外促进和平,实施慈善。在北京总部,有王士珍、王芝祥、江朝宗等信徒。在本地,则有齐督军、韩省长、宫镇守使及叶总商会会长等为首之众多官民。浙江督办卢永祥、上海护军使何丰林等亦为其信徒。恰如此前江苏和浙江两省当局缔结和平协议,回顾该信徒之活动,其宗旨为促进实现和平者不疑也。再,此次对日救恤米二千石,在该省发表反对解禁防谷声明之后,获特别许可而得以出口。即其宗旨之一救灾而言,自革命以来,战祸漫及全国,人民苦于战乱,握有权势之督军及各文武官员深陷权争之祸中,一无宁日,饱受不安。且看今日之段祺瑞,耽于佛书,本地文武官员亦不乏其人。如论以全体国民(之福祉为目的),企盼和平,则曰红卍字会,盖其不囿于一己之立场,广受民众欢迎也。从支那之现在及将来看,(红卍字会)为社会上不容忽视之存在。而就该会成员在道院供职论之,此乃新宗教兴起时皆可看到之热忱。旁观者讥其为迷信,反之,其以为此般人等可怜之极,热心宣传如故。此次派往我国之三代表,皆为曾留学日本之信徒,视察灾情,传播该会宗旨,受在日本设立道院之神意,欲从根本谋日支和平亲善。该代表等抵东京后,自会依其目的而活动,唯望我当局鉴于上述诸情,妥为相待,此乃卑见也。①

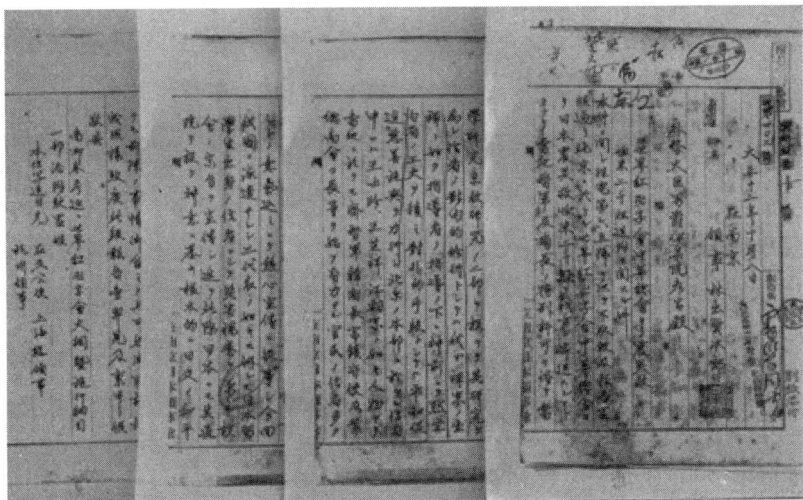

林出贤次郎信函(1923年10月8日)。日本外务省外交史料馆藏。

　　林出这封内容杂乱的长信有三个要点:第一,世界红卍字会中华总会将派其代表候延爽、杨承谟、冯阅谟三人携带赈米二千石前往日本慰问灾情,三人均曾为留日学生;第二,红卍字会系新宗教团体,又称道院,提倡五教合一,倡导慈善事业,得到各省政商界人士支持,为中国将来不可忽视之存在;第三,三人赴日慰问灾情之外,还准备在日本设立道院支部。林出系公职在身的外交官,何以会对一个宗教慈善团体红卍字知之若深,并且在公函中郑重向外务大臣推荐呢? 保存在中国第二历史档

---

① 日本外务省外交史料馆资料:《宗教關係雜件·大本教卜紅卍字会提携ノ件》,《世界紅卍字会中華總会より震災救恤米二千擔送附に關する件》(在南京領事林出賢次郎より外務大臣伊集院彦吉宛),1923年10月8日。

案馆的档案数据为揭开这个谜团提供了线索。原来,在关东大地震发生后不久,位于南京白下路的日本领事馆的领事林出,即频频访问距领事馆不远位在愚园的红卍字会道院,催促红卍字会与大本教连手。南京道院袁善净在给总会的信函中写道:

> 红卍字总会公鉴:近日南京日领事林出贤次郎来道院参观并叩幕,与彗惠统掌谈论道旨,数日以来,往返甚密切,渠亦深为信仰。据云:日本有大本教者,成立已有卅余年,主张大同,并合五教统一之精养。初系神附于人,而书出数百册之著作,早言东方有大浩劫之事,政府禁之甚,然其教徒已繁,政府不无顾忌,而未显其诛戮。其宗旨与崇拜适与道院相合,领事亦教徒之一也。迨今日日领来电话,谓其教友上西信助来信,谓早奉神示,大劫之际,有中国使者往等语。于是,须探中国卍会代表之住址云云。兹将来信之译文抄陈一带,除一面告知,请其往舞子吴锦堂处询代表住址外,相应函阅详情,以见此次赴日布道之机会,足唤起我卍会同志之良好精神于无穷也。奉此致颂公安。袁善净谨陈。癸亥年九月初十日。再:右事请勿电素爽等,以免引起日政府之干涉。净已密函素爽兄等矣。又及。①

袁善净的信函是了解红卍字会如何与大本教发生联系的关键文件。从信中可知,林出频频往访道院的目的很明确,即促成两教的联合。因此,他在向道院的统掌介绍大本教时,特意强调大本教"其宗旨与崇拜适与道院相合"。确实,大本教"初系神附于人",和红卍字会/道院的"扶乩"有异曲同工之用。但是,说大本教"主张大同,并合五教统一之精养",这是附会红卍字会的宗旨,与大本教本来复古保守的宗旨有异。林出在介绍大本教时,很坦率地讲到大本教的处境:已经遭到政府的"禁止"。

---

① 《袁善净致红卍字会总会函》(1923 年 9 月 10 日),中国第二历史档案馆内务部档,卷宗号257,案卷号 643,以下同。

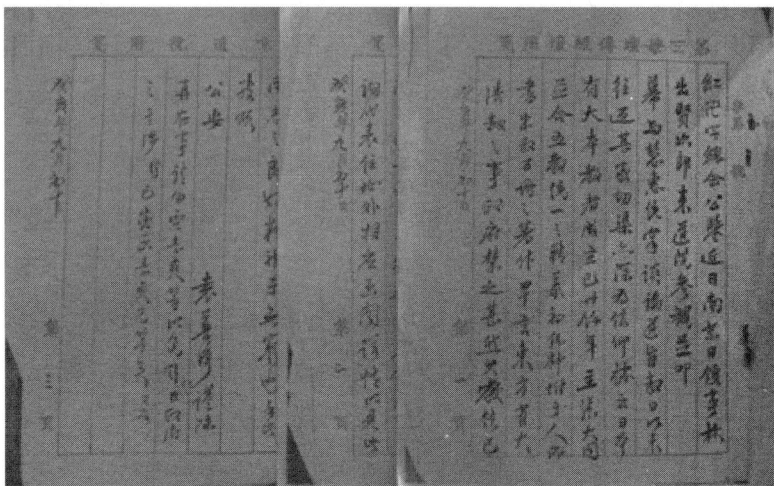

袁善净信函(1923 年 9 月 10 日)。中国第二历史档案馆藏。

袁善净信中披露,林出自称大本教"教徒之一"。林出何以成为大本教的信徒? 这要追溯其在新疆的经历。林出贤次郎(1882—1970),东亚同文书院第二届毕业生,就任日本驻南京领事之前,其最有名的经历是曾两度去过新疆(1905—1907、1907—1910)。在第一次由北疆返回乌鲁木齐途中(1907 年),林出巧遇正在新疆"探查"的陆军少将日野强。日野返回日本后,将其在新疆的经历撰写成《伊犁纪行》一书,大为轰动。书中记述了与林出相遇的情形:"[彼]流寓于天山北路二年,正在返国途中。我不单喜于天涯之奇遇,此后同居数日,关于前程获教甚多,特书于此,以谢其高谊。"①这次奇遇使林出与日野家结缘——娶日野次女为妻,日野返回日本后一家皈依大本教,这又使林出与大本教结下了因缘。

1921 年 2 月,大本教遭遇了其历史上第一次弹压。两年后,围绕大本教的波澜平息下来,不过王仁三郎仍然身系诉案。林出密切关注着事

---

① 日野强:《伊犁紀行》,東京:博文堂,1909 年;複刻版:東京:芙蓉書房,1968 年,卷上,第174 頁。

态的发展,试图将红卍字会介绍给正处于迷茫中的大本教的领袖。1931年11月,大本教北村隆光在回顾道院和大本教的携手经过时写道:"其时南京领事林出贤次郎氏(道名寻贤)乃大本教徒,又为南京道院之要员,不但促成侯氏等救恤渡日,且将其介绍给大本。"[1]在林出和大本教之间充当中介的是袁善净在信的后半部分提到的上西信助,从后文可知,林出和上西有亲戚之谊。袁善净让上西到神户华侨吴锦堂处打听红卍字会情况,可见吴锦堂本人也为红卍字会之会员。

南京道院是否相信林出所说的"神示"不得而知,不过对于林出所建议之去日本布道却表现出极大兴趣,认为此行"足唤起我卍会同志之良好精神于无穷也"。9月20日,南京道院叶能净在致总会的信中写道:"日前又与道开同晤日领林出贤次郎,将卍会来历及现在展布情形细说一通。日领不但盛佩,且于道院推行道务于彼国亦极端赞助。昨又亲到南院参观,由道开招待甚周,并将院则卍会各种印品交彼带去细阅。此公素性好佛,通道颇坚,将来于推行道务上不无臂助,亦卍会第一次发展之大效也。"[2]叶能静即林出上述信函中提到的江苏省总商会会长,与他同去见林出的道开系道院信徒的道名,本名陶保晋,系南京道院的开设者。[3]

红卍字会对于与大本教连手的风险不无知觉,袁善净在信末附言:"勿电素爽等,以免引起日政府之干涉。"素爽即侯延爽。[4] 但是,红卍字

---

[1] 北村隆光:《道院、红卍字会に就て》,《神の国》第154號,1931年11月。

[2] 中国第二历史档案馆内务部档:《致红卍字总会函》,1923年9月20日。

[3] 陶保晋(1875—1948),江苏江宁人,日本'法政大学清国留学生法政速成科'第二班毕业生,先后任江苏咨议局议员、金陵法政专门学校校长、众议院议员等职。参阅法政大学大学史数据委员会:《法政大学史数据集》第十一集,1988年,第173—174页;沈云龙:《清末民初官绅人名录》(近代中国史料丛刊三编),台北:文海出版社,1996年,第495页。

[4] 侯延爽系清代进士,曾留学日本,长期任政府高官,系由基督教改信红卍字会。关于其简历,参阅 F. S. Drake, "The Tao Yuan: A New Religious and Spiritualistic Movement," *The Chinese Recorder*, Vol. 54, (March 1923), p. 141;北村隆光:《世界红卍字会の大元支那道院に就て》,《神の国》第39號,1923年12月。

会完全不知道与大本教合作对于日本当局而言将意味着什么,而是加紧准备赴日赈灾事宜。

三、赈米

> 东瀛浩劫,有史罕闻,国于同洲,往救宜急。本会以慈济为主旨,已筹集数万之元,苏皖等省采购米石,运往赈济,一杯之水立涸堪虞。想灾民正火热水深,即常人犹惊心动魄。①

地震后 7 天,北京政府大总统接到红卍字会中华总会电报。在电文中,红卍字会中华总会强调赈济日灾乃是出于同洲之谊和慈善之心,希望能够得到政府的资助:"究能助募若干,敬希赐示。"②与此同时,红卍字会中华总会还向中央和地方政府其他官员去电,报告在长江中下游的江西、安徽和江苏等省募捐和购米计划:

> 此次日本水火奇灾,旷古罕见,救济之道,粮食为先。本会现已筹款,拟派员在安徽、江苏、江西等省采购米石,以一万石为率,计在安徽芜湖采购六千石,江苏、上海三千石,江西九江一千石。③

红卍字会预定采购一万石米! 其时,灾害频仍,米价昂贵,北京政府严禁大米出口,要采购一万石之米,何其难矣,红卍字会最终只购买到二千石。正在红卍字会准备展开募捐时,总部设在上海云南路仁济善堂的中国协济日灾义振会致电红卍字会,指出在"救灾恤邻"的同时,还须将"所有被难侨民,即由专轮救护回国","慨念邻灾惨酷,一视同仁,倡解以囊,广为劝募,多多益善"。④ 中国协济日灾义赈会希望将红卍字会的赈

① 中国第二历史档案馆内务部档:《世界红卍字会中华总会会长徐、王、钱、江、王致大总统电》,1923 年 9 月 8 日。
② 同上。
③ 同上。
④ 中国第二历史档案馆内务部档:《中国协济日灾义赈会会长朱佩珍、副会长盛炳纪、王震致北京世界红卍字会中华总会电》,1923 年 9 月 11 日。

济活动纳入其统一调度之下。然而,红卍字会不但要独立展开赈济活动,还在日本驻南京领事林出和南京道院袁善净的磋商下与大本教建立了联系,自然不会响应义振会的要求。且看红卍字会是如何筹募赈米、通关和搬运的。

红卍字会中华总会在决定赈济后,即派要员道开(陶保晋)从北京南下。道开于9月8日晚抵达南京后,立刻晤见南京道院的叶能静,约定以一石米价七元三角,订购二千石。13日,道开在致总会的电报中说:"近日米价已飞涨也,当即往中国银行提款。所有随带之万元汇票,票根已到,当即提出分付两米号定洋。其由京递汇万元票根尚未寄到。"①二千石米转眼即已预购妥当。需要指出的是,红卍字会所设定的募捐款为二万元,按照一石米七元三角算,红卍字会实际用于购米的钱款没有二万之数。道开所带汇票一万元,加上此外的一万元,共计二万元。这些钱款是从何处募集呢?"卍会此次筹借二万办赈,闻道开说,将来须由各院共担,南、宁约担三千之谱。"但是,南京、江宁两处的三千元钱款,还需要取自政府所募集的款项。"但此款虽经募定,大半尚未交到银行,容候拨交,再行汇寄。"②

接下来,在争取免税出口许可上,在南京道院和红卍字会中华总会,北京政府和地方政府,南京道院和地方政府,以及红卍字会中华总会和北京政府之间,发生了比较复杂的文电交涉。9月16日,陶保晋在给红卍字会中华总会会长的电文中称:"9月15日金陵海关已经奉税务处训令赈米免税。但是,16日,道院到海关接洽,却碰到了阻碍:'谓税务处训令云在江苏、上海购米与保晋接洽,显系两歧,不允验放。再四磋商,始允通融';'殆至下午,该关又忽称接税务司电话,谓奉有两长训令,米谷不准出口,拒绝验放。'"一番交涉之后,江苏省省长说需要得到督军的许

---

① 中国第二历史档案馆内务部档:《道开致会长及诸道长电》,1923年9月13日。
② 中国第二历史档案馆内务部档:《致红卍字总会函》,1923年9月20日。

可。[1] 到 20 日,红卍字会始获得出口大米的许可。[2]

在交涉获得出口许可的同时,红卍字会已经确定了派往日本慰问的人选。16 日,红卍字会中华总会致函北京的日本驻华公使:

> [闻]贵国灾情以后,当即集募款项,先由南京等处购米二千石,不日运东赈济。惟以境地悬隔,救济之法,未尽适宜。敝会为慎重起见,公推审计院审计官冯君阅模、前滨江关监督侯君延爽、山东任用县知事杨君承谋三人前赴贵国,亲向贵国政府及各灾区竭忱慰问,并调查灾区实况,以备敝会续募赈款,妥定赈济办法。兹侯君于十九日由京赴江宁乘海轮,护送赈米。冯、杨二君定于二十日由南满铁道前往,为此函达贵公使。希先行电达贵国政府及灾区市长,为之介绍,并祈分别知照沿途各主管机关照料一切,不胜感祷之至。[3]

冯阅谟和杨承谋由南满铁路换乘海轮前往,侯延爽则南下自上海护送赈米赴日。19 日,红卍字会中华总会以会长名义致函中国驻神户领事柯荣陔,谓二千石米已交日清轮运送,并派三人"赴日本灾区,实地调查,应如何适宜散放,及与该区官长暨各慈善团体如何接洽之处,统希密酌指示,俾本会会员等有所遵循。再,冯君等抵神户后,所有寓所,乞代为觅定,以资便利"。20 日,红卍字会将已派三人前往日本的消息转呈中国驻日本公使馆。[4]

采购赈米的过程一波三折。财政部致函苏、皖、赣省长说:"皖省连岁灾祲,粮食缺乏,迭据地方士绅声明,照约禁运米谷出洋。兹因红卍字

---

① 中国第二历史档案馆内务部档:《陶保晋致红卍字会中华总会会长》,1923 年 9 月 16 日。
② 中国第二历史档案馆内务部档:《致红卍字总会函》,1923 年 9 月 20 日。
③ 中国第二历史档案馆内务部档:《世界红卍字会中华总会会长徐、王、钱、江、王致日本公使函》,1923 年 9 月 16 日。
④ 中国第二历史档案馆内务部档:《世界红卍字会中华总会会长徐世光、王芝祥、钱能训、江朝宗、王人文致施、张代办公使函》,1923 年 9 月 20 日。

会采购救济日灾赈米，系属慈善性质，与日商来芜办米情形不同，所购米石数目亦非过多，既经大部给照免税，自应照办。"财政部又致函税务处和江海关："惟沪地米价翔贵，近日地方各团体正在反对来沪购米运日，可否令其将在沪所购之三千石，一并在于芜湖、九江两处采办，籍顾沪地民食等情到署，当以苏省米谷既以约章所载为出洋绝对禁品，而各属地方人民，自闻日灾，有购运苏米救济之说，又纷纷来署具呈，请勿迟禁。"①采购地点于是改在芜湖和九江，但最终还是在南京购得赈米二千包，约合国秤二十八万斤。②

赈米在南京装船后，"陵关税司以购米文电未有南京字样，不予放行"。于是，红卍字会只得请求道："查米谷为出洋绝对禁品，载诸约章。惟此次所运系专为急赈日灾起见，应予约外特准一次，购交驻宁日领转运。"直到 9 月 30 日，才得到放行的通知。③ 10 月 4 日，开始搬运赈米。红卍字会南京分会致总会电文中写道："顷接日林使函称，赈米护照业经金陵关填发护照一张，米由林使雇四日大福或五日大利丸运沪，再由沪日领雇船运日。"④历时一个月，红卍字会的赈米终于可以出口日本了。赈米和现金的使用方法如下：赈米二千石，现款二千元，"以七成赈日灾，以三成济华侨"。⑤

四、携手

红卍字会赈灾慰问团由侯延爽、冯阅谟和杨承谋三人组成，他们分途抵达日本后，其行动即被置于日本警察的监视下。兵库县知事平冢广

---

① 中国第二历史档案馆内务部档：《财政部致红卍字中华总会公函》，1923 年 9 月 21 日。
② 中国第二历史档案馆内务部档：《红卍字中华总会致税务处函》，1923 年 10 月 1 日。
③ 同上。
④ 中国第二历史档案馆内务部档：《南京红卍字分会致中华总会电》，1923 年 10 月 4 日。
⑤ 中国第二历史档案馆内务部档：《世界红卍字会中华总会会长徐世光、王芝祥、钱能训、江朝宗、王人文致许芝田函》，1923 年 10 月 6 日。此处作现金二千元，一般史料作美金五千元。

义 11 月 10 日给内务部、文部和外务部的报告中写道：

> 世界红卍字会代表侯延爽（49 岁）自称慰问关东震灾，于十月七日八时乘入神户港之熊野丸来神户。同日午后八时七分，于三宫站乘列车入京，与先前抵京之审计院院长冯阅模（谟）、世界红卍字会代表杨承谋及王焕等会合。同月十六日，一行来神户，下榻市内北长狭通六丁目吉野馆。十一月十七日，移居海岸通四丁目出口旅馆。其间曾赴奈良、大阪游玩并访问亡命客王揖唐。①

侯延爽 10 月 7 日于神户登岸后立刻转赴东京，8 日抵东京后与先行抵达之冯、杨会合，16 日三人一起返回神户，至此，与赈灾有关的活动告一段落。三人之所以盘桓不去，细究起来，乃是另有所图。实际上，在得知红卍字会一行来日后，大本教方面也急于知道代表团的行程。13 日，上西给林出去信，打听红卍字会代表的行程。信函的中文抄件写道：

侯素爽像。《东瀛布道日记》
（沈阳道院刊，1932 年）。

> 世界卍字会代表到东事已悉，已将此事告知教主。据云：早有神示，专候已久。亟愿晤面，与代表一谈卍字会之主张，并说明大本教意，盼望对于世界难局减少牺牲，而导世界于和平之域。代表住日本何处？何日到日本？望示知。现当局对于大本教之态度，已不似从前之严厉，但不能十分优待，万一当局不愿中国卍会代表来晤，上西可以先拜访代表。②

可见，16 日之后的半个多月里，代表团一行看似在游山玩水，其实早

---

① 日本外务省外交史料馆资料：《大本教ニ関スル件》，兵库县知事平塚广义，1923 年 11 月 10 日。
② 中国第二历史档案馆数据藏：《上西信助函抄件》，1923 年 10 月 13 日。

已暗中和大本教接上了头，伺机去大本教总部绫部。前述平冢报告写道：

> 为达到某种非分之图，与神户居住之上海时报特派员饱(鲍)秋声于三日午后一时八分从三宫站乘车去绫部，与大本教干部会见，连住二日。王仁三郎及干部等于五日午后七时三十分抵三宫站，随后去神户出口旅馆，八日离开，移居管下武库郡六甲村高羽十三大本教信者片山春弘之处。同夜，汇聚于该处之人皆与大本教关系甚深，如自称海军少佐出口利隆、杂志《神之国》记者加藤明子，居绫部北村隆光、床次真广、田渊六合美等，彼等彻夜密谈。出口以下，九日赴大阪。①

平冢详细记述了代表团和大本教的会面情形。据平冢说，其情报得之于"内侦"(密探)所报。该密探称，"两怪教"之代表在绫部相会，"意气投合"。大本教"笔先"(神启)道："与支那之宗教联合吧。"大本教在北京布教，红卍字会当年在神户设立据点。9日，侯延爽向北京发出速派通日语之布教师徐某之信函。此后，侯为出席即将召开的大本教秋季大祭，9日下午乘阪急电车赴绫部。经过一系列活动后，道院在神户建立了支部，吸收领事柯鸿烈，副领事李家驷、杨寿彭等加入。报告最后认为对于两教的"提携"，"要引起相当的警惕"。②

在兵库县知事呈递报告的同时，京都府知事池松时和也在给内务、外务、文部和兵库县知事的函件中，报告所获之关于大本教与代表团来往的情报，指出代表团是在南京领事林(出)权(贤)次郎的介绍下到大本教总部的，林出与上西新(信)助系亲戚关系，代表团将于近日回国，北村隆光通晓汉语，为了视察卍字会本部、研究其教理，将和代表团一同前往

---

① 日本外務省外交史料館資料：《大本教ニ關スル件》，兵庫縣知事平塚廣義，1923 年 11 月 10 日。
② 同上。

中国,等等。①

综合上述两个报告,兵库县知事平冢在 11 月 21 日又撰写了一份详细的报告,这可视为日本政府所掌握的代表团一行活动情报的总结。该报告内容分为五个方面:

第一,关于大本教与世界红卍字会之联合。这部分重复了此前函件的内容,指出 8 日晚之密谈,王揖唐(前众议院议长)亦参加。平冢认为,"处在衰退状况的大本教,出口王仁三郎以下之残党至今仍然梦想改造世界,急于挽回教势,因关东大地震而其预言偶然应验,正考虑扩张其势力之法。"报告认为大本教和红卍字会相互利用,在对方国家开展布道活动。前文提及六甲村片冈春弘无偿提供别墅,作为红卍字会神户支部,神户支部要求总部速派日语流畅者前来布道,即为例证。

第二,关于世界红卍字会的设立及主张。报告认为红卍字教如同日本的红十字会,是一种社会慈善团体,1921 年 2 月创办道院,1922 年 9 月创办"世界红卍字教",提倡基、佛、儒、回、道五教合一,"上流智识阶级"皈依者众,号称以"世界统一"为目的,其内面带有"共产主义者团"的色彩。

第三,中国政府与世界红卍字会之关系。报告提到中国政府对于该会的设立给予了很多优惠,电信、邮件皆免费,此次北京政府是将赈灾"救恤金"交侯延爽一同带来的。

第四,关于世界红卍字会的宗教启示。报告认为大本教的"笔先"(神谕)和红卍字教的老祖略同,在老祖的面前,抬起两教主,其中一个人拿六尺木棒,在砂盘上用"祈念"来书写。按:此处称呼两个扶乩手为"教主",显然不对。

第五,关于出口王仁三郎的言行。报告提到出口王仁三郎、二代教

---

① 日本外务省外交史料馆资料:《大本教ニ關スル件》,京都府知事池松时和,1923 年 11 月 10 日。

主出口澄子和干部高木铁男等为宣传教义,准备远渡台湾,20日夜到神户。该教已经改变以往"极端排外的思想"。为在世界上宣传其教义,令其干部学习世界语。去年11月,与相同教义之Bahaism[1]联合,此次又与红卍字会联合。[2]

这份报告的底本虽然来自密探,不过该密探大概没有进入大本教组织的核心层,内容上有些失实的地方。如,代表团三人是否全都去了绫部,报告没有说明。而根据大本教方面的记载,访问大本教的只有侯延爽和《时报》记者鲍秋声以及一位鲁姓中国人。关于道院代表团一行和大本教的会面,大本教《神之国》杂志刊载了一篇文章,披露了一些内部细节。这篇文章共计三页,第一页佚失,无从得知具体内容,这里摘译相关内容如下:

> 因瑞月氏(出口王仁三郎——引者)还在大阪,上西氏为介绍大本教而登上本宫山,四日午在池中家吃支那料理。山口利隆氏很快表示赞同其主旨而入会,北村氏虽会流畅的支那语,因鲍氏之口译,侯氏喜于听懂对方意思,北村氏完全成了陪客。但是,推心置腹,侯温厚的人格连二代教主也称赞有加。侯与上西、山口、日野诸氏,用其十七年前留学时所习日语,简单交谈,不时露出笑容。此外,通世界语的西村、樱井两人也赶来了,因侯等不会世界语而无法交流,二人力荐世界语,侯、鲁两人答应学习,场面滑稽。实际上,没有异邦人的感觉,大家与其说像旧知,不如说更像兄弟般地谈笑。

> 接着,客人和二代教主和其他几个陪客一起拍摄了两张纪念照,鲍氏因事乘四时火车回神户,其余当瑞月氏于下午六时返回

---

① Bahaism系19世纪中叶在伊朗兴起的新宗教,主张所有宗教的根本是同一的,提倡人类平等、男女平等、世界和平。

② 日本外務省外交史料館資料:《大本教ニ關スル件》,兵庫縣知事平塚廣義,1923年11月21日。

后,借助北村氏的口译,高兴地交换了意见,最后侯氏在大本内夜宿。

五日,继续进行广泛交谈,很快决定两教携手,相约为促进国际和平而努力。首先在神户设立该会之分院,北村氏渡支访问该会,最后,加上瑞月氏,又如昨日般在黄金阁下拍摄纪念照,十一时,在瑞月氏、二代教主陪伴下乘火车前往阪神方向,谷村、北村、山口三氏随行。①

好似在和警察周旋,3日侯等到访时,主人王仁三郎即瑞月却恰巧不在,直到4日晚才返回。继4日夜王仁三郎与侯氏等谈话,5日上午双方继续交谈之后,王仁三郎当即决定与侯延爽等人一起去神户,解决设立道院支部等事宜。文中有一节,侯延爽"与上西、山口、日野诸氏,用其十七年前留学时所习日语,简单交谈,不时露出笑容"。此处的上西即上西信助。侯延爽一行是5日11时乘列车离开绫部的,而上述兵库县知事报告则说他们一行于晚上7时30分才抵达三宫,其间相隔7个半小时,这大概和侯一行中途在龟冈下车参观高熊山王仁三郎修行之处有关。这有侯延爽三首诗为证。其中一首写道:"物质文明毒水波,横流泛滥莫如何。先生崛起精神界,特在此山试练磨。"②

侯延爽回到神户后,9日又折回绫部参加大本教秋季大祭。21日侯离开日本前,跟王仁三郎进行了多次笔谈。14日在六甲村神户道院,北村隆光和侯延爽、王揖唐三人笔谈。次日晚,侯延爽与王仁三郎笔谈至夜半三时。北村隆光后随侯延爽乘船前往中国,在旅途中撰文称,侯在访问大本教时对王仁三郎极尽恭维,"古人胸中有百万甲兵,先生胸中有百万神书";"大先生是智慧第一,灵感第一,故一见面,不用说明,即了然道院之宗旨,仆阅人甚多,然以先生为优胜也"③。这无疑让正遭到政府

①《神の國》第37號,1923年11月。
② 侯延爽:《登高熊山参大本教主鍊魂处》(其三),《神の國》第39號,1923年12月。
③ 前揭北村隆光:《世界紅卍字会の大元　支那道院に就て》。

弹压和舆论批判的大本教感到极其振奋。① 11 月 21 日正午,侯延爽一行与北村隆光等和准备赴台的第二代教主出口澄子等人同船从神户出发,侯延爽一行在门司登陆后,经由朝鲜前往北京,结束了这次访日赈灾之旅。②

五、结语

从 9 月 1 日发生关东大地震到 11 月 21 日红卍字会侯延爽等启程返国,围绕赈灾以及震后发生的中国人王希天遭残杀事件,脆弱的中日关系由热而急剧变冷。在这样一种国与国的关系格局下,如何看待红卍字会的赈灾之旅及其与大本教的合作关系呢?

回顾 9 月初以来的赈灾活动,红卍字会的募款得到了民间的支持;由于红卍字会在政界有深厚的人际关系,还得到了北京政府的援手,一部分款项还来自政府的募款,包括五千美金的现金。不仅如此,北京政府和地方政府还网开一面,破例让赈米出口。因此,没有政府的支持,很难想象红卍字会赈灾之旅能够成功。此次赈灾之旅开启了红卍字会援助日本地震、风灾等先河。③

与北京政府的态度相反,兵库县、京都府对于红卍字会的到来如临大敌,一直暗中跟踪,兵库县依靠安插在大本教内部的密探掌握了大本

---

① "古の人胸中に百万の甲兵を有つて居てたが先生の胸中には百万の神書を有つて居られる。""大先生は是れ智慧第一であるから、一度面を見らるると説明を用ひずして世界紅卍字道院の宗旨を明瞭に認められた。自分は今迄頗る多数の人に面謁したが、実に先生のやうに優れて勝つた人に出会つた事が無い。"昭日生:《世界紅卍字会の提携と靈界物語》,《神の國》第 40 號,1924 年 1 月。

② 日本外務省外交史料館資料:《大本教及世界紅卍字会提携運動ニ關シ大本教幹部ノ往来ニ關スル件》,兵庫縣知事平塚廣義,1924 年 1 月 16 日。

③ 前揭世界紅卍字会中华总会编:《世界紅卍字会史料汇编》,第 133—134 页。该资料汇编仅列举了三次赈灾活动(1923 关东大地震,1927 关西地震,1933 年三陆地震等),其实远不止于此,还有对风灾、水灾等灾害的援助。1933 年三陆地震款是通过"寻仁"转达的,该资料编者不知"寻仁"即出口王仁三郎。

教和红卍字会之间的交往信息,在确认两教的神启——扶乩与"笔先"之间存在相似点之后,更加怀疑红卍字会和大本教携手的目的。随着次年二者关系的密切,这种跟踪调查一度有加强之势。这是后话。

在讨论红卍字会访日赈灾之旅时,林出贤次郎的作用不可忽视。作为南京领事和大本教徒,林出一身而二任,在履行领事公务的同时,积极促成红卍字会远赴日本赈灾并与大本教合作。一方面,林出的诚意和说辞打动了红卍字会,在对日本的近代政教关系缺乏真切了解之下,红卍字会轻率地接受林出的建议,想将道院的信仰扩大到日本。另一方面,在与代表团侯延爽的交往中,大本教发现了在中国传教的可能性,于是农历新年刚过,1924 年 2 月 13 日,王仁三郎就秘密进入中国,转道奉天后进入蒙古,开始了一次冒险之旅。在日本,红卍字会神户道院于 1924年 3 月 6 日正式成立。由此,中日两国之间出现了一种跨国性的民间宗教结社交往模式。

盟军占领时期的日本宗教制度改革研究综述

罗　敏①

一、盟军占领时期宗教制度改革

二战结束后,从 1945 年 8 月以美国为首的盟军进驻日本到 1952 年 4 月《旧金山和约》正式生效,盟军在日本进行了长达 7 年的军事占领。这一时期,在美国的主导下,开展了一场涉及多个方面的非军事化、民主化的改革,对战后日本产生了深远的影响。

宗教制度改革也是这场改革的重要一环,盟军总司令部(GHQ)主要通过制定、颁布一系列的指令、法律等进行改革。具体如下:

政策	实行时间	法令类型
人权指令	1945/10/4	SCAPIN 指令
神道指令	1945/12/15	SCAPIN 指令
宗教法人令	1945/12/28	敕令
宗教法人法	1951/4/3	法律

---

① 北京大学历史学系博士生。

1945 年 10 月 4 日盟军总司令部向日本政府提出了"有关撤除政治、民事、宗教自由等限制备忘录"(SCAPIN93),也被称为"人权指令"、"民权指令"、"基本指令"或"自由指令"等。根据该指令,日本政府应允许自由讨论天皇制,释放政治犯等,并撤除包括《治安维持法》《思想犯保护观察法》《宗教团体法》等在内的 15 个原日本帝国法律或法令。但事实上,日本政府在接受《人权指令》之后并没有立即废除《宗教团体法》。直到 1945 年 12 月 28 日,在颁布《宗教法人令》的同一天才终于废除了《宗教团体法》。

12 月 15 日,盟军总司令部又向日本政府发出了"有关废除政府对国家神道、神社神道的担保、支援、保护、监督及宣传的文件"(SCAPIN448),即《神道指令》。指令规定日本政府、都道府县厅、市町村等任何官方人员不得以官方身份担保、支援、保护、监督、宣传神道;禁止向神道和神社提供任何源于公共财产的财政援助;废除内务省神祇院,同时也不允许任何政府的其他机关或者依靠税收维持的任何机构代行神祇院现在的功能、任务和行政责任的情况。总而言之,神道指令的主要内容就是将战争时期国家与神社神道密不可分的一体化关系拆分开来,废除国家对神社神道的特殊保护和援助。

如上所述,日本政府接受《人权指令》后,并没有立即废除《宗教团体法》。1945 年 12 月 28 日,日本政府先颁布昭和 20 年(1945)敕令第 718 号:宣布废除昭和 14 年(1939)4 月 8 日法律第 77 号,宗教团体法及相关法令①。在同一天,日本政府又颁布了昭和 20 年(1945)敕令第 719 号:颁布宗教法人令,同时颁布了文部省、司法省、大藏省等的相关规定。《宗教法人令》共计 18 条,于 1946 年、1948 年、1950 年分别进行了修正。

---

① 昭和 14 年(1939)12 月 23 日敕令第 856 号,宗教团体法施行令;昭和 15 年(1940)3 月 16 日敕令第 98 号,宗教团体登记令;昭和 15 年(1940)3 月 16 日敕令第 99 号,公众礼拜用建筑物及用地登记令;昭和 15 年(1940)7 月 10 日敕令第 460 号,依据宗教团体法第 22 条第 2 项规定的免除地租等相关文件。

在最初的法令中,神社神道不具备成为宗教法人的资格。1946 年元旦天皇发表人间宣言后,2 月 2 日撤销神祇院,同日,日本颁布昭和 21 年(1946)敕令第 70 号,对前一年 12 月底颁布的《宗教法人令》进行修改,主要是将神社与寺院、教堂一样都看作是《宗教法人令》的对象。战争时期日本神社神道与国家之间的复杂关系终于通过一系列的法令被割裂开来,并且神社神道与其他宗教团体一样,具有了成为宗教法人的资格。

《宗教法人令》的主要特点是严格贯彻了政教分离和信仰自由的基本原则,并且法令条文非常宽松。法令规定成立宗教法人实行"登记制",在成立宗教法人后两周内向文部省或地方政府提交相关信息,登记备案即可。在税收方面给予宗教法人极大优惠,其中第 16 条规定"依据命令规定,不得向宗教法人征收所得税及法人税……都道府县、市町村等其他公共团体不得针对宗教法人的所得收取地方税"。宽松的法律环境和优惠的税收政策产生了多种影响,一方面,《宗教法人令》颁布后,宗教团体纷纷登记成为宗教法人,特别是战争期间被压制的新宗教团体重新恢复,促生了战后第一次新宗教热潮;另一方面,《宗教法人令》对传统佛教团体等产生了极大的冲击力,许多寺院脱离原来的宗派,成立单立法人,导致传统佛教宗派陷入困境。此外,为能够获得减免税收的优惠,非宗教性的组织或个人趁机登记为宗教法人的混乱现象大量出现。

1951 年日本国会审议通过《宗教法人法》,4 月 3 日颁布并施行。《宗教法人法》共 10 章 89 条,与《宗教法人令》相比,《宗教法人法》的规定更为详细,并且将"登记制"改为"认证制",即宗教团体必须得到文部大臣或地方政府的认证,才能成为宗教法人。还规定了负责人制(教团及所属宗教设施,必须有常务机关经营管理,设三名以上负责人)、公告制(规定教团在处理内部重大事宜时必须告知信徒和相关人员)等。《宗教法人法》出台后,日本的宗教法人数量出现了一次大的回落,此后至今一直比较稳定。

综上所述,《人权指令》《神道指令》在日本确立了信仰自由、政教分离的基本原则。《宗教法人令》和《宗教法人法》规定了战后日本宗教团体的法人地位和内容。经过改革,日本的宗教制度与战前相比有了质的变化,总体上为各宗教团体营造了宽松的法制环境。

既有研究中,上述各项法令是学界关注的主要对象,一方面是因为这些法令非常具体、具有针对性,显著地影响了日本战后宗教团体的存在方式;另一方面,在迄今发现的相关史料中,这些法令的制定过程集中体现了日美双方的争议分歧。除了上述法令,还有宗教团体使用国有土地处理法令,国家节日相关法律等也涉及宗教问题。这些法令在美国方面解禁的史料中占有一定比例,是当时盟军推行宗教制度改革的一个重要方面,因此也受到了一些学者的关注。

二、相关研究综述

目前学界进行研究时使用的史料主要是占领时期的宗教类报纸,关键人物的回忆以及美国方面保存的重要文件。史料是制约研究发展的最关键因素,特别是美国方面保存的文件解禁后,研究成果也随之日益增多。下面分三个阶段回顾。

1. 史料匮乏期(20 世纪 40 年代至 20 世纪 70 年代)

在盟军占领日本期间就已经出现了评析当时宗教法令的书籍或文章,一些宗教类报纸也时刻关注着宗教政策的变化;占领结束初期还出现了部分当事人的回忆录。这些都成了珍贵的史料,是后来研究的重要依据之一。

占领时期,为向社会宣传新的宗教观念或普及法令的内容,日本政府组织出版了《日本的宗教》和《神道指令解说》两本书。

《日本的宗教》于 1948 年 11 月正式出版。前言指出,这本书的目的在于使读者"理解(盟军)占领日本以来日本宗教界发生的广泛变化以及这些变化对日本的民主化而言所具有的根本的重要性"①。指出废除国家神道就是先从日本人的生活中脱下了束缚衣。②书中简略概括了日本宗教的历史,整理了当时日本佛教、神道、基督教及新宗教的基本情况,评述了盟军占领时期的宗教制度改革对日本宗教界所产生的影响,并对日本宗教的各方面问题进行了评价。附录中包括《人权指令》《宗教法人令》《神道指令》《宗教团体使用国有土地处理法令》等重要法令。当时日本的文部大臣森户辰男在1948年9月所作的序中表示:"这本书是总司令部民间情报教育部的宗教科和文化资料科努力的结晶,是有关宗教的占领报告书。但是,其内容极为公平,并且具有批判性,对我们有很大的启示。从这一点来看,本书对日本民主化做出了很大的贡献。……如果可以的话,希望日本国民都能阅读这本书。"③由此可见,该书基本上是对占领时期盟军在日本所推行宗教政策的肯定和宣传。但同时这也是一份有关盟军当时对日本宗教认识的记录,可以从中窥见盟军对日本宗教,特别是对神道和基督教的态度。

　　1949年6月由神社新报社编,文部省官房宗务科监修,日本宗教学者岸本英夫执笔的《神道指令解说》一书出版,主要内容是《神道指令》的全文及其说明。《神道指令》颁布后不久,盟军总司令部收到了来自日本各地的普通民众的信件,信中反映了当地神社收取集资费用等问题,使盟军意识到《神道指令》在地方上的实行并不彻底,因此指示文部省对《神道指令》进行解释说明。书中也写道:"本书在出版时,为了确保正确解释总司令部的各项指令,与总司令部的相关官员进行了多次商议。"美国方面的文件解禁后,在其中可以找到上述两本书相对应的原始资料。

---

① 総司令部民間情報教育部宗教文化資料課編、文部省宗教研究会訳:『日本の宗教』,国民教育普及会,1948年,第1頁。
② 総司令部民間情報教育部宗教文化資料課編、文部省宗教研究会訳:『日本の宗教』,国民教育普及会,1948年,第2頁。
③ 総司令部民間情報教育部宗教文化資料課編、文部省宗教研究会訳:『日本の宗教』,国民教育普及会,1948年,序言。

日本宗教界针对当时出台的法令也表达了一些基本认识。如佛教界的里见达雄在《佛教思潮》上发表的论文《宗教法人令改正的要点》(1949年)、《有关宗教法人的认证》(1952年)等。神社本厅出版的《神社本厅十年史》(1956年)、《神宫与国家》(1957年),神道学者葦津珍彦的《宗教法人法改正的前提》(1957年)、《神道指令与帝国宪法的改正》(1958年)等。美国人威廉·伍德的研究还涉及了新宗教与新的宗教政策关系,如发表于《宗教公论》上的《新兴宗教与宗教法人法》(1956年)等。除此之外,1971年,神社新报社出版《神道指令与战后神道》,1975年再版,对一部分内容进行了修改和扩充。这本书主要是从《神道指令》与神道的关系出发,详细记述了《神道指令》出台后对日本神道仪式、神社存亡、神道祭祀的影响以及神社的抵抗活动等。

上文提到的报纸《佛教思潮》登载了盟军总司令部民间情报教育局与佛教团体多次召开会议的详细情况。另一份宗教类报纸《中外日报》则事无巨细地登载了当时的宗教类新闻、各法令的内容以及各宗教团体内部的变化等。一般性报纸《朝日新闻》《读卖新闻》《每日新闻》等对宗教制度改革也有所关注。

占领结束后,从60年代开始,以宗教学者岸本英夫、威廉·伍德、法学者井上惠行等为主的改革亲历者们,以回忆录或专著的形式记录、论述了盟军占领日本时期的宗教制度改革。其中,岸本英夫以回忆为主,井上惠行在回忆之外侧重从法学角度评析宗教法令。伍德则在回忆的基础上加入了采访,利用了当时最新发现的史料,完成了第一本真正的史学研究。

岸本英夫(1903—1964)是日本著名的宗教学者,毕业于东京帝国大学,1931年留学哈佛大学,获得文学博士。1934年回到东京帝国大学任讲师,1945年3月晋升为副教授,娶日本宗教学者姉崎正治(1873—1949)的长女为妻。盟军占领日本后,因岸本英夫在美国留学的经历和对日本宗教的了解,而将其聘请为民间情报教育局顾问。在之后的《神道指令》《宗教法人令》《宗教法人法》等的制定过程中都能看到岸本英夫的身影。当时岸本的主要任务是帮助盟军更好地理解日本神道,并充当日方和盟军交换意见的联络人、翻译等,见证了多个宗教法令出台的历史过程。因此,岸本当时的日记①、其后的回忆等都成了研究盟军占领时期宗教政策的珍贵史料。加之岸本英夫也是著名的宗教学者,二战后,他以东京大学宗教学科为基地,培养了众多宗教学人才,他的许多学生也都致力于占领时期日本宗教的研究,这些弟子们构成了下一个阶段研究盟军占领时期日本宗教制度改革的主力军。

岸本英夫根据当时的回忆著有《风暴中的神社神道》一文,收录在1963年出版的《战后宗教回想录》一书中。据岸本回忆,盟军总司令部民间情报教育局为了能够获得有关日本宗教,特别是神道的相关知识,正在寻找日本人顾问。岸本接受了民间情报教育局宗教顾问一职,开始游走于盟军与日方之间。回忆中,岸本英夫主要记载了自己观察到的民间情报教育局对神社神道的认识、面临被取缔危机的靖国神社、盟军参观神社、宗教法人令制定过程中的争议、日方努力维系伊势神宫、废除国家神道、出台神道指令等多个历史事件;还记录了自己对盟军和日方参与人员的认识及评价等。这份回忆录成了其后学者进行研究的基础史料之一。

除了《风暴中的神社神道》一文外,《战后宗教回想录》后半部分的"特别资料"中还收录了岸本英夫的另外三篇文章,威廉·伍德的两篇文章,肯·德克(Ken R. Dyke日译名ケン・R・ダイク)的一篇文章,山口文治等的数篇文章,这些文章都比较短小,记录了当时有关日本宗教的方方面面。《战后宗教回想录》的前半部分并不是回想录,而是由新宗

---

① 2005年,岸本英夫1945年的日记在美国被发现,本文在后面将继续论述。这里仅论述岸本的回忆录。

联①调查室的人员整理编纂，"将那个戏剧化时代中各宗教的此消彼长，以公正的立场忠实地记录下来"②。主要的资料来自当时的报纸、杂志、盟军指令以及一些新宗教团体的资料等。内容上对日本宗教界当时的反应、新宗教团体的活动等记录得比较多。

长期在日本文部省宗教机构任职的井上惠行结合自身经历于1969年出版了《宗教法人法的基础性研究》。本书以政教分离和信仰自由为线索，根据自己收集到的信息对日本近代以来的各主要宗教法令的制定过程进行了梳理，并且对这些法令当中涉及的宗教法人设立、解散、破产、合并等重要条款在各时期的内容变化进行了比较说明。从宗教和法律的角度来看，本书对宗教法人相关法令的研究非常全面和系统。12岁时，井上进入寺院成为沙尼，其后进入东京帝国大学法学部学习，毕业后就职于文部省中管理宗教的行政机构。从1913年开始，日本政府在文部省内设置机构，开始开展神社神道以外的宗教团体的管理事务。虽然机构名称从文部省宗教局到文部省文化厅文化部宗务科，经历了多次改动，具体的宗教行政内容也多次变化，但机构本身一直延续至今。1924年至1961年期间，井上一直供职于文部省的宗教机构，因此他对近代以来历次日本宗教法令的出台过程都相当熟悉，在著作中提供了重要的资料。同时由于本书出版于1969年，是最早对《宗教法人法》进行系统研究的著作，因此成了研究日本《宗教法人法》的基本读物。书中，井上明显对1939年制定的《宗教团体法》抱有极大的好感，对战后的《宗教法人法》也赞赏有加，而对于由盟军主导制定的《宗教法人令》，作者则认为过于简单，有不够完备之处。这种态度与作者自己的经历和立场等不无关系。

与岸本英夫和井上惠行经历相似的是本文已经多次提到的美国人

---

① 财团法人新日本宗教团体联合会，是日本新宗教超宗派的联合组织，由PL教团的教主御木德一等于1951年组织成立。

② 新宗连调查室编：『戦後宗教回想録』，PL出版社，昭和38年(1963)，第352页。

威廉·伍德(William P. Woodard,日译名ウィリアム·P·ウッダード,1896—1973)。伍德生于美国密歇根州,1921年到日本,在札幌等地传教,第二次世界大战前还曾到过朝鲜。1941年回到美国,1942年晋升为海军少佐,1945年10月,作为美国战略爆炸调查团的成员再次来到日本,1946年进入盟军总司令部民间情报教育局的宗教科,是占领军宗教研究班的负责人。1952年盟军占领结束后,伍德仍长期留在日本,并于1954年起担任日本国际宗教研究所的所长,这里的国际宗教研究所是伍德和岸本英夫于1954年筹建的公益财团法人。1966年伍德回到美国,1973年去世。回国后的伍德于1972年在美国出版了《占领日本(1945—1952)和日本宗教》(《The Allied Occupation of Japan 1945 - 1952 and Japanese Religions》),其后日本在1988年出版了由阿部美哉翻译的日译本『天皇と神道—GHQの宗教政策』。

伍德是当时民间情报教育局宗教科的成员之一。回到美国后,伍德根据收藏在美国马里兰州第二次世界大战关系档案馆中的资料和基本文件,以及对美日双方主要当事人的采访等,对盟军占领日本时期各项宗教法令出台的背景和主旨进行了广泛的搜集,同时记录了新的宗教法令出台后在当时的日本引发的一些问题和争议,这在20世纪70年代初相关史料还很缺乏的情况下显得尤为珍贵。时任民间情报教育局宗教科科长的威廉·邦斯(William Kenneth Bunce,日译名ウィリアム·ケネス·バンス,1907—2008)对此给予了很高的评价,认为"伍德是叙述占领军宗教政策及其对日本影响的最佳人选"[1],这是一份"最佳人选写成的珍贵记录"[2]。与岸本英夫等人的回忆不同的是,除了自己的回忆,伍德还使用了相关史料和采访资料,并且是对盟军方面意见和态度所作

---

① ウィリアム·P·ウッダード著,阿部美哉訳:『天皇と神道—GHQの宗教政策』,サイマル出版会,1988年,前書第13頁。

② ウィリアム·P·ウッダード著,阿部美哉訳:『天皇と神道—GHQの宗教政策』,サイマル出版会,1988年,前書第13頁。

的最早整理。不仅如此,伍德对日本方面的应对也有比较详细的记述。这本著作从盟军占领日本的目标谈起,涉及了几乎所有盟军占领时期的宗教相关政策,并且回应了对这些宗教政策的批判,是目前为数不多的对宗教制度改革进行全面研究的著作,是研究盟军占领日本时期宗教制度改革的基础之作。

1978年,思想科学研究会编撰的《共同研究——占领日本军的光和影》①下卷出版,设置一章讨论盟军占领时期的宗教问题,收录了1篇采访,3篇论文。主要是从宗教团体的角度出发,讨论了神道、佛教、基督教和新宗教在盟军占领时期,面临政策变换时的应对和内部变化。

2. 史料大发展期(20世纪80年至20世纪末)

美国方面从20世纪70年代开始解禁了大量占领日本时期的官方资料,"甚至在美国还发现了在日本已经消失不见的政府文件"②,史料的出现为研究盟军占领日本时期的宗教制度改革提供了重要基础。在这一背景下,日本文部省就"盟军占领日本和日本宗教相关基础研究"课题,从1985年度至1987年度提供了总额为640万日元的科学研究经费③,有力地推动了研究的展开。宗教学者岸本英夫对战后日本宗教学的贡献颇多,他培养的学生此时大都正值当年,并且致力于盟军占领时期日本宗教的研究。因此,这一阶段,盟军占领日本时期的宗教改革研究呈现繁荣的局面,主要特点是学科多样化。

盟军占领日本时期美国官方文件的解密为课题的研究提供了重要史料。这些史料最初保存在美国国家档案馆,日本国立国会图书馆远赴美国,对这些微缩文件摄影,引进到了日本,并用微缩照片的方式收藏起来。现在在日本国立国会图书馆宪政资料室中共藏有"占领日本关系资

---

① 思想の科学研究会编:『共同研究日本占領軍その光と影』下卷,现代史出版会,1978年。
② 井門富二夫编:『占領と日本宗教』,未来社,1993年,第8页。
③ http://kaken.nii.ac.jp/d/p/60301005、研究课题:連合軍の日本占領と日本宗教に関する基礎的研究。

料"①共 302 件,其中"CIE 文书"②,即盟军总司令部民间情报教育局文件,共有 31052 枚微缩图片,每一枚微缩图片中大约保存 75 张左右的原始文件。这一部分的史料主要是该馆在 1981—1984 年,1986 年及 1992 年引进的。该馆另有 1992 年从杜鲁门总统图书馆微缩摄影、收集的威廉·邦斯在担任民间情报教育局宗教科科长时(1945 年 11 月—1952 年 4 月)的 4 箱文件、手稿和刊行物等共 16 枚微缩照片③。

较早利用民间情报教育局文件进行相关研究的是从事盟军占领日本时期教育改革研究的学者高桥史朗。高桥于 1981 至 1982 年在斯坦福大学胡佛研究所担任客座研究员,期间收集了民间情报教育局文件中的神道指令的草案,并在此基础上,通过分析美国国务省文件、日美当事人的著作和记录以及原宗教科科长邦斯的采访等伍德没有使用过的材料,研究《神道指令》的出台过程。1984 年,高桥撰写《有关〈神道指令〉出台过程的考察》④一文,对伍德的研究进行了验证。

随着史料的收集完成,文部省适时提供的科研经费大力推动了相关研究。以井门富二夫为首的研究人员承担的日本文部省"盟军占领日本和日本宗教相关基础研究"的课题,课题组从 1984 年 12 月至 1987 年 12 月共组织召开了 21 次"战后宗教史研究会",集结了相关领域的多名优秀学者,各与会人员分次提交自己的研究报告。并于 1993 年正式出版《占领与日本宗教》论文集,收录了研究人员的相关论文。值得注意的是,参与该课题的研究人员大多都曾受教于岸本英夫,是这一时期课题研究的中坚力量。该论文集共分为四个部分,收录 12 篇论文及 5 篇回忆。第一、二部分主要讨论了盟军的宗教政策,以及相应的日本宗教制度的变化;第三部分主要讨论了盟军占领日本时期的宗教制度改革对佛

① http://rnavi. ndl. go. jp/kensei/cat125/index. php。
② http://rnavi. ndl. go. jp/kensei/entry/CIE. php。
③ http://rnavi. ndl. go. jp/kensei/entry/Bunce. php。
④ 高橋史朗:「神道指令の成立過程に関する一考察」,神道学会刊『神道宗教』,1984 年,第 115 号。

教、基督教以及新宗教团体等的影响;第四部分主要是日本方面当事人的回忆。这些文章广泛地讨论了宗教法令的出台和影响等,一些视角和思路非常具有启发意义。如宗教学者古贺和则①以文部省的宗教行政为中心探讨了日本宗教制度改革的过程,为研究提供了新的角度。文章指出,在战前和战争期间,日本的宗教行政是以集团优先主义式的教化动员、保护助长、指导监督为基本框架。随着盟军一系列指令的颁布,这一框架迅速崩溃,最终收缩为收集提供宗教相关信息、负责宗教团体和政府各机构的联络事务、基于宗教法人相关法令的事务等。古贺和则的结论最终回归到了占领时期日本宗教制度的改革过程上,指出上述结果并非一蹴而就,期间围绕着是否废除文部省宗务科、制定《宗教法人令》和《宗教法人法》等问题,夹杂了文部省、民间情报教育局和日本宗教界三者之间的大量博弈。在另一篇文章《占领时期宗教行政的变化——文部省宗务科和 CIE 宗教科》②中,古贺和则指出文部省宗务科宗教行政的变化与民间情报教育局宗教政策的变化有很大关系。又如中野毅的文章初步讨论了美国对日宗教政策是如何形成的,2003 年作者进一步拓展,讨论了日美文明的差异问题。

　　紧接着,龙谷大学教授安武敏夫等研究人员承担了 1988—1989 年度课题"宗教团体的教团组织与宗教法人组织的相互关系研究"③,对盟军总司令部民间情报教育局文件进行了整理④。1990 年出版以资料为主的《宗教法研究》第 10 辑(宗教法关系资料 1),收录了《宗教法人法》的各法案,即 1949 年的 21 条案、1950 年的 42 条案和 1951 年的 77 条案。

---

① 古贺和则:「宗教制度の改編過程—宗教行政を中心として—」,井門富二夫編:「占領と日本宗教」,未来社,1993 年,第 6 章。
② 古贺和则:「占領における宗教行政の変容—文部省宗務課と CIE 宗教課—」,龍谷大学宗教法研究会編:「宗教法研究」第 11 辑,法律文化社,1992 年,第 1—26 頁。
③ https://kaken.nii.ac.jp/d/p/63450070.ja.html,宗教団体における教団組織と宗教法人組織との相互関係に関する研究。
④ 该课题研究还包括对宗教团体法法案的资料整理等。

之后,安武敏夫等又承担了1991年度课题"宗教法人法的成立和教团组织的变化"①,延续了上述"宗教团体的教团组织与宗教法人组织的相互关系研究"课题的研究对象和内容。于1992年出版以资料为主的《宗教法研究》第11辑(宗教法关系资料2),除收录上述的古贺和则的文章《占领时期宗教行政的变化——文部省宗务科和CIE宗教科》之外,还包括古贺翻译的伍德在美国发表的文章《宗教法人法的研究》②,通过这篇文章可以再次确认盟军方面对日宗教政策的基本观点。这两个课题的研究主要是整理盟军总司令部民间情报教育局文件并翻译了伍德的文章,与井门富二夫等人的研究相比,虽然研究成果比较单一,但是整体上对盟军总司令部民间情报教育局文件的整理和解读更为深入一些,有利于加深对盟军对日宗教政策的了解。

虽然这些文章讨论的中心和角度不尽相同,但在史料利用方面具有一些相同点。使用的史料主要是上一阶段中提到的《佛教思潮》《中外日报》等宗教报纸,岸本英夫等人的回忆录,包括井上惠行和伍德的著作,以及新出现的民间情报教育局的文件等。由于民间情报教育局文件过于庞大,这一时期对这些史料的利用还显得不够深入。

尽管如此,通过对史料的解读,上述研究从对前一期伍德研究成果的一味崇信开始转变成根据更多的资料对其进行对比验证,并指出其研究中的错误及遗漏。③ 对盟军在制定政策过程中的内部矛盾,尤其是美国国务院与盟军总司令部之间的分歧等进行了梳理,由此讨论《神道指令》等政策内容的合理性等问题。④ 此外,还有研究关注到了占领时期日

① https://kaken.nii.ac.jp/d/p/03620021.ja.html,研究課題:宗教法人法の成立と教団組織の変化。

② "Study on Religious Juridical Persons Law",龍谷大学宗教法研究会編:『宗教法研究』,第11辑,法律文化社,1992年。

③ 中野毅:「アメリカの対日宗教政策の形成」,井門富二夫編:『占領と日本宗教』,未来社,1993年,第28頁。其他如高橋史朗(1984年)、大原康男(1993年)等都对伍德的说法进行了验证。

④ 如高桥史郎的《有关〈神道指令〉出台过程的考察》一文等。

本的宗教制度改革与盟军,特别是麦克阿瑟等人在日本大力推广基督教也有非常密切的关系。

此外,由于美国官方文件的解禁带动了整个盟军占领日本时期的历史研究的步伐,森田英之的《对日占领政策的形成——美国国务院1940—1944》(1982 年),五百旗头真的《美国的日本占领政策》(1985年),竹前荣治的《日本占领——GHQ 高官的证言》(1988 年)等著作从整体上对盟军占领时期的主要政策进行了研究。这些研究在基础史料收集上比较全面,对盟军总司令部内部组织结构、盟军与日本政府的协调方式、改革指令的施行办法等都有详细的论述,是促进宗教制度改革研究的有益助力。

与此同时,以史料为基础,确认法令制定过程的实证性研究迅速起步,大原康男于 1993 年出版《神道指令的研究》,利用已解密的美国文件,确认了《神道指令》的出台过程。这其中也包含了大量伍德使用过的资料,但大原康男强调自己不仅是对伍德论述的再次验证,也试图摸索新的视点。① 在大原康男的研究中,对《神道指令》的起草过程已经梳理的比较详尽了,包括对邦斯的神道研究解读,第一次指令草案,第一次内部研究(staff study),第三次草案内容,日本民间的反映,文部省与民间情报教育局的直接交涉,《神道指令》的完成和颁布,以及颁布后日本文部省和内务省的措施等。在此基础上,大原康男还讨论了《神道指令》和《人间宣言》的问题,再者是神道方面的应对,包括皇室祭祀问题、战死者的公葬问题、忠魂塔忠灵塔的处置问题、靖国神社护国神社的存亡问题等。特别值得注意的是民间情报教育局在制定《神道指令》时,对日本神道展开了详细的学习研究,其主要内容都保存在美国方面解禁的史料中,即大原康男所使用的史料"第一次内部研究(staff study)"。这份史料是了解盟军当时对日本神道理解的最佳材料,其中简要记录了盟军方

---

① 大原康男:『神道指令の研究』,原書房,1993 年,諸言第Ⅳ頁。

面就神道问题得出的基本结论。事实上,除了大原康男所使用的这份史料外,盟军方面还进行了多次有关日本神道的具体内容的研讨会,青年学者清水节①于 2004 年和 2005 年翻译、介绍了 5 份民间情报教育局神道研究的相关史料②,即,"针对日本学校中的国家神道美国军政当局应采取的特别政策的劝告""ATIS(Allied Translator and Interpreter Section 联合国口译翻译部)的神道研究""神道是日本的国教吗""神道与政治""第一次内部研究"等。通过对比这些文件便可以发现盟军对日本神道的基本认识,以及时任盟军总司令部民间情报教育局宗教科科长邦斯的"'国家神道'观的形成过程"③,进一步确认在《神道指令》制定前后,盟军方面的认识变化。

3. 新史料发现期(21 世纪初至今)

经过了前一个阶段的研究,日本学界对盟军占领日本时期的宗教制度改革研究已经取得了不少成果,特别是《神道指令》等政策的制定过程日渐明晰。新时期的研究特点主要表现在收集新史料,加强对史料的进一步解读,以及尝试在整体上把握问题、深化理论分析等。

1996—2000 年日本出版了由竹前荣治、中村隆英监修,天川晃等人编集的大型丛书《GHQ 日本占领史》,几乎囊括了盟军占领日本时期改革的方方面面。这套丛书翻译自 1951 年盟军总司令部民间史料局(GHQ、SCAP、CHS-Civil Historical Section)为主编纂的占领史,底本为复刻版的《日本占领 GHQ 正史》④,全 55 卷,时间上从 1945 年开始至1951 年占领结束前期为止,内容上涉及了政治、行政、法律、经济、产业、

---

① 「GHQ/SCAPの神道研究に関する史料(1)」,『日本学研究』(第 7 号),金沢工業大学日本学研究所,2004 年 6 月。「GHQ/SCAPの神道研究に関する史料(2)」,『日本学研究』(第 8号),金沢工業大学日本学研究所,2005 年 6 月。
② 日本国立国会图书馆宪政资料室所藏的 GHQ 民间情报教育局文件。清水节翻译介绍的文件名为"Shinto-Staff Study Oct. 1945-Dec. 1945",文件编号:CIE(A)08682 - 08685。
③ 「GHQ/SCAPの神道研究に関する史料(1)」,『日本学研究』(第 7 号),金沢工業大学日本学研究所,2004 年 6 月,第 399 页。
④ 『日本占領 GHQ 正史』,日本図書センター,1990 年。

文化、社会等各方面。丛书原版名为《占领日本的非军事活动史(1945—1951)》(*History of The Non-military Activities of The Occupation of Japan*，*1945 - 1951*，Volumes 1 - 55)，收藏在美国国家档案馆，直到1971年全部解禁。通过这套丛书，研究者不仅可以了解占领当局的对日认识、政策，及其实施过程和结果，也能看到占领当局对此的评价。并且"因为其从战败前写起，也可以加深对非军事化、民主化的基本精神的理解"①。其中第 20 卷即宗教篇于 2000 年出版，主要从占领目的和实施的宗教政策、产生的效果、战后各宗教团体的发展等方面论述，整体上略显简略。

2005 年 NHK 纪录片播出二战 60 年特别节目，8 月 13 日播放了《靖国神社——占领下不为人知的攻防》，纪录片展示了同一年在美国俄勒冈大学图书馆所发现的威廉·伍德档案，并于 2007 年出版了记录节目内容和采访过程的《靖国：占领下不为人知的攻防》一书。与此同时，日本国立国会图书馆调查及立法考查局为编纂《新编靖国神社问题资料集》，于 2006 年复印收集了俄勒冈大学图书馆所收藏的威廉·伍德的文件，主要包括伍德的书信、手稿、盟军占领日本时期的相关文件、调查文件、著作原稿等，共有微缩文件 12 卷，复印件 45 份。② 这里的威廉·伍德正是上述在盟军占领日本时期任职于盟军总司令部民间情报教育局宗教科，其后又出版《占领日本(1945—1952)和日本宗教》一书的作者，由于伍德历史当事人和占领结束后研究学者的双重身份，这份新史料的发现立即引起了学者们的广泛关注。清水节承担 2009—2011 年度文部省课题"有关盟军总司令部宗教政策新出史料调查"③。中野毅承担2010—2012 年度文部省课题"占领期宗教制度改革与战后宗教史再探讨

---

① 荒敬：「『日本占領 GHQ 正史』，底本概説」，竹前栄治、中村隆英監修；天川晃［ほか］編集：『GHQ 日本占領史 1 GHQ 日本占領史序説』，日本図書センター，1996 年，第 59 頁。

② http://rnavi. ndl. go. jp/kensei/entry/wwp. php。

③ http://kaken. nii. ac. jp/d/p/21720242. ja. html，研究課題：GHQ の宗教政策に関する新出史料調査。

的基础研究"①。清水节承担 2012—2015 年度(预定)文部省课题"盟军总司令部占领下围绕起草《宗教法人法》的日美抗衡"②。上述课题都是旨在对新史料加以利用,并从不同的角度进一步探讨盟军占领日本时期的宗教制度改革。

清水节认为,由于对庞大的民间情报教育局文件的调查、整理不够深入,当事人有关史料较少造成了盟军占领日本时期宗教政策及制度改革的研究方面还存在不明确的地方,而伍德档案的发现打开了新的突破口。根据清水节的对比研究,藏于俄勒冈大学图书馆的伍德档案中收藏着伍德《占领日本(1945—1952)和日本宗教》(*The Allied Occupation of Japan 1945 - 1952 and Japanese Religions*)一书的草稿,在正式出版之前,伍德从草稿中删除了众多内容。共有草稿 A 和草稿 B 两份草稿,草稿 A 共 6 部,28 章,草稿 B 共 8 部 28 章,与最后的正式版本相同。正文部分,草稿 A 最终章页码 921 页,加上附录总计超过千页,草稿 B 最终章页码为 661 页,比草稿 A 大幅削减。正式版本共 680 页,加上附录等共计 1100 页。相比于草稿 A,附录的资料内容增加。③ 删减的内容主要集中在:(1) 盟军占领日本时期以外的内容。(2) 论述繁琐的内容。(3) 插叙的内容。(4) 附带资料中重要性比较低的内容。④ 删减修改的主要原因是在著作出版过程中,伍德接受了民间情报教育局宗教科科长邦斯、民政局官僚 C. H. 匹克、原驻日美国大使哈佛大学日本研究所的赖肖尔

---

① http://kaken. nii. ac. jp/d/p/22520066. ja. html,研究课题:占領による宗教制度改革と戦後宗教史の再検討に向けての基礎の研究。

② http://kaken. nii. ac. jp/d/p/24720033. ja. html,研究课题:GHQ 占領下「宗教法人法」の起草をめぐる日米の相剋。

③ 清水節:「ウッダード著"The Allied Occupation of Japan 1945 - 1952 and Japanese Religions"未掲載部分の解明とその分析」,『日本学研究』(第 14 号),金沢工業大学日本学研究所,2011 年 12 月,第 45—46 頁。

④ 清水節:「ウッダード著"The Allied Occupation of Japan 1945 - 1952 and Japanese Religions"未掲載部分の解明とその分析」,『日本学研究』(第 14 号),金沢工業大学日本学研究所,2011 年 12 月,第 61 頁。

等占领军关系者及研究者,以及当时留学美国克莱蒙特大学的阿部美哉的意见。[1]

在伍德档案中,另一份特别引人注目的资料是岸本英夫在昭和 20 年(1945 年)的日记。如上所述,岸本英夫在盟军占领日本时期的宗教制度改革中,担任了日方和美方的联络员。虽然在 1963 年出版的《战后宗教回想录》中,收录了他的回忆录《风暴中的神社神道》一文,但是作为多次接触日美双方核心的关键人物,岸本英夫日记的发现显得尤为珍贵。有关这份 Kisimoto Dairy 内容的真实性,也经过了多方判断和印证。[2] 经证实,这份日记的笔迹并非岸本英夫本人,日记内容几乎是用同样的笔在同段时间内完成,经清水节比较,日记的笔迹与《志在大学图书馆的近代化 第二集》中岸本笔记的图片中的笔迹并不同。而 NHK 记者将复印件带回日本,经岸本英夫的家人辨认,也认定并非岸本的笔迹。但是将日记内容与《风暴中的神社神道》内容对比,不论是直接引用日记的部分还是未引用的地方,内容都基本一致;据家人辨认,其中有许多轶事也是只有家人知道。因此可以断定,这份日记虽然不是岸本英夫日记的原本,但应该是为了研究等,由他人抄写而成,内容是真实可信的。

除了新发现的史料,原本已经解禁的民间情报教育局文件十分庞大,尽管不少学者已经投入到了这些文件的解读工作中,但成果仍然算不上丰富。近年来,以清水节对民间情报教育局文件的整理调查研究最为突出。如前所述,早在 2004 年左右,清水节就整理翻译了民间情报教育局中与《神道指令》相关的文件。2007 年,他利用民间情报教育局的 "Shinto Directive-Forced Contribution-General, Dec. 1945-June1950" "Reports and Investigations of Forced Contributions, Sept. 1950-Oct.

---

[1] 清水節:2012 年科学研究費助成事業(科学研究費補助金)研究成果報告書,2012 年 5 月 9 日,http://kaken.nii.ac.jp/pdf/2011/seika/C-19/33302/21720242seika.pdf。

[2] 有关 Kisimoto Dairy 的真假辨伪问题,参照清水節:「W·P·ウッダードコレクション所收 "岸本英夫日記"について」,『日本学研究』(第 13 号),金沢工業大学日本学研究所,2010 年 12 月,第 83—84 頁。

1950"等文件整理了《神道指令》颁布后在地方上的接受情况。① 但清水节关注的焦点主要集中在《宗教法人令》和《宗教法人法》的起草过程上,特别是在 2004 年、2008 年、2013 年,清水节主要利用民间情报教育局的 1946/1947/1948/1950 年的 "Conferences Reports" "Religious Corporation Law"等文件解明了《宗教法人令》和《宗教法人法》的草案起草过程。② 在上述史料的基础上,2008 年清水节还利用民间情报教育局的"National Holiday Surveys""Holiday in Japan"等文件撰写了日本国家节日相关法律的制定过程。③ 在 2010 年左右,清水节根据新发现的伍德档案,整理了上述收藏在伍德档案中的岸本英夫日记的情况,并解析了伍德著作《占领日本(1945—1952)和日本宗教》一书草稿中的疑点。2012 年,清水节仍然主要利用民间情报教育局的"Conferences Reports"以及"Shrine & Temple Lands(Japanese Proposal)"等文件梳理了盟军占领日本时期,宗教团体使用国有土地处理法令的制定过程。④ 此外,在 2006 年,他还曾利用民间情报教育局的"Former Employments A to H Jan. 1946 - Jan. 1952"等文件,探讨了在民间情报教育局宗教科中任职的日籍工作人员的作用等。⑤ 2013 年,除去 2004 年、2005 年翻译《神道指令》相关史料的论文外,清水节将上述文章整合起来集结成博士论文,并于同年获取了日本国学院大学的博士学位。

---

① 清水節:「GHQ 宗教政策の地域的展開と隣保組織」,栗田尚弥:『地域と占領:首都とその周辺』,日本経済評論社,2007 年。

② 清水節:「占領下の宗教制度改革——宗教法人令の起草過程を中心に」,『日本歴史』(第 675 号),吉川弘文館,2004 年 8 月。清水節:「占領期"宗教法人令"の改正問題——"宗教法人法"制定前史」,『日本学研究』(第 11 号),金沢工業大学日本学研究所,2008 年 12 月。清水節:「占領期"宗教法人法"の起草過程に関する一考察」,『日本学研究』(第 16 号),金沢工業大学日本学研究所,2013 年 12 月。

③ 清水節:「占領期"国民の祝日に関する法律"の制定過程」,『藝林』(第 57 号),藝林会,2008 年 4 月。

④ 清水節:「占領期"国有境内地処分法"の起草過程」,『日本学研究』(第 15 号),金沢工業大学日本学研究所,2012 年 12 月。

⑤ 清水節:「民間情報教育局"宗教課"の組織と人事——日本人スタッフの役割を中心に」,『日本学研究』(第 9 号),金沢工業大学日本学研究所,2006 年 12 月。

　　清水节通过对民间情报教育局文件的细致解读,基本理清了《宗教法人令》和《宗教法人法》在起草过程中日美双方的具体交涉,并且以史料为本,解读了当时对寺院、神社等土地处理法令、国家节日相关法令的制定过程,也涉及了《神道指令》颁布后,地方上对《神道指令》的反应等问题,对新发现的史料的分析也非常的及时和充分。但与此同时,就其目前的研究而言,使用的史料过于单一,主要集中在民间情报教育局文件整理上,以美国方面的史料为主,对日本方面的史料关注略显不足。另外,清水节也开始尝试引入新的理论框架,例如使用东方主义的理论分析等。在其博士论文中,也试图从《日本国宪法》—《宗教法人令》—《宗教法人法》的时间序列来理解盟军占领日本时期所进行的这场宗教改革。①

　　此外,如上所述,对新发现的史料同样敏感的中野毅申请承担了2010—2012年度文部省课题"占领时期宗教制度改革与战后宗教史再探讨的基础研究",主要是:(1)进一步整理收集占领时期相关史料,特别是与天皇制和日本宗教相关的占领时期的史料,收藏在哈佛大学图书馆的Joseph Grew(日译名ジョセフ·クラーク·グルー,1932—1941年担任驻日大使,著有《滞日十年》②)和Bonner Fellers③(日译名ボナ·フェラーズ,曾长期担任麦克阿瑟的军事秘书,1946年1月—8月担任对日理事会事务局局长)等的相关史料。(2)占领时期,美国对日本本土和冲绳、朝鲜半岛的宗教政策并不相同,收集整理相关史料,对比研究美国在日本本土和冲绳、朝鲜半岛的宗教政策。(3)同时注重对创价学会等新宗教团体的相关研究。由此可见,盟军占领日本时期的宗教政策

---

① 清水節:『日本占領と宗教制度改革』,第13頁,博士論文,日本国立国会図書館。

②《The Years in Japan》,日译本石川欣一訳:『滞日十年(上·下)』,每日新聞社,1948年。

③ 1996年麦克阿瑟纪念馆从Fellers女儿所收藏的档案中筛选复制了一部分,2006年日本国立国会图书馆购买了麦克阿瑟纪念馆所制作的微型文件。其中包含天皇与麦克阿瑟第一次会谈记录,军事秘书日志,对日心理战关系文件等。https://rnavi.ndl.go.jp/kensei/entry/MMA-23.php。

研究的相关史料还值得进一步挖掘和探讨,并且研究范围也在不断地扩展之中。

在理论探索方面,中野毅于 2003 年出版了《战后日本的宗教和政治》一书,该书共两部分,第一部分是占领时期宗教制度改革和日本国家的宗教性,第二部分是战后民众宗教运动与政治参与。中野毅在第一部分集中讨论了二战结束后美国对日基本政策的原型和国务省的方案、对日政策中的信仰自由原则、占领改革与宗教性世界的变化等。中野毅指出,盟军占领日本时期美国对日本的改革其实是民主势力与法西斯势力的对决,美国实际上是从"文明斗争史"的立场出发的。"文明"的一方是以基督教为基础的政治的、社会秩序的民主主义、自由主义,以之来对抗"野蛮的异教徒的世界"。这是极为简单的二分法。因此,所谓的信仰自由并非一般意义上的信仰自由,而是"所有的人以自己的方法崇拜神(God)的自由",也就是信仰基督教的自由。[①] 事实上,1993 年出版的《占领与日本宗教》中收录的中野毅的论文《美国对日政策的形成》[②]一文与此书的第一部分已经有相似的内容结构,都指出了二战结束前美国对包括日本在内的法西斯国家的政策非常重视,对美国总统罗斯福在 1941 年第 77 届国会上发表的"四个自由"的宣言进行了重点分析。但在当时,中野毅尚未指出所谓的信仰自由的背后实际上是两种文明的对抗。因此,在本书中,中野毅试图用新的理论架构,即从"文明斗争史"的角度去阐释盟军占领日本时期的宗教政策。对于这场宗教制度改革对日本宗教的影响,借助宗教社会学的"世俗化论",结合日本的历史,中野毅认为在盟军占领时期,强制性的改革推动了日本的世俗化,但是由于不是内发完成,因此后来出现了回归传统和恢复传统的论调。总体而言,中野毅对盟军在占领日本时期的宗教政策实际上是

---

① 中野毅:『戦後日本の宗教と政治』,原書房,2004 年,第 100 頁。
② 中野毅:「アメリカの対日宗教政策の形成」,井門富二夫編:『占領と日本宗教』,未来社,1993 年,第 27—72 頁。

持批判态度。从 20 世纪 80 年代以来,中野毅一直投身于对盟军占领时期日本宗教制度改革的研究工作中,是横跨第二阶段和第三阶段的代表人物之一。从中野毅研究的变化可以看出,比起第二阶段的研究,这一阶段对理论更为重视。

此外,青年学者冈崎匡史也在不断挖掘史料。冈崎匡史于 2012 年出版了自己的博士论文《占领日本与宗教改革》一书。除了民间情报教育局文件,冈崎匡史还使用了多份历史人物的个人档案,如收藏于斯坦福大学胡佛研究所档案馆的 Joseph C. Trainor①(日译名ジョゼフ・トレイナー,1945 年 10 月作为陆军文官进入盟军总司令部民间情报教育局分析调查科,参与盟军占领日本时期的教育改革并记录了相关过程)、Bonner F. Fellers,George D Stoddard Miscellaneous 等人的档案,以及收藏于哈佛大学图书馆(Houghton Library)的 Joseph C. Grew、杜鲁门总统图书馆的 William K. Bunce(日译名ウィリアム・ケネス・バンス)等人的档案。从冈崎匡史使用的史料可以看出,时间关注点提前到了二战结束前,历史人物的涉及面越来越宽泛。在内容上,作者将盟军占领日本时期的教育改革与宗教制度改革结合起来分析,注重探讨美国与日本的分歧,及日本在面对宗教制度改革时的应对和结果。理论方面,作者延续了中野毅的基本思路,站在“政治本质为恶”的立场上,指出如亨廷顿所言,盟军占领日本时期的宗教制度改革实际上是日美两国的文明冲突。作者通过对《人间宣言》《神道指令》等的分析认为,美国的宗教政策背后实际隐含了在日本推销基督教的目的,而日本步步为营始终“维持了国体”。有关盟军的宗教政策与日本文明的对立面,在日本推行基督教政策等问题,在中野毅的著作中已经有了比较全面的论述,是一种理解和反思占领时期盟军对日本宗教改革政策的思路之一,但是在冈崎匡史的书中,其分析似乎不够客观冷静,把《人间宣言》《神道指令》等完

---

① 日本国立国会图书馆于 1984 年获赠该档案的微缩文件,共 66 卷。

全理解为美日双方文化的差异恐怕有失偏颇,这可能与作者只关注了政策(也只局限于《人间宣言》和《神道指令》)本身和日方参与者的应对,没有全面考虑政策给日本社会,尤其是日本宗教界等带来的变化有关。

综上所述,日本学界有关盟军占领日本时期的日本宗教制度改革研究大致可以分为以上三个阶段,主要是史料的发现带动了相关研究的发展。第一阶段以历史当事人的回忆为主,第二阶段随着美国档案的解密而有了大的进展,第三阶段则在史料挖掘和理论创新上走得更远。事实上,现在的研究仍处于第三阶段,值得期待更新的研究成果出现。

韩国佛教的近代性与殖民地性
——带妻僧问题与佛教净化运动

王元周[①]

近代东北亚中韩两国的近代化过程不仅表现为向西方学习的过程，也表现为向西方学习的模范国日本学习的过程，而这个过程伴随着日本的殖民侵略和扩张，因而近代性与民族性的矛盾表现得异常突出。这点在韩国近现代佛教发展史也有非常集中的表现，其核心即表现在日本僧侣带妻食肉风俗的传入，以及由此引起的韩国佛教界内部带妻僧与比丘僧之间的矛盾，解放后发展为佛教净化运动。

日本佛教在近代神佛分离，佛教遭受打压的过程中，为维护佛教生存，促进佛教社会化而允许僧侣带妻食肉。随着日本佛教势力向朝鲜半岛的渗透，韩国佛教也沾染此俗，并将带妻食肉作为佛教大众化的一种手段，带妻僧逐渐成为僧侣中的大多数，最终导致韩国佛教传统发生很大变化，引起佛教界内部的争论和对立。解放后，在佛教内部，一部分主张维护韩国佛教传统和佛教正法的僧侣，将带妻僧作为近代韩国佛教的殖民地性的主要特征，从而推动佛教净化运动，结果又被李承晚政权所利用。佛教界内部发生激烈冲突，佛教与政治和社会的关系也更加复

---

① 北京大学历史学系教授。

杂,导致佛教社会地位和影响力下降。

1. 带妻食肉风俗的蔓延

在朝鲜时代,佛教受到政府的压制。到了近代,政府的这种压制政策有所缓和,韩国佛教也在积极谋求发展。而这时日本佛教势力开始向韩国渗透,韩国佛教积极输入日本佛教的布教方式。在这一过程中,出现了带妻僧。

僧侣娶妻食肉本为佛教戒律所禁止,也为国家法律所不许,然而日本明治政府在 1872 年正式允许僧侣带妻食肉。[①] 韩国开港以后,1877 年起日本僧侣开始到朝鲜活动,在通商口岸常可以看到夫妇同行的日本僧侣,被韩国人称为"倭色僧"。中日甲午战争的时候,日本佛教真宗、日莲宗、净土宗都派遣了从军僧,"倭色僧"则深入内地。在日本佛教界的影响下,20 世纪初韩国也出现了带妻僧。[②] 当时奉元寺僧侣高永杓明确主张应允许僧侣结婚。[③] 韩龙云也认为禁止僧尼嫁娶是韩国佛教界的一大弊端。1910 年 3 月,韩龙云向中枢院议长金允植提出《中枢院献议书》,建议允许僧侣结婚。[④] 黄玹《梅泉野录》记载,政府从中枢院之议,命僧尼嫁娶。[⑤] 但是这年 9 月韩龙云再次向朝鲜统监府提出《统监府建白书》,并说"今年三月举实请愿于韩国中枢院,尚无如何措处",黄玹的记载或许有误。韩日合邦以后,1911 年 6 月 3 日朝鲜总督府颁布《寺刹令》,对僧侣带妻食肉问题也没有明确规定,而 1912 年 10 月 15 日经朝鲜

---

① 池田英俊:《近代佛教の歷史》,佼成出版社,第 53—55 页,转引自金淳硕:《일제시대 조선총독부의 불교정책과 불교계의 대응》,景仁文化社,2004 年再版,第 151 页。

② 金淳硕:《일제시대 조선총독부의 불교정책과 불교계의 대응》,第 25 页。

③《大韩每日申报》,1907 年 1 月 30 日;정광호:《일본 침략시기의 한·일불교관계사》,아름다운 세상,2001 年,第 175 页。

④《韩龙云全集》卷二,第 82 页;한용운 지음,이원섭 옮김:《조선불교유신론》,운주사,1992 年,第 25—130 页。

⑤ 黄玹:《梅泉野录》,国史编纂委员会,1955 年,第 533 页。

总督府认可的各本末寺法仍规定带妻食肉僧侣不得受持比丘戒,不能担任住持,一些坚持戒律的寺刹,如释王寺甚至不愿给带妻僧颁发法阶证。[1]

然而,在寺刹令体制确立之后,以本寺住持为中心的稳健派希望通过学习日本佛教,实现韩国佛教的社会化和近代化,不少僧侣到日本留学,朝鲜总督府也选派僧侣到日本留学,并组织视察团到日本考察。结果,从日本留学回国的僧侣基本上都接受了日本僧侣带妻食肉的风俗,成为带妻僧。而一般寺法只禁止受持比丘戒的僧尼和住持结婚,并没有明确禁止其他僧尼结婚,只是规定僧侣不得让妻子住在寺内,不得留女子在寺中住宿[2],客观上为带妻僧的存在留下了方便之门。然而僧侣带妻食肉之俗尚未得到社会认可,带妻僧对自己的娶妻行为也不愿张扬,所以韩龙云等人继续呼吁改变这种社会认知。1913 年 5 月,韩龙云发表《佛教维新论》,再次呼吁允许僧尼嫁娶。[3] 1919 年 11 月,龙珠寺住持姜大莲提出《佛教机关扩张意见书》,也认为应该奖励僧侣带妻,甚至希望韩日两国僧侣与两国贵族女子通婚。[4] 到了 20 世纪 20 年代,尤其是1924 年以后,僧侣带妻食肉风俗逐渐为韩国社会所接受,带妻僧也迅速增多。据 1925 年的统计,全国共有僧 6324 人,尼 864 人,合计 7188 人,其中比丘僧 4000 余名,其余皆是带妻僧。[5]

随着带妻僧日益增多,越来越多的寺刹为带妻僧所掌握,带妻问题在韩国佛教界内部引起很大争议。一方面带妻僧要求修改寺法,给予他们担任住持的资格。1925 年 10 月,带妻僧方面召集 31 个本寺住持召开

① 鄭珖鎬:《한국 근대佛教의 '帶妻食肉'》,《한국학연구》3,1991 年,第 95 页。
②《大韩每日申报》,1913 年 3 月 13 日。
③ 鄭珖鎬:《한국 근대佛教의 '帶妻食肉'》,第 97 页。
④ 姜大连:《佛教机关扩张意见书》,《朝鲜佛教丛报》第 20 号,1920 年。
⑤《朝鲜佛教一览表》,《寺刹僧尼数》,1928 年 3 月,第 56 页;具萬化:《その罪三千大千世界に唾棄する處無し》,《朝鲜佛教》第 28 辑,朝鲜佛教社,1926 年 8 月,第 19 页,转引自金淳碩:《일제시대 조선총독부의 불교정책과 불교계의 대응》,第 150 页。

会议,希望修改寺法,但由于一部分本寺住持反对而没有成功。而另一方面比丘僧要求禁止僧侣带妻食肉。1926 年 5 月,庆尚南道梵鱼寺(今属釜山广域市)住持白龙城、海印寺住持吴会真和咸镜道释王寺住持李大典等 127 人联名向朝鲜总督府、日本内务省提出陈情书,要求禁止僧侣带妻食肉。① 9 月,白龙城再次向朝鲜总督府提出叹愿书,认为由于越来越多的寺刹都有带妻僧居住其中,导致适合比丘僧和年老僧侣居住的寺刹减少,建议选择几处本寺作为比丘僧的居住空间。② 还有一些僧侣持中立态度,如白性郁就认为蓄妻与否属于僧侣个人问题,没有必要加以禁止。③ 这样,寺刹令体制确立之后韩国佛教界内部稳健派与改革派的矛盾逐渐演变为带妻僧与比丘僧之间的对立。因带妻僧的家属也需要由寺刹供养,增加了寺刹的财政负担,也促使各派极力争夺寺刹的控制权,甚至演出种种暴力事件。最终各方都不得不将此事交给朝鲜总督府、道知事等殖民统治结构来协调处理,此举又加深了韩国佛教的殖民地性。④

对于修改寺法,允许带妻僧担任本寺住持,朝鲜总督府本来没有立场,但是由于白龙城等一部分比丘僧坚决反对,一开始不得不采取慎重态度。到 1926 年 11 月,朝鲜总督府正式允许僧侣带妻食肉,学务局要求各本寺修改寺法,允许带妻僧担任本寺住持。到 1929 年,有 80% 以上的本末寺修改了寺法。⑤ 于是带妻僧普遍获得担任住持的资格,逐渐掌握了寺刹的主导权,比丘僧受到排挤,难以得到生活供给,甚至能够提供房付⑥的寺刹也越来越少,比丘僧的生活陷入困境,人数急剧减少。到日

---

① 《百餘名 連名 犯戒生活 禁止 陳青》,《東亞日報》,1926 年 5 月 19 日。
② 《龙城禅师语录》,《龙城大宗师全集》第 1 卷,大觉寺,1991 年,第 550—551 页,转引自김金淳碩:《일제시대 조선총독부의 불교정책과 불교계의 대응》,第 151—152 页。
③ 白性郁:《现代的 佛教建설하려면》,《佛教》24 號,1926 年。
④ 김광식 지음:《한국 현대불교사 연구》,불교시대사,2006 年,第 290 页。
⑤ 한보광:《白龍城禪師의 佛教淨化運動》,《大覺思想》第七輯,大覺思想研究院,2004 年。
⑥ 僧侣到别的寺刹请求暂时居留称为房付。

帝强占期末,朝鲜半岛大概有 7000 余名僧侣,其中比丘僧只有 300—600
名而已。[1]

随着带妻僧的普及,韩国寺刹风景也发生很大变化。带妻僧们白天
过着僧侣生活,晚上则与妻子团聚,僧侣的妻子和子女也生活在寺刹里,
寺刹内晾晒着妇女和儿童的衣物,使寺刹风景与原来大不相同。权相老
在《十年一得》文中说:"年前去某寺院,炉殿周边挂着乳儿襁褓和女人裤
裆,心情颇不能平静。"[2]韩国佛教的过度世俗化也导致韩国佛教界日益
腐化,僧侣日益堕落,寺刹管理混乱,佛教文化财产受到破坏。

2. 带妻僧与比丘僧的对立

虽然带妻僧与比丘僧的分裂在很大程度上也是韩国佛教追求近代
化和社会化的结果,但是因为伴随着日帝的韩国侵略过程,所以一开始
就具有强烈的殖民地性质。早在 1937 年 2 月 27 日,麻谷寺住持宋满空
就在总督南次郎主持的 31 本寺住持会议上指出,朝鲜佛教中的带妻僧
问题其实是日帝当局一手制造的。[3] 而且,带妻僧与比丘僧的对立与佛
教界内部稳健派与改革派的对立也有联系。

带妻僧与比丘僧的对立一开始本来与佛教内部稳健派与改革派的
对立无关,改革派的代表人物韩龙云本来是僧侣带妻的提倡者。寺刹令
体制确立之后,韩龙云等人认为寺刹令体制与韩国佛教传统相左,要求
废除《寺刹令》,因此在韩国佛教内部产生以李晦光为首的稳健派和以韩
龙云为代表的改革派之间的对立。1919 年韩龙云作为佛教界代表在《独
立宣言》上签字,也是佛教界内部矛盾的反映,然而此举也使改革派比稳

---

① 김순석 지음:《한국 근현대 불교사의 재발견》,景仁文化社,2014 年,第 378 页。
② 权相老:《十年一得》,《佛教》第 100 號,转引自鄭珖鎬:《한국 近代佛教의 '帶妻食肉'》,
第 100 页。
③ 修德寺 惠空编:《满空语录》,1968 年,第 66 页,转引自鄭珖鎬:《한국 近代佛教의 '帶
妻食肉'》,第 100 页。

健派具有了更强的民族色彩。

"三一"运动之后,改革派成立了朝鲜佛教青年会,以改革30本寺住持专断的教团运营体制为号召。由于比丘僧大多属于改革派,使稳健派与改革派的对立也具有了带妻僧与比丘僧对立的色彩。1921年,以白龙城、宋满空、吴惺月等比丘僧为中心,成立了禅学院。禅学院成为改革派的重要机关,也是解放后净化佛事中比丘僧的大本营。

改革派还另行组织教务院,与稳健派控制的宗务院对立。他们在京城钟路张贴抨击姜大莲的大字报,掀起"鸣鼓驱姜"运动,还为争夺皇觉寺而发生"教堂争夺战"。[①] 此事一直闹到法院和警察署,最后到1924年,宗务院与教务院合并,成立财团法人朝鲜佛教中央教务院,韩国佛教再次统一起来。不过稳健派与改革派的对立主要围绕寺刹令体制而展开,与带妻僧和比丘僧的分别没有必然联系,所以改革派并不能与比丘僧划等号。直到1930年,当时成立的佛教界抗日秘密结社万党,其成员仍有不少是结过婚的带妻僧。[②]

但是,毕竟比丘僧比带妻僧更能代表韩国佛教传统,所以在20世纪20年代就提出了佛教净化问题。1926年,李青潭到开元寺佛教高等讲院学习,立志要净化和中兴韩国佛教,守护正统佛法,于是筹划召开全国佛教学人大会。他亲自拜访了全国40多个讲院,宣传自己的主张。1928年3月14日至17日,在李青潭、李耘虚主导下,终于在皇觉寺召开了全国佛教学人大会,有40多名讲院学人代表参加了大会。入会代表对朝鲜佛教界的现状深表不满,提出了改善讲院等改革方案。

禅学院在成立之后由于经费困难而几起几落,到1934年12月5日,经朝鲜总督府认可,改为财团法人"朝鲜佛教禅理参究院",推举宋满空为理事长。1935年1月,在朝鲜佛教禅理参究院起主导作用的首座们,

---

① 김광식 지음:《한국 현대불교사 연구》,第289页。
② 김순석 지음:《한국 근현대 불교사의 재발견》,第369页。

以韩国佛教的正统自居，为复兴韩国佛教，守护韩国佛教传统，在《寺刹令》承认的朝鲜佛教教禅两宗之外另行成立朝鲜佛教禅宗。① 朝鲜佛教禅理参究院成为朝鲜佛教禅宗的后台，而首座是其势力基础，朝鲜佛教禅宗宗务院的理事多是担任朝鲜佛教禅理参究院理事的首座们，并推举朝鲜佛教禅理参究院理事长宋满空为宗正。李青潭因既是朝鲜佛教禅理参究院理事，又是朝鲜禅宗宗务院庶务理事，成为改革派的核心人物，在首座中的影响日益扩大。

但是在1937年日本发动全面侵华战争之后，韩国佛教界与朝鲜总督府的合作关系进一步加强，连朝鲜佛教禅理参究院也采取与朝鲜总督府合作的态度。1937年8月朝鲜总督府推行总力战体制，开展国民精神总动员运动，朝鲜佛教界也被编入总动员体制，继续配合农村振兴运动而开展心田开发运动。8月，教务院向全朝鲜寺刹和布教堂发出指令，对僧尼和信徒进行总动员。

为加强对朝鲜佛教界的控制，朝鲜总督府建议成立联络各宗教团体的总本寺，以建立一元化领导体制。总本寺于1937年11月竣工，1939年5月改名为太古寺。但是31本寺住持通过的总本寺设立方案到1940年才得到朝鲜总督府的认可。这年4月23日朝鲜总督府修订了《寺刹令施行规则》，5月1日正式认可太古寺的设立。11月，31本寺住持会议决定将宗名改为"朝鲜佛教曹溪宗"，与太古寺法一起向朝鲜总督府申请认可。② 1941年5月1日太古寺法得到认可，6月5日在太古寺召开31本寺住持会议，选举方汉岩为太古寺住持，即宗正，月精寺住持李钟郁为宗务总长，10月3日太古寺住持的任命得到朝鲜总督府认可。

太古寺成立后，原有之教务院改为曹溪学院，由总本寺负责管理。1941年12月7日太平洋战争爆发后，日本内阁决定在韩国推行征兵制，

---

① 김광식 지음：《한국 현대불교사 연구》，第306页。
② 金淳碩：《일제시대 조선총독부의 불교정책과 불교계의 대응》，第196页。

于是朝鲜总督府更加积极推行皇民化政策,朝鲜佛教界也积极推行皇道佛教。1942 年 5 月 5 日太古寺发出通牒,在信徒中推行国语全解运动,在寺刹和布教所附设国语讲习会,要求所有信徒都要懂日语。1944 年 3 月 15 日,31 本寺住持会议又根据朝鲜总督府提出的朝鲜佛教振兴指针,提出了皇道佛教的具体实施方案,在教理上提倡神佛一体论和忘我精神,强调护国思想和报国思想,在行动上继续在僧侣中普及国语(日语),以便将僧侣培养成帝国皇民,加强朝鲜佛教相互提携;并通过设立布教所、讲习所,开展农渔村巡回布教,在公园等公共场所设立说教坛等方式,推动佛教的民众化,使寺刹成为培养皇民的道场。[①]

虽然禅学院在这时期也采取与朝鲜总督府合作的态度,但是首座们改革韩国佛教教团体制的要求并没有停止。1941 年 2 月 26 日至 3 月,在李耘虚、李青潭等与禅学院有关的首座们的主导下,30 多名比丘僧为恢复清正僧风和继承传统佛脉,连续举行了十余天的遗教法会,提倡守护戒律,说法《梵纲经》,还组织了由清正比丘僧参加的梵行团。反对举行遗教法会的僧侣则试图破坏这次法会,李青潭果断与之对抗。此次法会之后,李青潭成为首座中的核心人物。

1942 年李青潭与李性徹在禅学院相约共同修行,1943 年春付诸行动,在俗离山法住寺福泉庵共同修行,但是不久因李青潭被日本警察逮捕而被迫中断。李青潭出狱后,到了善山桃李寺,1944 年三四月间又移居闻庆大乘寺继续修行。这时,一起修行的除了李青潭、李性徹,还有李道雨、李愚峰、金青眼、金慈云、宋鸿根(西庵)等十余人。[②] 到 1945 年 8 月 15 日韩国解放时,李性徹等人仍在大乘寺修行,而李青潭、金弘经、徐宗修、金慈云等在凤岩寺,李道雨在松广寺。

梵鱼寺首座安光硕听到解放的消息,即到东莱布教堂去找金法邻

---

① 金淳碩:《일제시대 조선총독부의 불교정책과 불교계의 대응》,第 211—212 页。
② 김광식 지음:《한국 현대불교사 연구》,第 43 页。

（又写作金法麟，号梵山）和慧明法师，18 日晚乘火车来到京城禅学院，准备占领曹溪宗宗务院。8 月 19 日上午 11 时，金法邻等人来到太古寺宗务院，宗务总长李钟郁和柳叶、许永镐、金三道也在场，大东青年团员包围了太古寺。大家要求更换总本寺的主要干部，李钟郁与其他三位部长一起当即宣布辞职。[1]

宗务院的接收事实上是以禅学院为中心进行的，主要干部来自梵鱼寺，为首的金法邻是佛教界的独立运动家，但大东青年团是一个右翼团体，金法邻缺乏自己的势力基础。8 月 21 日，在京有志僧侣 35 人在太古寺聚会，决定成立朝鲜佛教革新准备委员会，推举金法邻为委员长，柳叶、吴时劝、郑斗石、朴允进为总务委员。8 月 22 日，朝鲜佛教革新准备委员会正式接掌宗务院。[2] 接着，开始筹备召开全国僧侣大会，向各地派出召集特派员，要求各地先召开大会，为全国僧侣大会准备提案。

朝鲜佛教革新准备委员会选举参划委员 24 人，以金寂音为参划部委员长，负责审查各方面提出的议案，研究教政革新事宜。[3] 参划委员会为全国僧侣大会准备了 7 个提案，其中第 4 件提案提出设立模范丛林，涉及带妻僧与比丘僧的关系问题。李青潭和李性徹等人在大乘寺修行时感到有必要创设丛林，所以这时佛教革新准备委员会提出，由于过去寺刹管理权主要掌握在判事僧（带妻僧）手中，导致比丘僧的修行空间不足，所以需要创设比丘僧团的模范丛林，对比丘僧加以保护。他们要求由宗务院指定一处寺刹为模范丛林，职员全部由比丘僧担任，自主掌理寺内事务。佛教青年党也主张推行教徒制，修行者为僧侣，不修行的一般僧侣（包括带妻僧）与信徒统称为教徒。[4] 宋曼庵主张承认带妻僧的僧侣资格，将比丘僧作为正法众，带妻僧作为护法众，但应规定带妻僧不能

---

① 《광복절 46 돌 증언, 종무 접수한 安光碩居士 인터뷰》，《불교신문》，1991 年 8 月 21 日；김광식 지음：《한국 현대불교사 연구》，불교시대사，2006 年，第 17—19 页。
② 김광식 지음：《한국 현대불교사 연구》，第 20 页。
③ 김광식 지음：《한국 현대불교사 연구》，第 21 页。
④ 김광식 지음：《한국 현대불교사 연구》，第 33 页。

成为上座,等待其自然消亡。①

全国僧侣大会于 1945 年 9 月 22 日至 23 日在太古寺召开,有 60 名各本末寺代表出席了大会。② 大会通过了设立模范丛林的议案,1946 年 11 月指定海印寺为模范丛林。但是,宗团执行部与在野佛教革新团体之间的矛盾并没有得到缓和,反而日益激化。一些要求改革教团、革新佛教的团体组成了佛教革新总联盟,禅学院也参加了佛教革新总联盟。当时佛教革新总联盟主要关注带妻僧问题和寺刹土地问题,一方面希望从带妻僧手中夺取教团主导权,另一方面拥护农地改革,希望将寺刹土地分配给佃农。③ 佛教革新团体对农地改革的态度明显受到朝鲜半岛北部的影响,具有一定的社会主义色彩,所以被教团执行部指为赤色势力的爪牙,而佛教革新团体则将教团执行部为代表的保守势力视为亲日佛教的残渣余孽。④ 双方立场无法调和,导致教团内部分裂。

到 1947 年,美军政当局加强对左翼团体的压制,佛教革新团体的活动大大萎缩。1947 年 5 月,有佛教教团干部诬告佛教革新总联盟干部结成赤色暴力团体,威胁恐吓他人,损坏他人名誉,破坏教团,导致佛教革新总联盟干部被警察逮捕。⑤ 但仍有一部分首座参加佛教革新团体,以禅学院为中心,希望建立以首座为核心的新教团。⑥

1948 年 8 月大韩民国成立后,对左翼团体的压制更为强化。1949 年 9 月下旬,教团以清除干部队伍中的左翼人士为借口,将一部分主张教团改革的干部排挤出去。这些受排挤的干部动员一部分少壮僧侣和学僧,闯入总务院,监禁总务院长和教团干部,强迫他们提出辞职,发生

---

① 김순석 지음:《한국 근현대 불교사의 재발견》,第 383 页。
② 김광식 지음:《한국 현대불교사 연구》,第 23—24 页。
③ 김광식 지음:《한국 현대불교사 연구》,第 156 页。
④ 김광식 지음:《한국 현대불교사 연구》,第 291 页。
⑤ 김광식 지음:《한국 현대불교사 연구》,第 291 页。
⑥ 김광식 지음:《한국 현대불교사 연구》,第 291 页。

了解放后佛教内部宗权争夺上的第一次暴力事件。[①] 教正方汉岩下达特命,要求通过"如法公议",体现"佛教正法",清除教团内的"污点"。[②] 1951 年 11 月,李钟郁就任第四代中央总务院长。李钟郁在 1941 年 9 月就担任宗务院长,日本投降时仍在位,所以他就任总务院长后,佛教界的亲日派清算工作也就不了了之。[③]

虽然中央层面的佛教革新运动被压制下去了,但还有一些首座在地方上自发地进行佛教革新实践,李青潭和李性彻主导的凤岩寺的宗教结社是其典型代表。解放后,大乘寺不再设禅房,李性彻等人在大乘寺的修行也无法继续下去了。1946 年四五月间,李性彻离开大乘寺,去了松广寺,不久又转往把溪寺圣殿庵。1946 年秋,李道雨从松广寺回到大乘寺,李青潭、金弘经、徐宗修、金慈云等人也还在大乘寺,于是大家决定一起去设有禅房的凤岩寺继续修行。[④] 过去管理凤岩寺的判事僧(带妻僧)被赶走,在金刚山修行的比丘僧接管了凤岩寺,设立禅房作为首座修行的空间。[⑤]

李青潭到凤岩寺修行了一段时间,1947 年冬安居结束之后,应邀去参加海印寺加耶丛林。李性彻也同样接到邀请,两人在大邱相遇,于夏安居开始前来到海印寺。由于加耶丛林经营困难,李性彻不久离开海印寺去了通度寺内院庵,李青潭则留在海印寺。1947 年夏,李性彻和李青潭为接收居士金法龙的捐书而来到首尔。在处理完此事之后,9 月,李青潭、李性彻、金慈云和李愚峰四人决定留在凤岩寺共同修行,但李青潭因仍未脱离加耶丛林,一开始未加入,所以凤岩寺结社最初只有李性彻、金慈云、李愚峰、申普门四人,不久李道雨等人加入,人数增加到十余人。1948 年春,李青潭加入凤岩寺结社。同年,还有金香谷、崔月山、金法传、

① 김광식 지음:《한국 현대불교사 연구》,第 291 页。
② 김광식 지음:《한국 현대불교사 연구》,第 291 页。
③ 김순석 지음:《한국 근현대 불교사의 재발견》,第 367 页。
④ 김광식 지음:《한국 현대불교사 연구》,第 46 页。
⑤ 김광식 지음:《한국 현대불교사 연구》,第 48 页。

李性寿、金慧庵等人加入,参加凤岩寺结社的首座达 20 多人。[①] 凤岩寺结社的影响越来越大,前来修行的首座日益增多。他们订立了《共住规约》,恢复佛教教法,提倡如法修行,推行菩萨戒。

到 1949 年上半年,凤岩寺结社开始遭遇困难,因为左翼游击队在凤岩寺一带深山活动,有时会到凤岩寺,警察和军队也常到这里围剿,于是这里成为左右两翼争夺的战场。李青潭、李性彻决定离开凤岩寺,李青潭迁居固城玉泉寺的末寺文殊庵,而李性彻则来到金香谷所在的妙观音寺。留在凤岩寺的首座们,因 1949 年冬安居开始后左翼游击队入侵,威胁要杀害首座金宝境,于是暂时转移到店村布教堂。到 1950 年 3 月冬安居结束时,凤岩寺只剩下晚惺一人了。晚惺正式决定将修行场所转移到文殊庵,但是最初只有李青潭、李正天、秦慧明等人到了文殊庵,两个月后李性彻、李道雨、金法传、金宝境、徐义玄等人也来到文殊庵,在文殊庵修行的人增加到 15 人左右。[②] 但是文殊庵条件差,很难像在凤岩寺时那样继续修行,再加上 6 月 25 日南北战争爆发,他们又从文殊庵转移到海印寺、直指寺等处避难,凤岩寺结社彻底结束。

3. 佛教净化运动

1950 年 10 月,韩国开始推行农地改革,寺刹出租的土地和山林也被征购,导致寺刹经济困难,僧侣生活陷入困境,讲院和禅院也纷纷关门。虽然后来政府重新核定寺刹自耕的土地,将一部分位于寺刹周围的土地返还给寺刹,寺刹的经济状况还是大不如以前了。[③]

寺刹财政困难,纷纷关闭禅房,导致首座们的生存环境进一步恶化,他们强烈要求将一部分寺刹划给他们,专供他们修行。1952 年春,首座

---

① 김광식 지음 :《한국 현대불교사 연구》,第 54、56 页。
② 김광식 지음 :《한국 현대불교사 연구》,第 68—69 页。
③ 김광식 지음 :《한국 현대불교사 연구》,第 114 页。

李大义向第三代教正宋曼庵提出建议书,要求改善首座们的修行环境。[①] 宋曼庵接受了李大义的建议,通度寺和佛国寺也曾开会讨论过这一问题。最后宗团执行部决定在全国范围内将桐华寺、直指寺、普门寺、神勒寺、内院寺等 18 个寺刹划给比丘僧,作为比丘僧修行寺刹。[②] 对于宗团执行部的这一决定,比丘僧方面并不满意,因为像通度寺、海印寺、松广寺这样的三宝寺刹为首的本寺一个也没有划给比丘僧。[③] 即使是这样,答应划给比丘僧的 18 个寺刹也没有能够马上让出来,尽管教正不断要求尽快移交。1953 年秋,禅学院为了解决这一问题,召集首座召开会议,讨论解决办法,但是也没取得实际效果。

1953 年 6 月,宋曼庵在第 13 次中央教务院会上发布宣示,主张废除现行朝鲜佛教教宪,改为大韩佛教曹溪宗,理判事判并行。带妻僧方面也主张将教团划分为修行团和教化团,试图为比丘僧和带妻僧的并存提供依据。[④] 但是比丘僧方面不愿意接受这种渐进的改革主张。在佛教界内部矛盾日益激化的过程中,1954 年 5 月 20 日李承晚发表第一次"大统领谕示",希望韩国佛教进行自我净化,清除来自日本的带妻食肉风俗,恢复韩国佛教传统。李承晚的这次谈话,直接将带妻僧视为亲日派,主张将带妻僧从寺刹驱逐出去。[⑤] 因此在李承晚第一次谈话发表之后,比丘僧方面就开展了激进的佛教净化运动。

在李承晚第一次谈话发表之后,6 月 20 日,教团执行部召集教务会议,试图通过修改宗宪来实现带妻僧与比丘僧的共存。[⑥] 而比丘僧受李承晚谈话的鼓励,在教团之外开展活动。6 月 24 日至 25 日,在禅学院召开了佛教净化推进发起会,成立了教团净化运动推进准备委员会,开始

---

① 김광식 지음:《한국 현대불교사 연구》,第 156 页。
② 김광식 지음:《한국 현대불교사 연구》,第 157 页。
③ 김순석 지음:《한국 근현대 불교사의 재발견》,第 384 页。
④ 김순석 지음:《한국 근현대 불교사의 재발견》,第 365 页。
⑤ 김순석 지음:《한국 근현대 불교사의 재발견》,第 384—385 页。
⑥ 김광식 지음:《한국 현대불교사 연구》,第 313 页。

推进佛教净化运动。经过筹备,8月24日至25日又在禅学院召开了全国比丘僧代表大会,有60多名首座参加了这次大会,净化运动从首尔推向全国。李青潭在会上提出要重新整理僧籍,僧侣需尽快完成家庭整理。① 李青潭提出的僧侣自肃要求得到与会首座代表的赞同,但是对于净化运动,仍有激进与稳健之别,李青潭协调两派,成为净化运动的核心人物,专心从事新宗宪制定和净化运动。

比丘僧方面的要求一开始在一定程度上也得到了教团执行部的谅解。9月28日至29日比丘僧方面在禅学院召开第一次全国比丘僧大会时,教正(宗正)宋曼庵也参加了。参加这次大会的146名比丘僧代表制定并颁布了新的宗宪,决定开除带妻僧的僧籍,将带妻僧作为护法大众处理,宗权要移交给比丘僧。大会还选举产生了新的宗会议员,9月30日新宗会选举产生了新的宗团执行部,宗正宋曼庵留任,而其他干部都换了,李青潭当选为都总摄,成为宗团的实际负责人。②

在政治压力之下,带妻僧方面做出很大让步,将通度寺、海印寺、松广寺这三宝寺刹也让给比丘僧作为修道场所,但是新宗宪对僧侣资格的规定让他们无法接受。为了缓和双方的对立,带妻僧方面提出了分宗问题,但比丘僧方面不同意。双方各出五名代表,从10月10日起就僧侣资格问题进行会谈,但始终无法达成协议。而在会谈刚开始,10月11日,李青潭、河东山、尹月下等比丘僧代表访问景武台,请求李承晚大统领发表更加强硬的谈话。11月3日,比丘僧方面召开第二次全国比丘僧大会,罢免了宋曼庵,选举河东山为宗正,比丘僧与带妻僧双方彻底决裂。③ 第二天,11月4日,李承晚发表第二次谈话,希望韩国佛教"抛弃倭式宗教观",明显倾向于比丘僧的立场。④ 受此鼓舞,李青潭等比丘僧

---

① 김광식 지음:《한국 현대불교사 연구》,第313页。
② 김광식 지음:《한국 현대불교사 연구》,第314页。
③ 김광식 지음:《한국 현대불교사 연구》,第314页。
④ 김광식 지음:《한국 현대불교사 연구》,第315页;김순석 지음:《한국 근현대 불교사의 재발견》,第386页。

方面核心人物召开紧急会议,决定去太古寺接管宗务院。11月5日,比丘僧涌入太古寺,要求宗团执行部交出宗权。他们摘下"太古寺"匾额,改为"曹溪寺",并将总务院改为"大韩民国佛教曹溪宗中央宗务院"。带妻僧方面起来抗争,双方为争夺曹溪寺而发生了武力冲突。11月19日,李承晚又发表了第三次谈话,虽然要求双方和解,但是更明显地偏袒比丘僧,希望尽快完成佛教净化。面对日益强硬的政治压力,带妻僧方面不得不进一步做出让步,大举替换宗团执行部干部,太古门孙系列的首座们掌握了宗权。带妻僧方面认为太古门孙就算是清正比丘僧,但是比丘僧方面仍不满足,他们认为带妻僧方面只是在名义上交出了宗权,双方的对立仍处于胶着状态,净化运动也无法进一步取得进展。12月7日至13日,比丘僧方面再次召开全国比丘僧尼大会,与会代表有440余人,重新确定了既定的佛教净化运动方针。会后,比丘僧游行到景武台,要求见李承晚,被警察阻止,总统府秘书室接待了五名比丘僧代表。[①]

为解决比丘僧和带妻僧双方的纠纷,文教部出面调解,但是由于大统领李承晚支持比丘僧,政府机构的介入也进一步压缩了带妻僧方面的活动空间。在这一过程中,李承晚又发表了第四次谈话,要求尽快解决佛教界内部纠纷,实际上是支持比丘僧方面所推进的佛教净化运动。在李承晚谈话的压力下,文教部为尽快解决问题,主张承认带妻僧的僧侣资格,允许教化僧(带妻僧)的存在,但是比丘僧方面不能接受文教部的这种仲裁方案。事情拖到1955年1月,政府的态度更加坚决。1月29日,文教部长李宣根到景武台见了李承晚之后,召集李青潭等四名僧侣代表到文教部部长室开会,宣布政府不能容忍带妻僧居住在寺刹,内务部将协助进行驱逐。[②]于是政府方面成立了寺刹净化收拾对策委员会,迫使比丘僧和带妻僧双方接受了文教部起草的仲裁方案。双方各派出

---

① 김순석 지음 :《한국 근현대 불교사의 재발견》,第386页。
② 김순석 지음 :《한국 근현대 불교사의 재발견》,第365页。

五名代表,参加在文教部召开的寺刹净化收拾对策委员会会议,2月4日就僧侣资格问题达成协议,基本上反映了比丘僧方面的要求。[①] 根据双方达成的协议,李青潭等比丘僧代表人物在文教部和内务部的帮助下,开始调查全国僧侣数量,确定全国僧侣数量为1189人。[②] 带妻僧为取得僧侣资格,只得与妻子离婚。在通度寺,曾有160余名僧侣集体离婚。[③]

于是比丘僧方面想直接将这些经政府调查承认的僧侣召集起来,召开全国僧侣大会,但是因带妻僧方面一直对寺刹净化收拾对策委员会会议上确立的僧侣资格原则表示不满,所以政府不允许比丘僧方面单独召开全国僧侣大会。5月18日,文教部部长和内务部部长联合发表寺刹净化对策实施要领,要求教团执行部从符合僧侣资格的僧侣中选拔出各寺刹住持,以便彻底取代带妻僧,完成净化运动。[④] 但是比丘僧和带妻僧双方都不满意,比丘僧方面认为撤换住持并不意味着佛教净化运动的完成,要求先召开全国僧侣大会,选举新的宗会,制定新宗宪,选出新的宗团执行部,然后再更换各寺刹住持。而带妻僧方面则要求承认他们的僧侣资格,对寺刹净化对策实施要领规定在符合条件的僧侣不足时可让信徒或俗人代管寺刹而绝对排斥带妻僧非常不满,不愿意完全退出寺刹。

比丘僧方面为迫使政府同意他们召开全国僧侣大会,在曹溪寺开展绝食示威,而带妻僧方面也在开元寺召开宗会,决定一致反对政府主导的佛教净化政策。带妻僧们还袭击了在曹溪寺示威的比丘僧。双方矛盾再次激化,引起了全国舆论的关注,国会也开始关注佛教净化问题,但是政府还是按照李承晚谈话精神来处理此事。5月23日,在文教部主导下,比丘僧和带妻僧双方各出五名代表组成寺刹净化对策委员会。6月

---

① 김순석 지음:《한국 근현대 불교사의 재발견》,第387页。
② 김광식 지음:《한국 현대불교사 연구》,第317页。
③《僧房에 离婚 旋风 通度寺서 带妻僧 160 名이 断行》,《京鄕新聞》1955 年 7 月 28 日。
④ 김광식 지음:《한국 현대불교사 연구》,第318页。

16 日,李承晚再次发表谈话,要求带妻僧还俗。① 在政府的压力下,比丘僧方面放弃了单独召开全国僧侣大会的想法,而带妻僧方面虽然对政府的寺刹净化方针不满,但是在政府发出再不合作就通过寺刹令采取强硬措施的最后通牒后,也不得不采取与政府合作的姿态。自 7 月 1 日起,寺刹净化对策委员会在文教部主导下先后召开了四次会议,主要讨论如何选举宗会议员和是否召开全国僧侣大会问题。在 7 月 13 日召开的第三次会议上,李青潭提出按照文教部、内务部调查确认的僧侣资格召开全国僧侣大会,带妻僧代表李华应、鞠默潭、元宝山三人中途退场以示抗议,最终表决结果以 5∶3 通过,将三名退场的带妻僧代表的票作反对票处理。带妻僧方面不承认这一表决结果,其五名代表全部拒绝出席 7 月 14 日召开的第四次会议,致使会议流产。而比丘僧方面则根据这一表决结果,以李青潭的名义向全国发出通告,决定于 8 月 1 日在曹溪寺召开全国僧侣大会。

由于带妻僧方面不愿意接受寺刹净化对策委员会第三次会议的表决结果,所以政府方面也不同意比丘僧方面急于召开全国僧侣大会。而比丘僧方面不顾政府的反对,坚持如期召开大会,有 800 多名,一说有 1000 多名僧侣聚集在曹溪寺。8 月 1 日,政府出面阻止,当天大会没有开成,但是 8 月 2 日政府没有采取行动,所以比丘僧方面就在这一天召开了全国僧侣大会。会上,选出了新的宗会议员,并制定了新的宗宪,选出新的宗团干部,推选河东山为宗正,李青潭为总务院长,宣布解除原宗团干部职务。

在会议进行过程中,内务部出动警察阻止继续开会,聚集在曹溪寺的僧侣与警察对抗,事态一触即发。在这种情况下,8 月 4 日李承晚又在记者招待会上发表了支持净化运动的谈话,于是政府更加积极地调解佛教内部纠纷,希望通过均衡分配寺刹来缓解比丘僧与带妻僧双方的对

---

① 김광식 지음 :《한국 현대불교사 연구》,第 318 页。

立,但是这一方案被比丘僧方面拒绝了,他们坚决要求政府承认他们通过全国僧侣大会选举产生的宗会议员和各寺刹住持,以及新制定的宗宪。为探索新的调解方案,文教部不得不决定重开寺刹净化对策委员会会议,8月11日在递信厅召开了第五次会议,李青潭建议重新召开全国僧侣大会,结果这一提议以7:1表决通过。8月12日至13日,得到政府承认的第一次全国僧侣大会在曹溪寺正式召开,文教部长和内务部长也参加了大会。大会重新选举了宗会议员,通过了宗宪修正案,选举薛石友为宗正,李青潭为总务院长,接着选举了总务院其他干部和各寺刹住持。

在以比丘僧为中心重组了曹溪宗团之后,8月14日李承晚发表了"驱逐倭色僧侣"的第七次谈话,为比丘僧进一步接管全国寺刹打气。比丘僧接管了各道宗务院和寺刹,奠定了佛教教团净化的基础,所以有人认为严格意义的佛教净化运动到这里就算结束了,但也有人认为佛教净化运动到这时才真正正式开始。①

4. 佛教净化运动的持续与异化

带妻僧方面对第一次全国僧侣大会的结果不能接受,向司法部门提起诉讼,要求判决第一次全国僧侣大会与寺刹净化对策委员会的决议无效。6月15日,法院认为文教部、内务部干涉佛教内部事务违反了宪法关于宗教信仰自由的规定,作出带妻僧方面胜诉的判决。比丘僧方面不服判决,上诉到首尔高等法院。② 首尔高等法院又作出了对比丘僧方面有利的判决,于是带妻僧方面又上诉到大法院,要求大法院作出终审判决。

在司法部门作出判决之前,比丘僧方面即强行根据全国僧侣大会的

---

① 김순석 지음 :《한국 근현대 불교사의 재발견》,第369页
② 김순석 지음 :《한국 근현대 불교사의 재발견》,第391页。

选举结果,大规模从带妻僧手中接收寺刹。但是当时比丘僧尼只有600多名,而且比丘尼占多数,比丘僧只有200多名。[①] 即使按禅学院掌握的全国比丘僧尼800多人的数字计算,比丘僧在人数上也居于劣势。为了能够从带妻僧手中夺取寺刹,他们一方面急剧增加僧侣数量,另一方面依靠政治权力的支持,甚至不惜动用世俗暴力集团,佛教净化运动演变为寺刹争夺战,多次发生流血事件,导致佛教的社会地位下降。带妻僧被逐出寺刹之后,也纷纷向司法部门提起诉讼,所以除了在大法院的官司之外,全国各地法院都接到了很多与佛教净化运动有关的诉讼案件,双方又在全国范围内展开法庭攻防战。佛教净化运动发展到如此地步,还是大大出乎李青潭等佛教净化运动领袖的意料。

而且,比丘僧方面也缺乏能够管理寺刹的僧侣,尤其是缺乏可以担任本末寺住持的人才。比丘僧内定了全国623个历史较悠久的寺刹的住持,已经接管的寺刹有上百个[②],而住持任命得到文教部认可的只有19个寺刹。[③] 此外,带妻僧被迫离开寺刹时,多将粮食也带走了,所以比丘僧在接管寺刹之后首先即面临粮食危机。还有,原来寺刹通过财团经营的工厂、剧场、公司等也因缺乏管理人才而陷入停顿,寺刹经营的学校也因经费困难而陷入困境。在这种情况下,比丘僧方面也不得不从现实出发,包容一部分有寺刹管理和企业经营经验的带妻僧。1956年1月26日,总务院正式决定开放门户,除总务院及主要寺刹之外,一般寺刹可以配置一定数量的带妻僧,寺刹所经营的企业也可以重新聘用以前的经营者继续经营。[④] 但是此举不仅使宗团内部重新出现了比丘僧与带妻僧的对立,而且也引起了比丘僧内部和同派与激进派的分化。

1960年4月,支持佛教净化运动的李承晚政权倒台以后,已经被迫

① 김광식 지음:《한국 현대불교사 연구》,第292页。
② 김순석 지음:《한국 근현대 불교사의 재발견》,第391页。
③ 김순석 지음:《한국 근현대 불교사의 재발견》,第370页。
④ 김순석 지음:《한국 근현대 불교사의 재발견》,第370页。

退出寺刹的带妻僧又在全国范围内展开夺回寺刹行动,暴力事件不断发生。一部分寺刹又被带妻僧夺回,与佛教净化运动有关的诉讼案件也大为增多,比丘僧控制的曹溪宗团也面临危机。比丘僧方面感到事态严重,为应对时局,成立了非常对策委员会。这时,双方都把注意力放在了悬而未决的大法院的判决上。带妻僧方面认为比丘僧是通过与李承晚政权相勾结而攫取宗权的,现在李承晚政权既已垮台,则宗团也应该恢复到纠纷发生以前的状态,他们希望通过大法院的判决夺回宗权。[①] 而比丘僧方面则希望通过大法院判决彻底结束佛教净化运动,于是通过各种抗议活动向大法院施加压力。1960 年 11 月 19 日,比丘僧方面主持召开了第二次全国僧侣大会,参加大会的僧侣有 700 多人,还有许多来自全国信徒会的在家佛子也参加了大会。大会之后,他们举着“佛法无带妻僧”的标语,在首尔市内举行游行示威,夜里又在曹溪寺举行绝食和“彻夜精进”等抗议活动。从 11 月 21 日起,比丘僧又在曹溪寺集会,并常到首尔市内繁华街头游行示威。11 月 23 日起,500 余名比丘僧举行绝食斗争,一部分比丘僧更发誓,如果大法院作出有利于带妻僧的判决,则不惜自杀殉教。

面对比丘僧与带妻僧双方的压力,大法院不愿作出判决,而在 11 月 24 日以首尔高等法院的判决不适当为由,发还首尔高等法院重审。比丘僧方面认为大法院的这种做法对带妻僧有利,因此闯入大法院进行抗议,还发生柳月滩、金道宪、郑性愚、文真静、李道明、文性觉六名僧侣在大法院长秘书室切腹自杀的骚动,结果有 333 名比丘僧被捕,李青潭也被警方指为幕后指使者而加以逮捕。[②]

到 1961 年 5 月 16 日朴正熙发动军事政变,政局再次发生重大变化,而且这一变化对比丘僧方面更为有利。军事政权将佛教净化运动视为

① 김순석 지음:《한국 근현대 불교사의 재발견》,第 392 页。
② 김광식 지음:《한국 현대불교사 연구》,第 174、274 页;김순석 지음:《한국 근현대 불교사의 재발견》,第 371、392 页。

佛教界内部纠纷,从维护社会治安的角度出发,希望双方尽快解决纠纷。比丘僧对于军事政权的这种态度很不满意,要求军事政权首先承认佛教净化运动的正当性,承认他们对宗团的主导权。最终军事政权承认了佛教净化运动的正当性,但要求双方实现统合。一开始掌握宗权的比丘僧方面采取不合作态度。1962 年 1 月 12 日,朴正熙发表谈话,对佛教界提出强烈警告,将给佛教界最后一次自主解决纠纷的机会,否则将由政府依法解决。这样,在军事政权的政治压力下,比丘僧方面被迫答应与带妻僧方面进行协商,以便重组宗团,实现佛教正常化。

在文教部的主导下,成立了佛教再建委员会①,由宗教团体审议委员会就比丘僧、带妻僧双方推荐的人选中各提请 5 名代表,加上宗教团体审议委员会推荐的 3 名代表组成。1 月 22 日,代表比丘僧的宗正河东山和代表带妻僧的宗正鞠默潭共同宣读了佛教再建委员会宣誓文,宣布要建立大同团结的大韩佛教,成立崭新的统一宗团。佛教再建委员会先后召开四次会议,通过了佛教再建委员会条例和运营细则,以及佛教再建公约和佛教再建非常宗会会则。1 月 31 日,根据佛教再建非常宗会会则,选出佛教再建非常宗会议员 30 人,双方各选出 15 人,负责修订宗宪。②

2 月 12 日佛教再建非常宗会开院,讨论制订新的宗宪。双方争论的焦点仍是僧侣资格问题,始终无法达成妥协,最后只得提请文教部作出解释。③ 文教部认为,僧侣资格只能给在寺刹独身常住,专注修道和教化,没有家属抚养责任者,否则视为没有完全权限的非正常僧侣。非正常僧侣可以担任布教师与住持署理等职务,但是不能行使正常僧侣的全部权利。④ 文教部的解释实际上对比丘僧有利,所以带妻僧方面不能接

---

① 김광식 지음 :《한국 현대불교사 연구》,第 323 页。
② 김광식 지음 :《한국 현대불교사 연구》,第 323 页。
③ 김광식 지음 :《한국 현대불교사 연구》,第 323 页。
④ 김순석 지음 :《한국 근현대 불교사의 재발견》,第 394 页。

受,由于双方在非常宗会的议席相等,导致新的宗宪一直无法通过。拖到 3 月 22 日,文教部提出新的解决办法,修订非常宗会会则,将议员人数减为双方各 5 名,另外增加社会人士 5 名。① 带妻僧方面抵制,拒绝参加非常宗会会议,而比丘僧代表和社会人士继续开会,通过了新的宗宪。3 月 25 日,新宗宪颁布,接着选举李晓峰为宗正,林锡珍为总务院长。李晓峰为比丘僧,而林锡珍为带妻僧,其他干部,如监察院长朴汶圣、总务部长尹月下、教育部长文静影为比丘僧,而监察院副院长安兴德、社会部长李南采为带妻僧。4 月 11 日,在曹溪寺举行了宗正推戴仪式和宗团干部就任仪式,统合宗团大韩佛教曹溪宗正式成立,以新罗道义国师为开创祖,高丽普照国师为中迁祖,太古普雨国师为宗祖。② 4 月 13 日,统合宗团从原宗团执行部手中接管了宗团事务,佛教净化运动告一段落。③

但是带妻僧方面对这样的结局难以接受,而且 1962 年 5 月 31 日政府制定的《佛教财产管理法》也对带妻僧不利,因为该管理法规定佛教团体如因违法或内部纠纷而无法完成登记时,文教部长有权任命或解除财产管理人。于是带妻僧方面又向法院提起诉讼,要求判决因佛教再建非常宗会的决议而成立的决议事项无效。6 月 11 日,首尔民事地方法院一审判决带妻僧胜诉,比丘僧方面不服判决,提起上诉。由于双方的纠纷没有能够真正化解,所以在非常宗会解散后如何组织新的宗会问题上又发生争执,最后决定比丘僧在宗会占 32 席,带妻僧占 18 席,8 月 20 日选举产生了新的宗会议员。由于宗会主导权仍掌握在比丘僧手中,带妻僧方面提出抗议,拒绝出席宗会,第一届宗会在只有比丘僧议员出席的情况下推举李青潭为议长。带妻僧方面不满比丘僧方面的单独行动,甚至宗团内部的带妻僧干部也提出总辞职,导致统合宗团名存实亡。

带妻僧再次就统合宗团的合法性问题向大法院提起诉讼,导致双方

---

① 김순석 지음 :《한국 근현대 불교사의 재발견》,第 394—395 页。
② 김순석 지음 :《한국 근현대 불교사의 재발견》,第 394 页。
③ 김순석 지음 :《한국 근현대 불교사의 재발견》,第 373 页。

的法庭攻防战再次上演。但是,这次大法院作出了对比丘僧有利的判决,承认了统合宗团的合法性。[1] 8月,带妻僧方面又向首尔高等法院提起诉讼,再次要求判决佛教再建非常宗会的决议案无效,9月8日首尔高等法院也作出了非常宗会决议案有效的判决,带妻僧方面只好上诉到大法院。带妻僧方面实际上对大法院的判决亦不抱希望,于是脱离统合宗团,在西大门外另组总务院,从根本上否定了统合宗团的合法性,宗团又陷入分裂状态。

另外,比丘僧在曹溪宗团内取得绝对优势地位后,为缓和与带妻僧的矛盾,维护统合宗团的性质,也越来越倾向于包容带妻僧。然而曹溪宗团的和同政策却受到全国信徒会的批评。而且,信徒对宗团和僧侣的表现也越来越不满。比丘僧的数量在佛教净化运动开始后急剧增加,到1964年发展到11899人[2],其中绝大多数是佛教净化运动期间发展的"急造僧",僧侣素质下降。在佛教内部,修行风气也发生很大变化,禅学盛行,而教学衰落,僧侣不重视修行。此外,比丘僧、修禅者和首座们通过佛教净化运动掌握寺刹之后,由于缺乏管理寺刹的经验,为与寺刹和僧侣有关的社会势力插手寺刹内部事务,以及寺刹与社会之间的事务提供了方便,反而导致贪污腐化的情况更加严重。佛教徒也要求曹溪宗团进行改革。1963年11月,全国信徒会提出曹溪宗革新再建案,第五次宗会讨论了这个提案,并成立了僧侣和信徒共同参加的再建案审议委员会,但是并没有朝着修宪的方向发展,只是设立了作为宗正的咨询机关性质的企划委员会,导致信徒对宗团和僧侣更加失望。

然而,曹溪宗团的和同倾向受到政府的支持,政府也希望通过这种途径缓和佛教界内部纠纷。1965年3月16日,文教部长召集有关人士八名在文教部会议室开会,确定了比丘僧与带妻僧双方会谈的原则,于是成立

---

① 김광식 지음 :《한국 현대불교사 연구》,第158页。
② 김광식 지음 :《한국 현대불교사 연구》,第292页。

了大韩佛教曹溪宗和同委员会,双方达成四项协议,并决定改编宗会和中央执行部。为完成这一任务,推选孙京山等五人为推进委员。3月25日,和同委员会召开临时中央总会,决定在不违反宗宪和宗法的范围内开展活动,但是双方互不信任,一直难以取得大的成效。到1966年3月,孙京山在第12次中央宗会上被选为总务院长,朴西角被选为财务部长,加上比丘僧和带妻僧双方都希望节省诉讼费用,形势向有利于和同的方向发展。带妻僧方面则在这年8月举行的临时中央总会上提出,只要让带妻僧占宗会议席的半数,他们就撤销诉讼。① 宗团执行部答复说,不能让出半数议员席位,但是可以向宗会提出建议,由宗会议决,随后向中央宗会提出划给带妻僧23席的提案,结果该提案以18:16获得通过。② 但是这一决议案并没有能够付诸实施。12月,宗正李晓峰圆寂,李青潭就任宗正,而李青潭与孙京山在推进佛教现代化方面存在立场差异,李青潭对包容和同有保留意见,对包容和同以后宗团内部发生的变化更持批判态度。③ 所以,在李青潭就任宗正以后,包容和同趋势受到抑制。

1967年2月6日,比丘僧和带妻僧双方40余人与政府有关人士在雅叙园中餐馆举行聚会,双方签订协定,约定共同遵守1962年制定的统合宗团的宗宪和宗法,重新确认统合宗团为唯一合法宗团;中央宗会议席数比丘僧29席,带妻僧21席;全国23个本山中比丘僧15个,带妻僧8个。④ 但是这一协议也没有能够彻底化解双方的纠纷。3月3日,带妻僧方面单独召开全国寺刹住持与布教师大会,强调只有分宗才能解决纷争,表达了与比丘僧决裂的决心。⑤ 而宗正李青潭也在3月召开的第15次临时中央总会上发布教示,反对包容和同,宗团不能接受李青潭的主张,于是出现了宗正李青潭和总务院长孙京山的对立。7月,在海印寺召

---

① 김순석 지음:《한국 근현대 불교사의 재발견》,第397页。
② 김순석 지음:《한국 근현대 불교사의 재발견》,第398页。
③ 김광식 지음:《한국 현대불교사 연구》,第327页。
④ 김순석 지음:《한국 근현대 불교사의 재발견》,第398页。
⑤ 김순석 지음:《한국 근현대 불교사의 재발견》,第399页。

开的第 16 次临时中央总会上,李青潭和孙京山因在推进佛教现代化事业过程中造成经济损失而被问责,两人同时辞职。李青潭辞职后,和同派取得主导权,宗团重新录用带妻僧,并选拔带妻僧担任本寺住持,以缓和双方的矛盾。由于比丘僧方面作出这样的让步,也换来了全罗道地域未登记寺刹完成了登记。① 但是带妻僧方面对和同委员会的所作所为仍有不满,也不能接受雅叙园协议。当时带妻僧方面有信徒近 25 万名,而比丘僧方面只有约 15 万名,所以带妻僧方面建议政府将全国 2063 个寺刹中的 1700 个划给带妻僧。② 当比丘僧方面得知带妻僧方面的立场如此,也不再承认和同协议,好不容易建立的对话渠道又堵塞了。

1968 年 10 月,因发生佛国寺丹青工程舞弊案,在监察院调查期间,40 余名僧侣殴打了佛国寺住持。佛国寺僧侣暴力事件暴露了僧侣的无能和腐败,引起了广大信徒的不满,佛教信徒成立了教法守护全国信徒团体协议会。1969 年 7 月,李青潭作为长老院长,在第 20 次临时中央总会上,以四部大众团体"曹溪宗维新再建委员会"名义提出《大韩佛教曹溪宗维新再建案》,主张继续推行佛教净化运动,改革宗团,但宗会不接受李青潭提出的维新再建案,李青潭提请宗团讨论一事也被拒绝,8 月 12 日李青潭愤而退出曹溪宗团。③ 虽然一年以后李青潭又回到宗团,并担任总务院长,他的退团事件还是有很大影响。1970 年 1 月 15 日,带妻僧方面开始另创韩国佛教太古宗,5 月太古宗正式成立,比丘僧与带妻僧的纷争告一段落。④

太古宗成立后,比丘僧与带妻僧双方在司法部的争讼也基本结束了,佛教净化运动至此结束,但是佛教界内部和曹溪宗团内部的矛盾对立仍在延续。

---

① 김순석 지음:《한국 근현대 불교사의 재발견》,第 398 页。
② 김순석 지음:《한국 근현대 불교사의 재발견》,第 399 页。
③ 김광식 지음:《한국 현대불교사 연구》,第 331 页。
④ 김순석 지음:《한국 근현대 불교사의 재발견》,第 399 页。

5. 结语

在近代,许多韩国僧侣以日本佛教为样板,将带妻食肉视为佛教大众化的手段,认为带妻是理所当然的事情。随着带妻僧日益增多,引起佛教界内部带妻僧与比丘僧的矛盾,也恶化了寺刹财政状况。虽然在日帝时代,带妻僧与比丘僧的分别与殖民地性和民族性并没有绝对的对应关系,但是带妻食肉风俗来自日本的事实本身已经足以使人们将带妻僧视为"倭色僧"。僧侣破戒生活和寺刹修行环境的崩溃,以及寺刹共同体的瓦解和佛教对政治权力的依赖,在解放后被视为殖民地佛教的残余,虽然这些不能全部归咎于带妻僧,但是还是被作为佛教殖民地性的象征,而李承晚政权出于政治目的强化这种认识,支持比丘僧掀起佛教净化运动。

对于佛教界内部来说,殖民地性与民族性只是外衣,根本问题是争夺宗权。由于比丘僧在人数上不占优势,要想从占主导地位的带妻僧手中夺取宗权,则必然依靠政府的支持,甚至不惜动用社会暴力集团。虽然双方的寺刹争夺战导致佛教社会地位下降,然而比丘僧以恢复韩国佛教传统为号召,成功地扛起了民族性的大旗,使政府也承认佛教净化运动的正当性。然而,佛教净化运动虽然取得成功,却反而导致韩国僧侣素质下降,寺刹管理更加混乱,近代以来韩国佛教的社会化进程也因此中断,佛教的社会影响力下降,佛教徒人数减少,与当初李青潭等佛教净化运动领袖的构想相去甚远。而且,佛教净化运动也造成了韩国佛教的分裂。随着太古宗的创立,韩国佛教界内部宗团滥立,成立统合宗团的愿望彻底化为泡影。截至 2004 年,在文化观光部登记的具有社会福利设施的佛教宗团就有 25 个[1],全部大小佛教宗团约有 120 个。[2]

① 이혜숙 :《불교 종단의 사회 복지 사업에 관한》,《불교문화연구》제 5 집 , 불교사회문화연구원 , 2000 年 , 第 88 页。
② 김광식 :《범어사와 불교정화운동》, 영광도서 , 2008 年 , 第 666 页。

试论西学对朝鲜儒者茶山丁若镛思想的影响[①]

邢丽菊[②]

1. 序言:茶山思想的时代背景

丁若镛(号茶山,1762—1836),是朝鲜后期实学派思想的集大成者。如果说朝鲜王朝(1392—1910)前期是朱子性理学发展的鼎盛期,朝鲜后期则酝酿了最有影响力的学术思想——实学思想。茶山生活的 18 世纪中后期,受壬辰倭乱(1592)和丙子胡乱(1636)影响的社会经济已经得到恢复,朝鲜逐渐由农耕社会转向工商社会,士林政治走向下坡路,出现了强化君主政权的荡平政治。[③] 当时作为士林政治基础的朱子学的理论体制已经动摇,而一系列的社会变化又需要开放的、多样的思想体系做指导。茶山在道器兼顾的立场上,吸取朝鲜前期的教训,提出了具有自己特色的实学思想。

作为朝鲜实学史上的核心人物,茶山的学问体制可谓集众家之长于

① 本文系教育部 2012 哲学社会科学重大课题攻关项目"百年朱子学研究精华集成"(项目编号:12JZD007)的阶段性研究成果。
② 复旦大学国际问题研究院副教授。
③ 邢丽菊:《从茶山经学看其心性论》,《孔子研究》2006 年第 6 期,第 48 页。

一身。他继承了星湖派宗师李瀷(号星湖,1681—1763)的学问,集经世致用学于一身,又通过同朴齐家(号楚亭,1750—1805)的交往,吸收了北学派的学问。不仅如此,他还受西学的影响,也接受了考证学的知识,如此广博的知识结构,使得他的思想体系在当时独树一帜。

在当时的朝鲜思想界,通过燕行使者传入的清朝以及由此间接接触的西方文明让朝鲜士人大开了眼界,部分实学者开始提出改革理论并主张"北学",这就使得东方传统的儒学与西方文明面临着冲突和调和。

若究西学传入韩国的渊源,可追溯到壬辰倭乱时 Cespedes 神父曾随倭将驻留熊浦这一事实。后来在出使明朝的儒者李晬光的《芝峰类说》中也介绍过 M. Ricci(利玛窦)的《天主实义》。但这些间续传来的西学在当时只是满足了一部分人的好奇心,并未引起思想界的广泛反应。后来到了 18 世纪的英祖和正祖时代,以星湖为中心,西学在朝鲜开始形成风气并被关注。星湖通过一系列的著作吸收了西方的天文学、历法、地理学等知识,而且通过对《天主实义》以及《七克》的介绍也对天主教理和儒学的共同点进行了比较,对不同点进行了批判。而茶山早在 16 岁时就跟星湖结交并受到其深刻影响。[①] 星湖的弟子们很早就开始了对西学的研究甚至是信仰活动。1784 年茶山的妹夫李承熏(1756—1801)在北京接受洗礼,他回国后便开始了正式的宣教活动。而茶山也在同一年从李蘗(1754—1786)那里学到了天主教理,正式接触天主教信仰。

但天主教徒们最初的聚会遭到了官府的揭发,并受到了当时士大夫的批判。尽管后来茶山等人的天主教活动转为秘密进行,但仍旧遭到了成均馆儒生们的揭发和批判,以致后来政府下达了更加严厉的禁教令。正祖时期的西学事件(1791)使得一大批天主教信徒受到牵连,他们或被处刑,或被刑讯,或被流放,天主教也因此被冠上了"异端""邪说""禽兽之道"的罪名。当时轰动朝野的"辛亥狱事(1791)"在儒学立场上被称为

---

① 《与犹堂全书·自撰墓志铭》。

"邪狱""讨邪""斥邪"等,而在天主教立场上则被称为"受难""教难""迫害"等,从用语差异可见当时二者的冲突和对立。

因为国家的严禁管制,辛亥狱事后茶山也被迫公开中断了跟天主教的关系,甚至在 1797 年上奏正祖的《辨谤辞同副奉旨疏》中批判天主教理为"异端邪说"。尽管这样,但茶山在青年时期就具有的西学信念以及其对周边亲属从事天主教活动所表现出的理解和支持态度,还有其对儒学经典注释中所流露出的西学影响,都很难说他完全摒弃了西学和天主教信仰。基于此,也有人说他"外儒内耶"。①

这一时期也产生了引领朝鲜走向近代化的开化运动。随着西学的流入和传播,朝鲜的社会和思想界开始经历"传统与近代的交锋",这段时期可谓"走向近代的黎明期"。面对这一转换期的各种问题,茶山积极潜心钻研,并探索解决问题的各种方案。

本研究将主要探讨茶山是如何吸收了西学特别是天主教思想,并且西学思想在他的儒学思想体系中究竟发生了何等影响等问题。因为这一问题反映了韩国近代思想史中东方传统思想与西方外来思想的碰撞,对理解思想史的发展与转换具有重要意义。

2. 西学对茶山天论的影响

在中国古代传统中,上帝、天、帝均代表了一种超越和绝对的存在,这在很多经典中可以找到明确的依据。《中庸》首章以"天命之谓性"开篇,茶山在对《中庸》的注释中最强调的也是"天"和"性"这两个概念。他的天论源自其对天概念的理解,即他把天分为"苍苍有形之天"和"灵明主宰之天"。② 同为自然界事物之一,具有形体的可视的蓝天(苍苍大圜)

---

① 刘权钟:《茶山对终极存在的思维》,纪念茶山诞辰 250 周年学术会议论文集,第 25—26 页,2012 年 9 月 22 日。

②《与犹堂全书.中庸策》:臣以为高明配天之天,是苍苍有形之天。维天于穆之天,是灵明主宰之天。

以及超越自然界的形而上的存在（自地以上）虽都可谓之"天"①，但也应该加以区分。宋儒也曾对天的多重性进行过探讨和分析。程伊川认为"以天专言之，则道也"，"分而言之，则以形体谓之天，以主宰谓之帝，以功用谓之鬼神，以妙用谓之神，以性情谓之乾"。② 这里虽然将形体之天与主宰之天区分开来，但当时儒者的方法论是，比起严格的分析来，更侧重于统合性的融通，因此作为主宰的天、帝以及上帝的意味则有些模糊。这种从宇宙论以及自然法则的层面来笼统理解天的做法，遭到了早期传教士的尖锐批判。

西学者利玛窦强调指出，作为无形之存在的天主是唯一的，不能将其视为圆形的"苍苍有形之天"。他指出"苍苍有形之天，有九重之析分，乌得为一尊也，上帝索之无形，又何以形之谓乎……肃心持志，以无形之先天，孰指兹苍苍之天，而为钦崇乎"③，认为应该明确区分钦崇的主宰之天与不能钦崇的自然物之天，即苍苍之天。这种主宰之天的意识在《诗经》《书经》等经典中可以找到，所以利玛窦多次从先秦儒家经典中引出批判宋儒合理主义宇宙论的论据。关于《中庸》19 章"郊社之礼，所以事上帝也"，朱熹注释认为"郊祭天，社祭地，不言后土者，省文也"④，这很明显地表明宋儒将天地并列而且视为阴阳二元的相对结构。但利玛窦指出，"夫至尊无两，惟一焉耳，曰天曰地，是二之也……窃意仲尼明一之以不可为二，何独省文乎"⑤，认为孔子已经阐明了上帝的唯一性，并没有提到与后土（地神）相对的天神，因此并不是省略后土，以此来反驳朱熹。他还指出"吾天主乃古经书所称上帝也……夫帝也者，非天之谓……历观古书而知上帝与天主特异之名也"⑥，认为天主与上帝是同一个存在，

---

①《中庸讲义补》：先儒言天，原有二种。其一以自地以上谓之天，其一以苍苍大圜谓之天。
②《周易传义大全》。
③《天主实义》第二篇。
④《中庸章句大全》。
⑤《天主实义》第二篇。
⑥ 同上。

并且力证儒学经典中的上帝不是天（尤其是苍苍之天）。以利玛窦为首的早期传教士们虽然将天的概念区分为主宰之天（无形之天）和苍苍之天（有形之天），但是只承认前者。后来天主教为了避免意思混淆，尽量避讳使用"天"，而强调要使用"天主"这一名称。

对茶山来讲，天的本质意味来自于"主宰之天"，"天之主宰为上帝，其谓之天者，犹国君之称国，不敢斥言之意也。彼苍苍有形之天，在吾人不过为屋宇帡幪，其品级不过与土地水火平为一等"①，他把上帝比喻为国君，"主宰之天"是国土，而"苍苍之天"不过仅仅相当于屋顶而已，其品级是最低的。关于《中庸》的"郊社之礼，所以事上帝也"，茶山也否定朱子的祭天、祭地说，主张万物的根本是一原。依据茶山的理解，这个一原就是上帝，是"天之明神"，而根据其掌管的对象是天还是地而称为天神和地示。因此天神和地示就是接受上帝的命令来保佑万物的存在，而后土绝对不能与上帝同格。② 天和上帝的概念在传统性理学中一直被等同视之是因为他们都是用理来解释的终极存在，二者作为纯粹的理，在理气论的解释立场上，其超越性以及人格性的层面就明显变弱了。

茶山虽然认为天和上帝不过是同一存在的异名③，但还是区分"主宰之天"的人格主体性以及天这一对象的客体性，视上帝为具有人格主宰性的绝对者，并主张其是信仰层面上的"唯一神"。我们应该注意到，茶山思想中直接流露出具有主宰者人格性的上帝首先是一种"唯一神"，而经典中涉及的作为绝对超越者的天指的就是上帝。自古以来，上帝或天有各种不同的名称，如皇天、昊天、旻天、上天、苍天、皇上帝、皇天上帝、

---

① 《与犹堂全书·孟子要义》。
② 《与犹堂全书·中庸讲义补》：天神地示虽分二类，万物一原，本无二本。日月星辰风雨司命之神，社稷五祀五岳山林之神，都是天之明神，特其所掌，有司天司地别，故或云天神，或云地示也。上下神示，皆受帝命，保佑万物，而王者祭而报之，无非所以事天，故曰郊社之礼，所以事上帝，不言后土，非省文也。
③ 《与犹堂全书·春秋考征》：人主之称，或称曰国，或称曰大王，或称曰乘舆。非于大王之外，别有国主，别有乘舆之君也。上帝或称天，或称昊天，犹人主之或称国，或称乘舆。

昊天上帝等,各代儒者对此的解释也是众说纷纭,对此茶山举《书·尧典》中的"乃命羲和,钦若昊天"和《周礼·春官》中的"以禋祀,祀昊天上帝"指出"昊天乃上帝之正号也"①,对上帝的概念做了明确界定。

如上茶山通过对天与上帝的界定,揭示了儒家经典中其作为人格神的主宰者之性格。② 但不能否认,对天与上帝等终极存在的哲学解释问题,在儒学传统中一直占有很大的比重。茶山提出并强调这一主宰者的信仰问题,非常值得关注。

再来看一下太极论的问题。《周易》言"易有太极,是生两仪",认为太极是阴阳两仪的原理。宋儒周濂溪在《太极图说》中也提出"无极而太极,太极动而生阳",由此太极便被理解为万物的终极原理,是唯一、绝对的存在。朱子在注释中指出"上天之载,无声无臭,而实造化之枢纽,品汇之根柢也。故曰无极而太极","太极之有动静,是天命之流行也"③,将上天与太极等同视之。朝鲜前期名儒栗谷先生也指出"太极在天曰道,在人曰性",认为太极是个代表终极的包括性概念。④

与之相反,利玛窦则认为不能混同太极与天地之主宰,应加以区分才是。他如下指出:

> 若太极者,只解之以所谓理,则不能为天地万物之原矣。盖理亦依赖之类,自不能立,曷立他物哉。⑤

> 造物之功盛也,其中固有枢纽矣。然此为天主所立者,物之无原之原者,不可以理以太极当之。⑥

若说太极是理,那么这理就不是自立者(实体),而是依赖者(属性),

---

① 《与犹堂全书·尚书古训》。
② 白敏祯:《儒学与西学的融汇》,韩国国学振兴院编《韩国儒学思想大系:宗教思想篇》,2010 年 12 月,第 576 页。
③ 《太极图说解》。
④ 《栗谷全书》卷 20,《圣学辑要》。
⑤ 《天主实义》第二篇。
⑥ 同上。

因此太极就不能成为天地万物的根源或造化之枢纽。而且对于《太极图说》，利玛窦认为太极不过是取奇偶之象，不能成为创造天地的实在物，可谓是虚象。

而茶山指出"太极者，天地未分之先，混沌有形之始，阴阳之胚胎，万物之太初也"①，他认为易学的相关著述中都是将太极视为天地分化的先在，认为这是万物的太初、阴阳的胚胎或者阴阳混沌之物体，归根结底可认为是生成论上的始源。在他的易学体系中，明确反对将太极与无形之天视为一体，他甚至否定将太极解释为理。他曾如下指出：

> 所谓太极者，是有形之始，其谓之无形之理者，所未敢省悟也。濂溪周先生尝绘之为图，夫无形则无所为图也，理可绘之乎？②

太极是有形的始源，不能看作是无形之理。因此《太极图说》一方面将太极视为无形的存在，视为理，同时又用有形的图来表示它，故不恰当。同时他还认为易经中的太极是揲蓍法50策未分之前的全体乃至64卦的全体。由此可以推断出，茶山彻底否认性理学中所认为的"太极是终极存在"这一概念。依据他的观点，易从字义上来看意味着日月，而日月更替就产生了阴阳，卦爻的变化法则也在阴阳体系中得以形成。但是，茶山否定在这种自然秩序的易中来设定终极根源的做法，也反对将太极推尊为道体或者将一阴一阳视为道体的根本，明确指出在一阴一阳之外还存在主宰之天。③ 他认为易之所作是"圣人所以请天之命而顺其旨者也"④，阐明了《周易》一书是具有"改过迁善"之伦理目的的"戒律书"。⑤

---

① 《与犹堂全书·易学绪言》。
② 《与犹堂全书·易学绪言》。
③ 同上：无阴阳者，方欲推尊太极为道体之本，一阳一阴包涵其中，则体貌不尊，必欲离阴阳，超于其上，故改一为无以自伸其虚玄之义也，岂不怪哉？……一阴一阳之上，明有宰制之天，而今遂以一阴一阳为道体之本，可乎？
④ 《与犹堂全书·周易四笺》。
⑤ 同上：周易一部，是圣人改过迁善之书也。

可见茶山的太极论与利玛窦一脉相承,均是全面否定宋儒所提倡的太极或理的终极性之观点。他将太极视为阴阳混沌的全体乃至生成或发生的根源,同时又认为在其上存在主宰者。这都表明了他试图从自然的世界中来展开他的上帝论。而且关于易学的本质,与汉代以及宋代的宇宙观不同,茶山是从信仰的、伦理的层面来进行解释,并从儒学的信仰论中对其进行了再评价。①

再来看一下鬼神论。在儒家经典中,上帝和主宰之天一直具有某种人格神的意味以及主宰者的性格。《周易》中有"阴阳不测之谓神",《书经》中有"敢昭告于上天神后""予仁若考,能多材多艺,能事鬼神",《周礼》中也有"以事鬼神",这些内容均表明儒学中很重视崇奉鬼神之事。甚至连强调人本主义的孔子也曾说过"祭神如神在""获罪于天,无所祷也"②,指出了神的实在性以及天的神位性。到了周代,针对信仰对象的祭仪得以制度化而形成了仪礼。因此也出现了对上帝、天、自然以及死者灵魂等信仰对象的神格分类。中国人传统意识中宇宙论的基本范畴是天、地、人,因此这三者也被赋予了各自的神格,即天神、地示、人鬼。③尽管有这种分类,但有时也经常将它们混称或并称为地神、鬼神,可见三者在本质上是相通的。

在性理学体系中,祭仪后来发展为礼学而得以传承,而鬼神就成了理气论分析的领域之一。后来的理气论发展告诉我们,鬼神的信仰之性格逐渐被弱化,而随之发展为在气的概念中对其进行合理化的解释。在对《中庸》鬼神章(16章)的注释中,张横渠认为鬼神是"二气之良能",程子认为是"天之功用,而造化之迹也",朱熹则认为是"二气言则鬼者阴之灵也,神者阳之灵也。以一气言则至而伸者为神,反而归者为鬼,其实一

---

① 琴章泰:《丁茶山思想中西学的影响和意义》,《茶山学论文集》第3辑,1978年,第324页。
②《论语·八佾》。
③《周礼·春官》:大宗伯之职,掌建邦之天神人鬼地示之礼。

物而已"。① 他将鬼神认为是气的作用。

而利玛窦则举出经典中重视祭祀的事实认为,宋儒所谓"二气之良能"、"造化之迹"以及"气之屈伸"等解释均有违于经典的基本精神。② 他全面否定将鬼神解释为作用而非实在的观点以及将其视为气的现象而可以消减的观点,甚至对后儒质疑鬼神存在有无的态度也进行全面反驳。关于自己的主张,他指出:

> 夫神与身者,体情相悖,殊类,不能相通也。③
>
> 天主无形无色无声者,神也,神无所待而有。④
>
> 夫神也者,自立之体。有生命,有智能,可以行德,可以犯罪。⑤
>
> 夫鬼神,非物之分,乃无形别物之类。其本职,惟以天主之命,司造化之事,无柄世之专权,故仲尼曰敬鬼神而远之。彼福禄免罪,非鬼神所能,由天主耳。而时人谄渎,欲自此得之,则非其得之之道也。⑥

他认为,在西学中,天主是绝对的主宰者,因为其本质上超越形体而称之为神,这种神的存在与一般身形的存在是相反的。这种神因为有生命和智能,所以会行德,也会犯罪。如此看来,神与天主不是同一个存在,它是脱离天主的。鬼神无形但接受天主的命令来掌管造化,但没有专权。孔子所言"敬鬼神而远之"也是警戒要防止鬼神用天主之权能来蛊惑众人。A. Caballera(利安当)在对《中庸》鬼神章的注释中也指出"凡无形无声而具灵体者,总称曰鬼神。分言之则正者谓神,即圣教所云天神是。邪者谓鬼,即圣教所云魔鬼是"⑦,认为鬼神是无形无声而具灵体

---

① 《中庸章句大全》。
② 《天主实义》:所谓二气良能,造化之迹,气之屈伸,非诸经所指之鬼神也。
③ 《天主实义续篇》。
④ 《天主实义续篇》。
⑤ 同上。
⑥ 《天主实义》。
⑦ 《天主教东传文献续编》,《中国史学丛书40》,1966年,台北。

者的总称,其中正当者为天神,邪恶者为魔鬼。由此可见,在西学的神论中,虽然不否定将神视为形气之存在,但将其与作为绝对者的天主以及接受天主命令的超自然的存在看作是一脉相通的名称。

再来看茶山的观点。他如下指出:

> 天以天神各司水、火、金、木、土、谷、山川、林泽,人主亦使人臣分掌世事。及其后世,乃以人臣之有功者,配于天神,以祭社稷,以祭五祀,以祭山川。则名虽地示,其实皆天神人鬼也。①

> 天神地示虽分二类,万物一原,本无二本。日月星辰风雨司命之神,社稷五祀五岳山林之神,都是天之明神。特其所掌,有司天、司地之别。②

> 大抵鬼神,非理非气,何必以理气二字,左牵右引乎?……鬼神不可以理气言也。③

> 鬼神是无形之品,其本体不带着一些形质,则不可属之于气。④

由上可知,关于周礼的三品说,茶山否定地示的独立存在。这种否定地示固有性的做法,实际上就是排除了信奉自然对象神格的自然神论以及泛神论的态度。神性的源泉只有从上帝(天)那儿才可以找到,其至尊至大者就是上帝。其他自然对象的神格都是受上帝之命令,都是辅佐上帝的臣子,均是"天之明神"。可见茶山的根本立场是强调上帝的主宰地位。因此他反对用理气论来解释鬼神。关于宋儒的诸多鬼神解释,他指出,"天地者,鬼神之功用。造化者,鬼神之留迹。今直以迹与功用谓之乎神,可乎"⑤,认为鬼神是支配二气作用的主宰性存在。

茶山认为,鬼神在无形无质的本质特征上与上帝是相通的,因此《中

---

①《与犹堂全书·中庸讲义补》。
②《与犹堂全书·中庸讲义补》。
③ 同上。
④《与犹堂全书·中庸策》。
⑤ 同上。

庸》鬼神章中所提及的鬼神指的就是上帝。与西学者相比,茶山将鬼神彻底纯粹化为绝对者,尤其还将上帝的"感格临照"称之为鬼神。[①] 不仅如此,他还将《中庸》16 章"使天下之人,齐明胜服,以承祭祀"所说的"鬼神之盛德"认为是主宰人间生活的上帝的威力,将"洋洋乎,如在其上,若在其左右"以及"戒慎乎其所不睹。恐惧乎其所不闻"中"鬼神的鉴临"认为是天命的提示。这一系列都充分表明,他试图规定上帝与人的关系以及人对上帝的姿态和伦理行为准则。

3. 西学对茶山自然论的影响

在儒学传统中,自然以及客观世界的问题通常是与人或者人事相关联来进行探讨的。《周易》中的"仰以观于天文,俯以察于地理,是故知幽明之故",也是说要推究自然的变化秩序和法则,"有天地,然后有万物生焉。盈天地之间者,故受之以屯。屯者盈也,屯者物之始生也"。易的卦爻中所提的变化法则都是与人事相对应来说明的。《大学》中的"格物"是"穷至事物之理",虽然我们要承认事物的客观存在之理,但这与我们的主观探索也是分不开的。大致来讲,在儒学中,客观世界及自然与人的道德世界是相通的,与超自然或者形而上学的世界也是有关联的。关于自然的问题,我们以下通过理气论、阴阳论以及五行论分别来看一下茶山对西学的吸收以及自身的态度。

儒家在探讨天地或宇宙根源时提出的概念无非有如下几种:"易有太极"的"太极","天何言哉,四时行焉,百物生焉"的"天",以及"一阴一阳之谓道"的"道"。作为宇宙现象的名称,这一根源指的是对事物的总称或依据,与具体的、个别的现象之集合(自然)是不同的。这就产生了儒家所说的道器之分,即"形而上者谓之道,形而下者谓之器"。

---

① 《与犹堂全书·中庸自箴》:上帝之体,无形无质,与鬼神同德,故曰鬼神也。以其感格临照而言之,故谓之鬼神。

而发展到宋代儒学,又产生了理气之概念。其中,气是构成具体事物的内容,而理是气的作用原理或者所以然之根据。在理气论的基础上,自然哲学的体系得以建立。当然,理气并不仅仅适用于现实的物质世界,也同样适用于伦理以及精神世界。[①] 万物的形质都是由气构成,得正通之气者为人,得偏塞之气者为物,这是二者在构成上的差异。一般就理气的关系而言,二者是不离不杂,而理是主宰并命令气的根源性本体和实在。

但利玛窦却否定理的终极实在性,指出"事物之情,合乎人心之理,则事物方谓真实焉。人心能穷,彼在物之理,而尽其知,则谓之格物焉。据此两端,则理故依赖,焉得为物原乎"[②],只认可其是自然法则或者合理性的基准。在西学的宇宙论中,万物被分为自立者和依赖者,理是Aristoleles(亚里士多德)范畴论中的依赖者,而气是如图1所示中"纯"的四行中的其中一个元素。

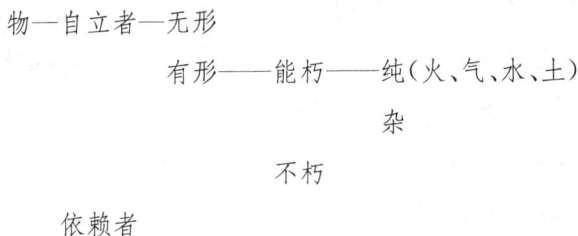

物—自立者—无形

　　　　有形——能朽——纯(火、气、水、土)

　　　　　　　　　　杂

　　　　不朽

依赖者

图1　利玛窦之西学宇宙论

由此可见,西学全面否定了理气这一性理学的基本概念。

而朝鲜性理学对理气表现出了极大的关心。退溪的"理气互发说"和栗谷的"气发理乘一途说"使得岭南学派与畿湖学派产生了尖锐的对立。关于二者,茶山指出,退溪是专就人心而言,而栗谷是总括天地万物

---

① 琴章泰:《丁茶山思想中西学的影响和意义》,《茶山学论文集》第3辑,1978年。
②《天主实义》。

之全体而言。① 他虽然没有否定理气的概念是毫无意味的,但却对性理学的理气论陷入观念性论争的弊端进行了辛辣批判,而且认为这种论争是毫无意义的,阐明了自己不会卷入其中的立场。② 在他的思想体系中,理气论并不是立论的根据。

> 今之性理之学者,曰理曰气,曰性曰情,曰体曰用,曰本然气质、理发气发、已发未发、单指兼指、理同气异、气同理异、心善无恶、心善有恶,三干五桠,千条万叶,毫无缕析,交嗔互嚷,冥心默研,盛气赤头。自以为极天下之高妙,而东振西触,捉尾脱头,门立一帜,家筑一垒,毕世而不能决其讼,传世而不能解其怨。入则主之,出则奴之,同者载之,殊者伐之,窃自以为所据者极正,岂不疎哉?③

在理气论中,茶山虽然也提及理气,但他认为气的本来意义是孟子"浩然之气"的"气"。在他看来,气是作为人的生、养、动、觉之活动依据的血气两因素中的其一,他如下指出:

> 吾人之所以生养动觉,惟有血气二物。论其形质,血粗而气精,血钝而气锐。凡喜怒哀惧之发,皆心发为志,志乃驱气,气乃驱血……志者,气之帅也。气者,血之领也,……是气之在人体之中,如游气之在天之中。④

从形质上来讲,气比血精锐,虽受志的支配,但它作为血的支配者,可以驱使血,如同空气充于天地与人体中一样。他虽然没有直接引出西学的四行说,但他却表明了气不是物质的基本概念,而只是一种存在样态,而且他还将事物基本的存在样式分为有形、无形两种,从中可以看出

---

① 《与犹堂全书·理发气发辨一》:乃二子之曰理曰气,其字虽同,而其所指有专有总,……盖退溪专就人心上八字打开,……栗谷总执太极以来理气而公论之谓。
② 《与犹堂全书·答李汝弘》:理气之说,可东可西,可黑可白。左牵则左斜,右掣则右斜。毕世相争,传之子孙,亦无究竟。人生多事,兄与我不暇为是也。
③ 《与犹堂全书·五学论一》。
④ 《与犹堂全书·孟子要义》。

与西学的接近。另外,他指出"盖气是自有之物,理是依附之品。而依附者,必依于自有者,故才有气发便有是理。然则谓之气发而理乘之者可,谓之理发而气随之不可"①,认为气是"自有之物",理是"依附之品",而这与西学中"自立者"与"依赖者"的分类也是基本一致的。

再看一下阴阳论。"一阴一阳之谓道",在中国古代思维中,阴阳是宇宙现象的两种根源性因素。《太极图说》中也指出"太极动而生阳,动极而静,静而生阴,静极复动。一动一静,互为其根;分阴分阳,两仪立焉",从动静的现象中来立证阴阳的实在。这种阴阳的二元实在论又将宇宙分为天地,将人分为男女,将自然现象分为日月、昼夜、寒暑、往来、生死、增减、出入、呼吸、刚柔、内外等等。正是由于这种阴阳交错,万物才得以多样化的生成,这也是易学生成论的基本原理。

西学的传教士并不是很重视阴阳论在中国人意识中所占的分量,因此没有将其视为问题点。利玛窦批判太极图,指出阴阳两仪不过是奇数和偶数的表象而已。西学中否定理的自立性,阴阳也不是有灵觉的存在,所以不具备生成事物的能力,当然也不是生成事物的基本样式或者结构。利玛窦认为:

> 所以然者,有在物之内分,如阴阳是也;有在物之外分,如作者之类是也。……或在物为其分,若手足在身,阴阳在人焉。②

他将事物的所以然分为"内分"和"外分",前者(事物内面的存在原因)称为阴阳,后者(事物外来的存在原因)称为制作者。但是阴阳成为事物的存在原因就如同手足存在于身体一般,故阴阳不是事物的根本构造,而只是部分构成要素。③ 依据亚里士多德的"四原因说",在作(运动因)、模(形相因)、质(质料因)、为(目的因)之中,模和质相当于阴阳。西

---

① 《与犹堂全书·中庸讲义补》。
② 《天主实义》。
③ 同上:其模者质者,此二者在物之内,为物之本分,或谓阴阳是也。作者为者,此二者在物之外,超于物之先者也,不能为物之本分。

学中并没有就阴阳问题表现出强烈的反应或本质的批判。

　　但茶山没有忽略阴阳论在儒学传统中所占的比重,他对此阐明了自己的根本立场。针对《中庸》首章的"天命之谓性",朱子注释认为"天以阴阳五行,化生万物,气以成形,而理亦赋焉",指出了阴阳五行是构成事物形质的质料。而茶山则指出"阴阳之名,起于日光之照掩。日所隐曰阴,日所映曰阳。本无体质,只有明暗,原不可以为万物之父母"①,这就否定了朱子的阴阳论。在他看来,"天下万国,或东或西,其日出入时刻,有万不同,而其所得阴阳之数,万国皆同,毫发不殊。以之为昼夜,以之为寒暑,其所得时刻,亦皆均适。故圣人作易,以阴阳对待为天道为易道而已"②,他虽然否定阴阳的实在性,但是承认这种阴阳对待关系的形式,试图从新的立场上来阐明阴阳论的意义。而且关于易的基本概念——阴阳,茶山也跟利玛窦的立场一致,认为这二者是奇数跟偶数的表象。③他还指出"两仪者分而为二,以象两者也……仪也者,形容也……蓍策之分而为二者,为天地之形容而已,非指天地也"④,认为阴阳两仪不过是天地的表象,并不能指示天地。而且就字义来讲,易是日月的会意,阴阳就是日月的表象,日月相易的现象用阴阳来表示就是卦变和爻变的法则。可见为了说明万物的变化现象,茶山用了日月变化的对待形式来说明阴阳。他虽然否定阴阳的生成功能,但并没有完全否定周易的体系。因为他不仅将生育万物的天的神化妙用称为阴阳,还利用阴阳这种二元结构来解释事物的现象变化。

　　最后看一下五行论。《书经·洪范篇》中提出了"九畴"⑤作为总管宇宙和人事的原理。尽管九畴的中心是皇极,但五行处于九畴之首,可见

---

① 《与犹堂全书·中庸讲义补》。
② 《与犹堂全书·中庸讲义补》。
③ 《与犹堂全书·周易四笺》:阴阳者,蓍数之奇偶也。
④ 同上。
⑤ "洪范九畴"指的是1.五行,2.五事,3.八政,4.五纪,5.皇极,6.三德,7.稽疑,8.庶政,9.五福六极。主要是用数个条目对广泛的领域进行了概括整理。

其受重视程度之高。五行是水（润下）、火（炎上）、木（曲直）、金（从革）、土（稼穑），这些是自然哲学的基本要素。后期的五行说逐渐被儒学思想吸收，或者与人的五常之德相匹配，或者与其他事物相匹配。

周濂溪在《太极图说》中曾指出"阳变阴合而生水火木金土，五气顺布，四时行焉。五行一阴阳也，阴阳一太极也"，也说过"五行之生也，各一其性，无极之真，二五之精，妙合而凝"，说明了万物从太极（理）—二气（阴阳）—五行—万物的生成原理。五行之气中清气是阴阳，浊气是气的渣滓，因此形成事物的材料便是"五行阴阳七者滚合"。①

如前所述，西学中将太极或理看作是依赖者并否定其对于万物的主宰功能，将阴阳看作是构成事物的部分要素，五行不过是阴阳中偶然列举的几个因素而已，而且也没有将五行视为重要问题。不过，与五行论相比，西学中提出了"四行论"作为事物的形成原理。利玛窦根据 platon（柏拉图）的四因说（four elements）指出天下的事物都是由火、气、水、土这四行结合而成。他如下指出：

> 凡天下之物，莫不以火气水土四行相结以成，然火性热干，则背于水，水性冷湿也。气性湿热，则背于土，土性干冷也。两者相对相敌，自必相贼，既同在相结一物之内，其物岂得长久和平，其间未免时相伐竞。但有一者偏胜，其物必至坏亡。②

这说明在一个事物内部，若四行之间有矛盾引起不均衡，那么事物就会走向灭亡的境地。

而在儒学的立场上来看，西学的四行论却存在很大的问题。正祖时期茶山的仲兄丁若铨在科举考试中，针对五行的问题提到了西学的四行论，在当时引起了轩然大波。③ 关于五行，茶山认为是"有形质，天作之

---

① 《朱子语类》。
② 《天主实义》。
③ 具体内容参见《与犹堂全书·先仲氏墓志铭》。

物"①，但同时也指出虽是材物，却不能成为"天地生成之理"。② 关于这种基本的材物，他还举出四正、四位、四用、四质以及五正、五材、五和等条目为依据，指出这些条目的列举没有道理，从而否定了五行生成论上的根源性。他还说"五行不过万物中五物，则是物也，而以五生万，不亦难乎"③，强调五行不能生万物。他更为关注的是易的四正卦和四偏卦。四正是天地水火，四偏是风雷山泽。四偏卦与四正卦相合相错而成立，万物在八卦的变化中生成，四正卦就是万物的基本形质。④ 在四正卦之中，乾（天）是气，坤（地）是土，气土与水火相合，就说明西学的四行与易的四正卦是一致的。可见茶山虽然表面上没有树立四行论，但从易的四正卦在他的易学体系中所占的比重来看，他已经超越了五行的生成论，并确立了四正卦的基本构造。

4. 西学对茶山人论的影响

儒学的特征之一是"修己治人"，修己注重的是个人内面的伦理，而治人更关注的则是社会秩序。孔子的教说以仁为核心，其一贯之道是忠恕。同样，《大学》的三纲领也充分体现了儒学这一人本主义的传统。《诗经》中的"天生烝民，有物有则，民之秉彝，好是懿德"指出人是具有伦理本性的存在，《中庸》的"天命之谓性"也说明了人的内面存在着超越性价值。而《论语》中的"人能弘道"则强调了人对于真理的积极能动性。宋代理学从根本上将宇宙论与人的内面性实现了统一，更进一步丰富了天人合一的内涵。

茶山对人的理解是他经学体系的核心基础。关于自己的学问体制，

---

① 《与犹堂全书·尚书古训》。
② 同上。
③ 《与犹堂全书·中庸讲义补》。
④ 同上：天火相合而生风雷，水土交错以成山泽，变化蒸育以生万物。

茶山曾说"六经四书,以之修己;一表二书,以之为天下,所以备本末也"①,从中也可以窥探出茶山之学问是立足于人的基本问题而形成的。

首先来看一下心性论。在西学看来,人是身体和灵魂的二元结合体,二者都是由神创造的,尤其灵魂是个别创造的。利玛窦独立使用魂以及心性的概念,并主张这与性理学的理论毫不相关,并且还指出这些都不只是人所独有。他将心分为人心和兽心,性分为形性和神性,魂(anima)分为植物的生魂、动物的觉魂以及人的灵魂,主张"魂三品说"。如图2所示。

魂三品	机能	存灭与否
上品:灵魂(人魂)	兼生魂、觉魂,能扶人长养,使人知觉物情,又使之能推论事物,明辨理义。	人身虽死,魂非死,永存不灭。
中品:觉魂(禽兽之魂)	能扶禽兽长育,又使之以耳目试听,以口鼻啄嗅,以肢体觉物情。	至死,魂亦灭。
下品:生魂(草木之魂)	扶草木以生长。	草木枯萎,魂亦消灭。

图2　利玛窦的"魂三品说"

资料来源:《天主实义》第二篇。

相对于生魂和觉魂的可灭性,人的灵魂是"永生不灭"的,这跟二者形成了显著的差异。在性理学中,鬼神和魂魄都是气的聚散,魂本身也是心性的下位概念。但西学的灵魂却包含心性概念,是与人心和神性相通的上位概念。这是很明显的差异。利玛窦指出"夫性也者,非他,乃各物类之本体耳……但物有自立者,而性亦为自立。有依赖者,而性兼为依赖"②,认为性不是超越事物的普遍之性,而是个别事物的本质性格。

---

①《与犹堂全书·自撰墓志铭》。
②《天主实义》。

就德来看,西学中并不穷究人的内在之德,而是重视人的行为引起的善恶问题。利玛窦认为人性在于推论,而仁义礼智是推论后的结果,并不是人的本性,而理作为依赖者,也不能成为本性。关于善恶,利玛窦如下指出:

> 若论厥性之体及情,均为天主所化生。而以理为主,则俱可爱可欲,而本无善恶矣。至论其用机,又由乎我。我或有可爱,或有可恶,所行异,则用之善恶无定焉。[1]

善是可爱可欲,恶是可恶可疾。与本体的层面相比,西学更强调作用。西学虽然赞成性善,虽然性的情和用是天主化生而本善无恶,但是性的用和机中,善恶却不是既成规定的,而是取决于人。他还指出"性之善为良善,德之善为习善。夫良善者天主原化性命之德,而我无功焉。我所谓功,只在自习积德之善也"[2],认为从天主那儿禀赋的善只是人的固有之善,作为善行为实现的德善(即习善)才是决定人善恶与否的根本原因。也就是说,人的性只有有了德的修饰才会产生善。因此他指出"德乃神性之宾服,以久习义念义行生也"。[3] 这都充分体现了具体的实践活动在西学中占有极其重要的地位。

再来看一下茶山的心性论。茶山认为性是人从上天那儿禀赋的天命,源自于天。性的实现在于人循天命而行。

他最早在对《论语》的注释中提出了"性也者,以嗜好厌恶而立名"[4],后来在解释《中庸》的"天命之谓性"时也指出:

> 据性字本义而言之,则性者,心之嗜好也。召诰曰节性唯日其迈,孟子曰动心忍性,王制云修六礼以节民性,皆以嗜好为性也。天

---

[1]《天主实义》。
[2] 同上。
[3] 同上。
[4]《与犹堂全书·论语古今注》。

命之性,亦可以嗜好言。盖人之胚胎既成,天则赋之以灵明无形之体。而其为物也,乐善而恶恶,好德而耻污。斯之谓性也,斯之谓善也。①

茶山反对性理学以理气来解释人性的观点。他认为:

今人推尊性字,奉之为天样大物,混之以太极阴阳之说,杂之以本然气质之论,渺茫幽远,恍惚夸诞,自以为毫无缕析,穷天下不发之秘,而卒之无补于日用常行之则,亦何益之有矣,斯不可以不辨。②

认为性理学过于偏重于形而上的理而忽视实践,显示出要对人性论进行实学性再考察的意志。

茶山认为性是“心之所嗜好”,这与朱子的“性即理”有着根本区别。“嗜好”指的是具有分辨好恶之感情的态度,具有价值取向性。与之相比,理则是其本身就具有的根源性原理,它意味着作为价值判断基准的形而上学之本体。③茶山认为天赋予人的“灵明无形之体”正是人的心,心所具有的“乐善而恶恶,好德而耻污”的性质才是性。换言之,人从上天那儿禀赋的根源性的本体只有心,而所谓的性不是本体,只是心所具有的属性而已。他把性看作是能否乐、恶、好、耻的嗜好,提出了性嗜好说,对性的概念做了重新诠释。

关于性嗜好的种类,茶山认为有两种:一种是“形体嗜好”,指的是“目下之耽乐”;一种是“灵知嗜好”,指的是“毕竟之生成”的人生本态。他将“节性”、“动心忍性”以及“耳目口体之性”归为“形体嗜好”,将“天命之性”、“天道”、“性善”以及“尽性”的性归结为“灵知嗜好”。因为茶山将人看作是神形妙合的存在,所以在嗜好上也就相应的具有两面性。这两种嗜好分类的理论根据,是孟子的“体有贵贱,有大小。无以小害大,无

---

① 《与犹堂全书·中庸自箴》。
② 《与犹堂全书·心经密验》。
③ 琴章泰:《茶山实学探究》,韩国首尔:小学社,2001年,第95页。

以贱害贵。养其小者为小人,养其大者为大人"①。他如下指出:

> 大体者,无形之灵明也;小体者,有形之躯壳也。从其大体者,率性者也;从其小体者,循欲者也。道心常欲养大,而人心常欲养小。乐知天命则培养道心矣,克己复礼则伏人心矣,此善恶之判也。②

此处人只有顺其大体(灵明)才能保持其作为人的本性。但人心并非始终顺其大体,还有顺其小体(形体)的欲心。道心养其大体而追求道义,人心养其小体而追求私欲。这就产生了善恶之别。大体之嗜好具有"好善恶恶"的倾向,小体之嗜好从本能上具有利己、追求欲望的倾向。大体和小体的嗜好共同组成了性嗜好的要素。

关于性善恶的问题,茶山认为性虽然具有嗜好的倾向,但现实中的善恶区别并不在于天,而是在于"心之权"。他否认善恶取决于人性,说道:

> 天之于人予之以自主之权,使其欲善则为善,欲恶则为恶,游移不定,其权在己,不似禽兽之有定心,故为善则实为己功,为恶则实为己罪,此心之权也,非所谓性也。③

他认为人心从上天那儿禀赋了自主之权,是主体性的存在。选择善恶在于心的意志,与性无关。天赋予人可善可恶之权,行善行恶全在于心,行善是功,为恶则是罪。心的这种自主权说明了其不是被决定的,而是具有开放的、可能性的存在。人心究竟向善还是恶,是由自己决定。可见,茶山的性论强调人的主体性以及心的自律性,具有引导人自发努力的特点。④

---

① 《孟子·告子上》。
② 《与犹堂全书·孟子要义》。
③ 《与犹堂全书·孟子要义》。
④ 金庚泰:《茶山丁若镛的人性论所具有的道德实践意义》,《韩国实学论文集》,韩国首尔:不咸文化社,1994年,第46页。

由上可见,茶山的"性嗜好说"与西学用"可爱可欲"来说明善恶的立场是很相近的。在对性的善恶解读中,茶山将心(灵体)的功能从性(嗜好)、权衡(意志)以及行事(行为)的层面来分析,认为性是乐善耻恶的,而在权衡和行事中,善恶皆有可能。可用图3表示。

灵体的三理	与善恶的关系
性(嗜好)	乐善而耻恶
权衡(意志)	可善而可恶
行事(行为)	难善而易恶

图3　茶山的心(灵体)的功能论

资料来源:《与犹堂全书·心经密验》。

具体分析来看,性是人从上帝那儿接受的天命,它一方面以超越性、绝对性的上帝观为前提,要受到上帝的监视,故人要通过持续不断的慎独和诚意工夫来确保。另一方面,它又乐善耻恶,所以人要多多遵从道心的命令,这也是人的自律性伦理行为的基础。"权衡"相当于《孟子》中所说的心的"思"之功能,这种思维后来从利玛窦那儿获得了理论支持,所以成为茶山自由意志论的核心。尽管性具有喜好的道德倾向,但现实中我们总是遇到伦理矛盾的纠葛,这就需要从"行事"的方面来分析。茶山后来在《阎氏古文疏证抄》中将这三个用语分别用《孟子》中的"性""才""势"来替换。①

综上所述,茶山将性看作是心(灵体)的属性。在心这一行为的主体中,虽然大体和小体、道义和人欲一直处于矛盾斗争中,但性是嗜好的。尽管这样,人并不是任何时候都行善的,根据心的性(嗜好)、权衡(意志)和行事(行为)之不同而出现善恶的差异。②

---

① 这也间接说明了茶山在力图消除人们关于他受利玛窦影响很深的看法,努力回归原始儒学。
② 琴章泰:《茶山实学探究》,韩国首尔:小学社,2001年,第105页。

关于仁义礼智四德,茶山认为人必须在实践中扩充四端之心,才能成就仁义礼智四德之名,即四德不是先天的存在于人性中的,也不是天命之性的实体,而是行事之后出现的结果。四德是爱(仁)、善我(义)、宾主拜揖(礼)、事物辨明(智)之后而出现的德目①,不是像桃仁、杏仁一样直接挂在人的心底深处的,是在经验基础上行事以后才成立的。关于"人人皆有不忍人之心"的仁,茶山认为不是传统朱子学说的"心之德"或"爱之理",而是两者之间应该遵守的最善的道德规范。他指出说:

> 仁者,二人也。事亲孝为仁,子与夫二人也。事君忠为仁,臣与君二人也。牧民慈为仁,牧与民二人也。人与人尽其分,乃得为仁。故曰强恕而行,求仁莫近焉,在心之理,安得为仁乎?唯德亦然,直心所行,斯谓之德。故大学以孝弟慈为明德,论语以让国为至德,实行既著,乃称为德。心体之湛然虚明者,安有德乎?心本无德,况于仁乎?②

他把仁看作是二人之间的实践。先儒以仁德为生物之德,而茶山指出"仁非生物之理,以此求仁,比无以见仁迹矣"。他的仁是在实践基础之上的,是与传统的解释大不相同的。

以上茶山有别于朱子学理论的心性论,都充满了西学的痕迹,可见其影响之深。

关于人物性的同异问题,茶山首先反对传统朱子学所认为的人与物在本然之性上相同,而气质之性上相异的观点。茶山认为人物性从根本

---

① 《与犹堂全书·孟子要义》:爱人之后谓之仁,爱人之先,仁之名未立也……岂有仁义理智四颗,磊磊落落,如桃仁杏仁,伏于人心之中者乎?
② 《与犹堂全书·孟子要义》:爱人之后谓之仁,爱人之先,仁之名未立也……岂有仁义理智四颗,磊磊落落,如桃仁杏仁,伏于人心之中者乎?

上是相异的。人性合道义气质二者,而禽兽之性纯是气质之性。[①] 人是同时具有"道义"的道德性和"气质"的自然性的二重存在。因此对善恶的道德问题能够进行自律性、主体性的判断和行动,在类似于遇到盗贼等的危急情况下,会设法逃脱并处理,茶山将这称为"自主之权"。但禽兽只是在其先天具有的本能下进行条件反射,没有选择的余地。禽兽只具有自然性,而没有道德性,故不能向禽兽追究道德责任。

此外,在讨论人与万物之性时,茶山还提出了"性三品说",作为其性论依据。这可以说是受到了西学"魂三品"说的直接影响。如图4所示。

性三品	机能	魂三品
草木之性	有生而无觉(生)	生魂
禽兽之性	既生而又觉(生+觉)	觉魂
吾人之性	既生既觉又灵(生+觉+灵)	灵魂

图4 茶山的"性三品说"

资料来源:《与犹堂全书·中庸讲义补》。

5. 结论:茶山思想中西学影响的界限及分析

茶山的思想体系综合了原典儒学、朱子学与西学的广泛内容。他的

---

① 《与犹堂全书·孟子要义》:人之性,只是一部人性;犬牛之性,只是一部禽兽性。盖人性者,合道义气质二者,而为一性者也;禽兽性者,纯是气质之性而已。今论人性,人恒有二志相反,而并发者。有馈而将非义也,则欲受而兼欲不受焉;有患而将成仁也,则欲避而兼欲不避焉。夫欲受与欲避者,是气质之欲也;其欲不受而不避者,是道义之欲也。犬与牛也,投之以食,欲食焉而已;怵之以刃,欲避焉而已。可见其单有气质之性也。且人之于善恶,皆能自作,以其能自主张也;禽兽之于善恶,不能自作,以其为不得不然也。人遇盗,或声而遂之,或计而擒之;犬遇盗,能吠而声之,能不吠而计之,可见其能皆定曾也。夫人性之于禽兽,性若是悬绝,而告子乃就其生觉运动之同处,便谓之一性,岂不谬乎? 臣以为犬牛人之性,同谓之气质之性,则是贬人类也;同谓之道义之性,则是进禽兽也。二说俱有病痛。臣谓人性即人性,犬牛之性即禽兽性。至论本然之性,人之合道义气质而为一性者,是本然也;禽兽之单有气质之性,亦本然也,何必与气质对言之乎?

著述《与犹堂全书》中包含相当大一部分对儒家经典的注释,其经学注释的目的就是回归洙泗学,重申孔孟儒学大义。虽然茶山在树立自己理论体系的过程中反对朱子学,甚至挑战朱子学的世界观,呈现了很强的脱离朱子学的倾向,但我们不能简单断言其是"反朱子学"或者"脱朱子学",毋宁说是对朱子学的"选择性克服"。因为他自己也尊崇朱子为儒学的"中兴之祖",而且充分肯定朱子的经学思想特别是严密的方法论将孔孟的伦理实践上升到形而上的层面。不仅如此,对朝鲜前期朱子性理学在维护社会统治以及国家机能方面发挥的历史作用也是充分肯定。[①]他批判朱子学是因为朝鲜后期的朱子学在体制上有些僵硬,已经受到了过激改革论者的尖锐批判,故试图脱离并转换朱子学的理论体制。[②] 茶山认为当时的紧要任务是全面树立儒家经典的权威并阐明儒学的根本精神,从经世论的层面上重振民心,恢复士大夫们的道德修养并使之积极参政,重建儒学的道德规范并回归正统儒学国家的体系。

18—19 世纪的西学思想对以茶山为首的朝鲜后期知识人产生了重要影响,也开启了韩国近代思想史的新篇章。在当时以朱子学为宗的朝鲜传统社会中,刚刚传入的西学无疑是一种"异质"和"另类"的存在。对于这种不同于传统东方儒家思想的崭新的学问,当时的大部分知识分子还是以批判的观点来接受,这就造成了在儒学体制下研究并吸收西学的时代大背景。

[①] 《茶山、朱子学与西学》,第二届茶山学综合座谈会,《茶山学》2 号,2000 年 11 月,第 218 页。

[②] 茶山以经验性的世界观为前提创立了自己的哲学体系,批判朱子学的"理一分殊"和以此为基础的修养论。就理一分殊来看,每个个体都是太极的产物,同时太极也内在于每个个体中。如此看来,只要统治者本身通过修养来确保自己的先天本性,则百姓就会自然而然地被教化。以此为依据,君主就会只注重个人修养而无心关注政治,这种"正己而物正"的做法会引发"无为政治论"。这种理论非常不利于当时正祖强化君权的一系列行动。茶山经验性的世界观则打破了这种体制,他强调积极能动的实践性意念,认为君主一方面要不断加强个人修养,另一方面也要积极介入自然人伦之事,要追求"正己以正物",提倡"有为政治论"(参见白敏祯:《丁若镛哲学的形成与体制研究》,韩国延世大学大学院博士学位论文,2006 年 12 月,第 316—317 页)。

关于茶山是否真正的天主教信徒，目前学界还有待考证。但毫无疑问，西学对茶山的影响是巨大的，如上我们从天论、自然论和人论方面的分析已经可以充分看出。茶山虽然没有公开宣称自己是西学的信奉者，但他在对儒学传统进行新探讨即在儒学经典的注释研究过程中却充分体现了西学的性格。尽管是一名儒者，但他对西学研究却有一定的理论功底。茶山受西学的影响很好地体现在他对性理学观念性的理论部分以及对性理学固定体系的批判部分。不仅如此，茶山对西学的宗教体系表现出了积极友善的好意。在他的经典著述中，上帝和鬼神都被赋予了很多意义，这些如果脱离天主教信仰是很难解释的。他虽然暗示了儒学与西学理念上的调和，但是并没有试图将西学的教会等制度性因素引入当时的儒学社会。因为与利玛窦传教的动机不同，茶山对西学的研究首先是对西学思想体系的理解，而并非为了信仰活动，这也使得他对西学的理解是通过对儒家思想的新解读来实现的。例如，他的上帝和天的概念虽然与西学的天主概念很相似，但这些都是通过对儒家经典的注释来阐明的。他的心性论虽然与西学的灵魂论有一致的方面，但在坚持经典大义的一贯性方面，他的立场却是无疑的。在茶山的思想体系中，我们不妨可以认为儒学为本，西学为末。因为茶山他始终是一名儒者，他更强调儒学精神的再诠释。

综合来看，茶山通过对西学的理解和吸收来试图实现儒学的体系化，这在韩国儒学思想史上发挥了非常有意义的过渡和借鉴作用，而且他在追求东方与西方传统思想的调和方面也起了很好的启示作用。

凤凰文库·历史研究系列书目